U0618420

蒙字讀碑書系

识金石
勘碑校帖研薮

陶喻之

著

上海书画出版社

博物洽闻

陶喻之同学共勉
一九八三年冬 兰斋任政书
于上海大学

上海市文史研究馆馆员、著名书法家任政先生题词

逐鹿学林

汪庆正题

鉴往狭野

上海博物馆原副馆长汪庆正先生题词

月明垂葉露
雲逐渡溪風
杜甫句意
吳郡陶為濂畫
時年七十四

上海海派书画院画师、「冷月画派」传人陶为濂先生作《寒月校碑图》轴

在碑帖校鑑中帖刻之研究較為困難蓋
眾多一翻再翻原刻意越其要整清流傳脈絡必須資
料豐富頭腦清晰喻之兄此書所述既有單帖又有
叢帖更為難得所論諸叢帖則為前所罕有開
研究諸叢帖書法之先河
甲辰八月初馬成名題於美東時年八十有四

搜妙創真

澄懷味象

喻之鑒家屬 童日安方題

上海中国画院画师、西泠印社副社长、书法篆刻家、金石书法碑帖鉴藏家童衍方先生题词

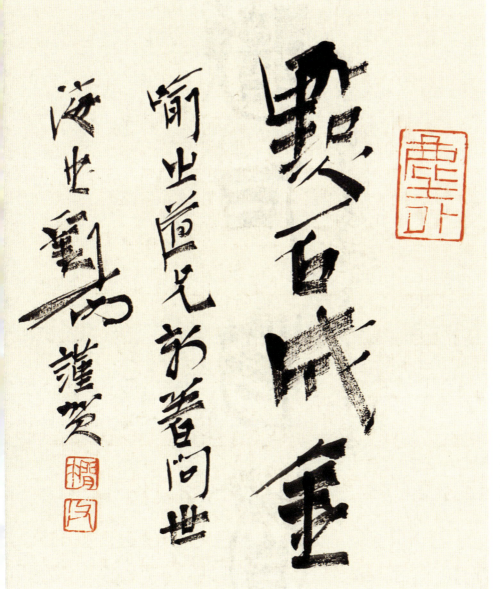

上海博物馆研究馆员、书法篆刻家刘一闻先生题词

讚月物華

甲辰臘月翟志豪[印]

墨主豪

上海市高校书法教育研究会会长翟志豪先生题词

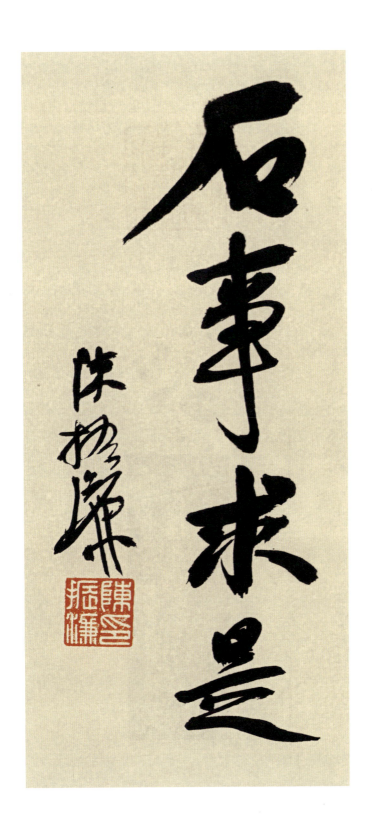

石事求是

陈振濂

西泠印社副社长兼秘书长陈振濂先生题词

上海市虹口区书法家协会原副会长吴友琳先生篆刻

學書勿廢服帖尊碑

上海市文联副主席、上海市书法家协会主席丁申阳先生题词

金石可鏤

賀陶喻之先生識金石勘碑校帖
研數付梓　甲辰八月步黟堂　子穆

上海市书法家协会金石碑帖委员会主任唐存才先生题词

悟石求真

渝之先生属

甲辰 潘善助书

中国书法家协会副主席、上海市书法家协会副主席潘善助先生题词

執持樸真

而樂古道

翁之先生新著淺金石付梓謹賀

歲次甲辰秋月山陰襄爾

上海书画出版社原社长、总编辑王立翔先生题词

陶公訪碑圖

陶淵陶公喻之道光有
勒碑張帖研藏
大師仁辞乃囑此以先
祝賀
甲戌秋初
鬖書屋 聊祥

上海书画院画师、上海师范大学院美术学院教授邵琦先生作《松麓访碑图》轴

博鑒多識

喻之兄識金石新書出版誌賀

時甲辰七月仲威題

上海图书馆碑帖研究课题组组长、研究馆员、碑帖研究专家仲威先生题词

序

　　甲辰入秋，喻之兄掷下其皇皇巨制《识金石：勘碑校帖研薮》，嘱为序，余先睹初嚼，开卷受益矣。上篇以唐代刻石考鉴，集辑五文，解读历史人物、典章制度、社会观念、意识形态以及书法艺术等，如开篇之《虞世南〈汝南公主墓志铭并序稿〉本事》揭示虞氏起草此稿乃是倡导薄葬之理念；又《镇江打捞疑似〈瘗鹤铭〉残石鉴证》论述残石时代与书风，倾向出于唐人之手云云。中篇以两宋丛帖探讨，集辑七文，综述辑刻丛帖风习源流始末，进而探索若干重要集帖之相关问题，如《善本〈乐毅论〉刻帖、书帖梳理偶得》《最善本〈皇象帖〉汇校心得》，倡导精准鉴别不同版本书法点画之存佚变化；尤其《再论上海博物馆藏南宋"修内司本"〈淳熙阁帖〉》一文，披露久不为人所晓，具备皇家"血统"而硕果仅存之御刻"修内司本"之《淳熙阁帖》十卷本，其信息量不可谓不大也。回望2003年上海博物馆（全书简称"上博"）重金购得海归北宋皇家祖刻"最善本"《淳化阁帖》四卷，名噪一时，如此合璧及其他，实可谓上博庋藏北南宋刻拓《淳化阁帖》之海内外重镇也。下篇则辑三国诸葛亮法书刻帖专论七文，集中论述其草书《远涉帖》与隶书《玄莫帖》辗转流传至今演变历程与不同版本、真伪优劣之学术议案，内容丰富、资料翔实、论点新颖、见解独到。全书洋洋二十余万言，历时十余载，其功力可见，余叹服不止矣。

　　上海博物馆庋藏历代善本碑帖之总量逾三万册，无论碑刻还是法帖，抑或丛帖、单刻帖，不乏稀世珍品，具有极高的文物价值、文献价值与艺术价值，实乃我国古籍善本碑版文献之收藏重镇也。上博的首任馆长徐森玉先生即是一位著名的金石版本学家和目录文献学家，其策杖访求文物珍品，尤重善本图书，搜集大量稀世之宝，并编纂《上海博物馆藏书》，为上博藏书、藏碑、藏帖奠定了重要基础。随徐老左右之汪庆正先生，初任其学术秘书，后投入碑版刻石与善本目录之学，对上博古籍善本与碑版刻石研究功不可没，更对宋拓"最善本"《淳化阁帖》四卷及翁氏藏书回归祖国倾注心力最多。而堪称沪上古籍泰斗的沈宗威，乃上博整理、保管善本古籍碑帖目录之顶梁，其传统文化功底深厚，经纶满腹，尤令我辈佩服。记得20世纪80年代初，上博老馆长沈之瑜曾提议建立碑帖库房，向社会招聘，余有缘应试入榜，却阴差阳错随马公供职上博，研习金石之学廿载有余，而碑版刻石之好却始终伴我而不弃，更与喻之兄"情投意合"，今见其功绩大成，虽生一丝妒意，却由衷钦佩，并庆幸上博古籍碑版刻石之学代不乏人也。

　　是为序。

上海视觉艺术学院教授

甲辰桂月吉时

所以碑帖的几个维度（代自序）

陶喻之

一、过往：金石学重兴以来碑帖研究史举要

近来，随着文博事业发展，尤其善孤拓本碑帖海归展陈出版浮现水面，被目为弄不好会"咬人"的"黑老虎"再度热火起来，这就弘扬传统文化文物而言当然不失为好事。如果以新近故宫博物院宋拓展和稍后上海图书馆（以下简称"上图"）善本汉碑展为例追溯源流，则是欧阳修、赵明诚倡导的两宋金石学，及清中期因汉碑不断重见天日形成考释文字史实为主的"乾嘉学派"的推崇，之后到清末民初该学问达到收藏、研究的学术巅峰，今日又见证了史上碑帖曾经的热度和高潮。

两宋碑帖抵今动辄惊为国宝、高不可攀，姑且不论。现代碑帖鉴藏家吴湖帆先生的金石学家族史亦耐人寻味，且足为典范。其祖清代吴大澂利用宦游机缘，实现了史上众多金石学家无缘的汉中褒谷的踏勘活动，撰写了详实的考察报告《石门访碑记》，分别与同道王懿荣、陈介祺信札互动切磋，乃至提携拓工张懋功。沈树镛则曾与著名书画篆刻家赵之谦并推北碑《郑文公》；沈赠赵《郑文公》额拓片，赵应沈请回赠以"郑"名斋书额与篆刻白文方印"郑斋金石"。上述碑帖研学历程，堪称金石学界交游最高境界，与两宋该学问发轫时学人契谊略同。

吴湖帆先生作为继承丰厚家当，坐享传家瑰宝的少东家，其碑帖藏研已省却祖辈访碑实证环节，坐候碑帖"登门"，联几考赏，取精舍末，追求善本佳拓为主。这固然由于他家境优渥，经济实力"弹硬"（吴语方言，表示"硬实"之意）。古往今来，金石碑帖鉴藏多发生在士大夫宦游期间，权力运作与财力挹注维系着善本流转，凡此显系普通爱好者所难企及。

民国初年，身为公务员的鲁迅先生涉足碑帖鉴藏，纯属文化精英国学情怀使然。跟当时大部分藏家一样，他也由走访琉璃厂碑帖铺起步，这在其日

记中有案可查，与近乎现代碑帖鉴藏最后一大家施蛰存相同。只不过鲁迅离京南下兴趣转移，致力呐喊提振民智，关注国民性。而著有《水经注碑录》《北山集古录》《金石丛话》《唐碑百选》等的施先生则学贯中西，主业文学、翻译，被称为"中国新文学大师"。他后半生推开北窗整理藏拓，在其《闲寂日记》中也不难找见躬身故纸堆的可贵身影，但字里行间流露出的是对个体碑帖铺停业关张的无奈与痛心。

　　"文化大革命"后善孤本碑帖多入藏国有文博机构，孑存的零售存货商家如京华"庆云堂"、沪上"朵云轩"惨淡经营。华丽转行入驻文博机构的学有所长专精掌眼者，多属有实战经验无师自通的行家里手。如著有《善本碑帖录》的原中国历史博物馆顾问张彦生，曾是琉璃厂"庆云堂"主；而著有《石刻见闻录》《校帖随录》的"庆云堂"伙计马子云先生，幸得故宫博物院马衡院长举贤任能，成为故宫珍藏碑帖整理专家；还有像撰著《书画碑帖见闻录》的首都博物馆特聘鉴定委员马宝山先生，也是琉璃厂"墨宝斋"掌柜出身。上海情况亦如此，像著有《增补校碑随笔》《碑帖鉴别常识》《帖学举要》等的王壮弘先生，与王联署编著《六朝墓志检要》、独著《海外所见善本碑帖录》的马成名先生，编著《秦汉碑刻校勘图鉴》的李志贤先生，都曾经是"朵云轩"碑帖柜台的先后掌门人。

二、现状：一个当代金石学跋涉者成长自述

　　曾经作为文博青年的笔者初涉金石学时，善本碑帖几为公藏囊括，连可移动的碑石也多集藏文博部门。赴嘉定博物馆实习时拟从碑廊石刻发掘研究素材，却茫无头绪；入职上海博物馆，初在非学科部门，也无缘观摩善拓。幸因缘际会盘桓汉中博物馆凿迁"石门十三品"专室，笔者就宋人题刻史迹发现突破口，遂逐一考证，文章为《四川文物》录用。旋又对清人《褒谷古迹辑略》著录摩崖款署、行次错讹予以考辨；荷蒙造像专家季崇建向马承源馆长推荐，论文发表于四十年庆馆刊，从此奠定了学业方向。故新近上海书画出版社"寰宇读碑书系"拟编拙著《识金石：勘碑校帖研薮》，笔者向已然是当今拍卖界翘楚的季总索序，旨在感念其当年的说项雅谊。

　　与上海市文物保管委员会合署办公的上博，虽曾在德高望重的老馆长徐森玉擘划下搜罗善本碑帖甚夥，但后因体制变更，其中大部归属上图，上博

已鲜有部门对剩余碑帖立项整理。其时，深得森老碑帖真传，甚至论著多所代笔的汪庆正副馆长，对我效法其《东汉石刻文字综述》撰写《汉魏蜀道石刻史料研究》颇为赏识，强烈建议再发馆刊；同时着意栽培我为碑帖研究方向学人，特委任我携论文参加2002年香港中文大学文物馆召开的中国书法与碑帖国际学术研讨会。

坦率地讲，当年我所谓的研究，无非属于对石刻文字排列梳理基础工作，就拓本善劣鉴别尚属门外汉而无发言权。加之我性驳杂，岗位多变，进入有善本碑帖保管研究权限书画部前分工与业务有别。而碑帖研究在珍藏宏富、强调陈列效果的博物馆终究属于"冷门绝学"，故我仿佛个体户般碑帖钩沉，多零打碎敲，全由兴趣出发。如转岗敏求图书馆，承老同事沈融提醒：民国旅沪书家杜进高手拓杜甫书剑南节度使严武摩崖题诗有稽考价值。我看后，结合调研川北巴中南龛，验证此系清末好事者改款伪作，据此厘清一桩历史错案。又如策应镇江文旅局打捞焦山沉江《瘗鹤铭》残石壮举，我多次奔赴打捞现场检验，疑似现石拓；经对号入座，终于确认出水残石"鹤"字等系出原刻；并研判证实《瘗鹤铭》乃好篆华亭鹤的唐诗人皮日休信笔所为，为学术探索提供一重自成一家之证据。再如配合故宫博物院举办《兰亭》大展，我恍惚记得披览敏求图书馆藏拓时，曾目耕到有别于明藩王翻刻诸多《兰亭图》，排比图像推敲后认定，该藏本当属幸存罕见南宋《凤墅兰亭图》明代翻刻本。

近年来因与汉中略阳、陇南成县学界保持长期友谊，我既多次出席其雅集，又助其筹办"蜀道石刻艺术博物馆"等机构，尝试打造汉中首部刻帖《汉上竞风流集古藏真帖》，协助以上陕甘文博机构推介主题外展等。吴大澂访碑地不仅是此前上海籍金石学家王昶征集蜀道石刻拓本宦游地，更存有鲜为人知的清代江浙宦游学人碑刻，与20世纪30年代初修建宝鸡到汉中公路的专家赵祖康、张佐周保护石门摩崖，传承树碑立传古风的今沪上开路先驱事迹也分不开。我斡旋推选三地碑拓来沪松江、青浦，浙江海宁和苏州的博物馆展示，举荐张懋功后人撰文追忆祖辈史迹，刊发西泠印社"重振金石学"研讨会论文集。在上海博物馆和苏州博物馆举行"重走吴大澂访碑研学之路"活动时，策划吴大澂重孙吴元京与张懋功重孙、摩崖捶拓非遗传人张晓光见面。而张面赠吴的正是重刻《石门访碑记》张拓本。上述延续金石学事业举措大抵草创粗疏，差可应景，任人评说而已。好在单位重情念旧，替我张罗出版《流动的金石：多维的蜀道摩崖》。归结三十年自学阶段性成果，见证一路走来微不足道的小事，我感到欣慰，同时又愧悚莫名！

三、展望：数字化时代碑帖研究将何去何从

廿年来全国性碑帖研究，曾由西安碑林、香港中文大学、文物出版社和西泠印社这些金石碑帖收藏、研究、出版和展览重镇，领衔主持多届碑林刻石、善本《阁帖》、两宋金石等专题讨论，聚集一批学人不定期开展交流，有一批成果面世。不过毋庸讳言，作为小众学科，碑帖研究面临无法回避的窘境。除人才难得之外，尚有大量入库拓本登记造册后遭遇绳捆束绑被束之高阁、乏人"宠幸"。加之碑帖整理须坐冷板凳，慢工出细活，一些课题是素心人长年反复论证推敲才豁然开朗的。若缺乏鲁迅等前辈耐得住寂寞，清夜校碑的定力，缺乏体察入微、洞若观火的审慎，面对貌似毫无差别的海量同名拓本，显难看出名堂，发现问题，找出考据点及破绽差异，反可能误入歧途。由于碑帖善劣鉴别水深难测，名家也难免上当受骗，非等闲之辈敢轻易涉足。古来视"黑老虎"为学术畏途，不少后来者裹足不前，实因该学问需调动无数知识储备方能攻坚克难。

笔者曾倡导"所以碑帖"必由之路是访碑、传拓与校勘。勘碑各显神通不论，眼下石刻保管从严，增加访碑难度亟待改观。如为防名碑损坏安装玻璃或栅栏就疑似保护过度。前者反光有碍观瞻事小，银铛把门令访碑之雅顿生探监之感。迫切希望有关方面落实保护政策，同时施行人性化管理，最大限度为金石爱好者与研究者考察谛审，打开零距离乃至同碑体亲密接触方便之门而非因噎废食。

其次，以不利碑石保护为名"一刀切"禁止传拓，乃妨碍金石学发展的最大阻力。欲指望该绝学继续良性流传，理应适度开放部分石刻供有志者上手。想当初清末金石学家杨守敬宦游出京，驱车越野见古碑，就亲携搥拓工具信步碑前一显身手。故有序开放某些刻石供业内人士言传身教、现身说法，对维护金石学健康可持续发展意义重大，迫切希望文物部门制定切实可行的两全其美的方案。顷闻主管机构刚发布禁拓石刻名目条令，此议许不合时宜。置身历史长河回望，为从学术层面保全延续宛如古代印刷术的金石学生命周期计，如石不许拓，纸墨留影而化真身以千万的碑帖，将因武功尽废

而名存实亡，金石学势必瘫痪为无根之木，进而步入灭亡绝境，后世也将永远失去碑拓这一环。事实上，当下硕果仅存的京沪碑帖经销店中名碑近拓亦形枯竭而面临资源危机，若无唾手可得今拓供后学者尝试把玩并培养提升研学兴趣，金石学薪火相传命题将形同空谈，难以为继。因此唯有保证刻石能访便拓，其才有循序渐进传播的后劲活力。

随之而来的愿景是，中华大地有众多名山大川，利用好当前碑帖书法和金石学文化热，因地制宜，有序组织、倡导学者书家，以山石为依托开创新时代碑刻或摩崖题记，因势利导提升金石学创新的生命力而超越汉唐壮观。此举投资成本小，装点关山好，不失为继承金石学文化的有益尝试，也有利于扭转如马宝山捶拓技术传人马国庆因无"技"可施，竟事活鱼拓的尴尬。传统文化必须运用传统手段技法加以盘活，断不可以时代进步为辞等闲视之啊！

忽如一夜春风来，各行各业"数字"开。就当下金石学研究层面而言，不可避免也要纳入数字化发展时刻表，此乃与时俱进的历史使命召唤使然，显系古老金石学枯木逢春一大发展契机。碑帖研究一大难点是无法对照彼此藏拓，利用数字化图像高清技术存档，石花残损填墨描摹作伪与否将洞悉显影、马脚毕露，能为各馆海量碑拓比对鉴定带来质的飞跃，甚至可能出现令靠目测经验"老法师"折服的样态，从而形成领先馆藏碑帖综录数据库的新机制。畅想一下，一旦普查成果足以联网互鉴，善本碑帖座次势必出现大幅度调整，不少原本养在"深闺"深藏若虚的善本碑帖将重见天日、脱颖而出。而这才是不光外行看热闹，更是内行看门道的碑帖数字化春天，笔者翘首以待这天尽快降临！

目　录

上篇
唐代石刻考鉴

导　语

　　金石学中的唐代石刻，是认识历史人物、典章制度、社会观念、意识形态、书法艺术等众多方面的重要实证资料，本篇正着眼于此。

　　开篇的两篇文章可谓唐志印史，贞石证史。首篇揭示唐代书法家虞世南起草《汝南公主墓志铭并序稿》，涉及他和唐太宗的长孙皇后分别倡导的薄葬理念。这跟昭陵不见他和汝南公主以及长孙皇后三人墓葬、墓碑情况大抵吻合。而廿多年前毗邻成都杜甫草堂出土的一通唐碑，则事关浣花溪畔唐代古刹后续历史变迁，尤其异代寺名变更情况。梳理该出土唐石历史地理，足以印证古籍文献，厘正一段史实。

　　唐代著名诗人传世书法，因后世求之不得而素为人喜闻乐道，伪作因此辄应运而生。四川巴中南龛传为"诗圣"杜甫摩崖题诗即是如此，甚至惊动过清末金石学家叶昌炽和当代金石书法家启功先生。本文剥茧抽丝，去伪存真，辨唐鉴宋，还其本来面目。

　　镇江《瘗鹤铭》摩崖石刻归属的时代问题，学术界向来聚讼未定，本文以其最近一次打捞残石甄审为突破口，倾向于系出唐人书法论点。并且《瘗鹤铭》本事牵涉豢养"华亭鹤"风尚，许也与临终哀叹"华亭鹤唳"的西晋文学家、书法家陆机对隋唐政坛、文坛和书坛的重大影响不无关系。故而本章最后两篇文章，是有彼此承传因袭关系的论证评述。

虞世南《汝南公主墓志铭并序稿》本事

一、引言

上海博物馆藏见诸北宋《宣和书谱》和书坛"宋四家"之一米芾《书史》，以及南宋鉴藏家周密《云烟过眼录》等著录在案，并迭经元郭天锡，明王世贞，清陆心源、端方等鉴藏家，集旅沪甬籍巨贾与藏家于一身的近代周湘云递藏而传承有绪的皇皇剧迹——唐虞世南（558—638）贞观十年（636）十一月撰《汝南公主墓志铭并序稿》，行书，纵25.9厘米，横38.4厘米，内容为唐太宗之女汝南公主墓志铭草稿残本。（图1）

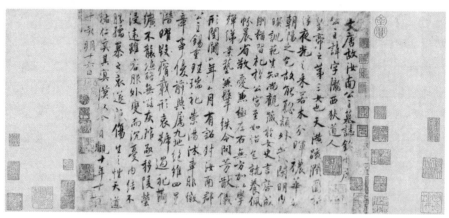

图1　上海博物馆藏唐虞世南贞观十年（636）行书《汝南公主墓志铭序稿》

图2　上海博物馆藏虞世南《汝南公主墓志铭序稿》引首作"虞书真迹"

众所周知，虞世南善书，得南朝陈僧智永传授书艺，继承东晋"二王"传统，笔致圆融冲和而有道丽之气，与欧阳询、褚遂良、薛稷，并称书法史上"初唐四大家"。本帖十八行，二百廿二字，书法温润圆劲，"姿荣秀出"，结构出自智永《千字文》，绝类东晋"书圣"王羲之《兰亭序》风貌。虽然结字、笔法稍见潦草却"戈法"犹存，此由书稿"毁瘠载形"之"载"字结体足见一斑，因而有虞世南书法轨迹可循。尽管虞世南执笔时年七十九岁，已届垂暮高龄，是为去世前两年作品，并因属急就墓志铭草稿而不失率意；但通篇书法依然虚和萧散，姿态风流而用笔遒逸，不落疏慢[1]，当系最为接近虞世南书法率性面貌的纸本墨迹。[2]（图2）正有鉴于此，此间拟作可持续探

图3　1943年夏沈尹默先生于重庆新居临虞世南《孔子庙堂碑》册，沈九子令昕藏，上海博物馆印制

---

[1]　上海博物馆编《上海博物馆藏品精华》，上海书画出版社，2004年12月，第224—225页。

[2]　就《汝南公主墓志铭并序稿》真伪问题，见汪庆正《唐虞世南〈汝南公主墓志铭并序〉真迹考——兼论晋唐书法研究中可能出现的一处误区》，《千年遗珍国际学术研讨会论文集》，上海书画出版社，2006年12月，第492—504页。黄永年《唐人楷书述论》持异议道："虞世南的楷书《庙堂碑》本来不见得高明……为什么《庙堂碑》不见得高明，这要看文献记载。……虞世南既系出南朝世族，又以智永为师，他所擅长的就是这种新体行书。……唐太宗耳目濡染，对这种新体行书也极为推崇……虞世南既擅长这种新体，自被太宗引为同调……如果虞世南思想解放一点，用他擅长的新体行书来写，倒应该比现在的《庙堂碑》好得多，无奈当时还是武德九年十二月，太宗刚即位不久之后，用行书写碑还是并无先例的事情，虞不敢破例，只好舍长就短，参考当时通行的楷书来写，于是把这块《庙堂碑》弄成非驴非马，徒负重名而令人难以心服。后来，太宗写《晋祠铭》《温泉铭》，就索性打破传统，用擅长的新体行书来书写，恐怕多少吸取了虞书《庙堂碑》失败的教训。……今传虞行书《汝南公主墓志稿》墨迹，则颇像后人依旁《庙堂碑》伪造，虽然米芾《宝章待访录》《宣和书谱》都著录过，也未必可以信据。虞行草相，仍应从今《兰亭序》和太宗所书《晋祠铭》《温泉铭》中求之，绝不会像《墓志稿》那样委靡不振的模样。"史念海主编《唐史论丛》第五辑，三秦出版社，1990年7月，第223—237页。笔者认为：书写《汝南公主墓铭》前武德九年（626）《孔子庙堂碑》书法俊朗圆腴，端雅静穆，不失为唐楷佼佼者；且该碑屡获书法界推崇，"宋四家"黄庭坚《题景福夷家〈庙堂碑〉》曰："顷见摹刻虞永兴《孔子庙碑》，甚不厌人意，意亦疑石工失真太远。今观旧刻，虽姿媚而造笔之势甚道，固知名下无虚士也。荣咨道尝以二十万钱买一碑，即此碑旧刻。"《题蔡致君家〈庙堂碑〉》又曰："顷年观《庙堂碑》摹本，窃怪虞永兴名浮于实。及见旧刻，乃知永兴得智永笔法为多，又知蔡君谟真行简札，能入永兴之室也。"参看《宋黄文节公全集·正集》卷第二十八。另有"孔庙虞书贞观刻，千两黄金哪购得"和"孔庙遗碑直百千，汝南枕卧胜堪传。空瞻米赵标题语，不见前时思惘然"题咏［（明）张丑《清河书画舫》卷三上唐一］。现代书法家沈尹默书法源出各家而能冶诸家于一炉，论者谓其运硬毫无棱角，用软毫有筋骨，有正有侧，笔力遒美，蔚为一代大家。其1943年于重庆临写《孔子庙堂碑》（图3）神完气足，穆如清风，书画家沈迈士跋曰："想见山窗澹定挥毫，静逸高致，展对手泽，亲晤未由，可胜怀企，不禁泫然。"（图4）这既是对沈书艺术的高度评价，更是对虞成就的充分肯定。事实上，虞世南对后世书坛影响显而易见，《新唐书》本传即道其书"为世秘爱"。台北故宫博物院藏其外甥陆柬之传世行楷书陆机《文赋》，也极有其舅

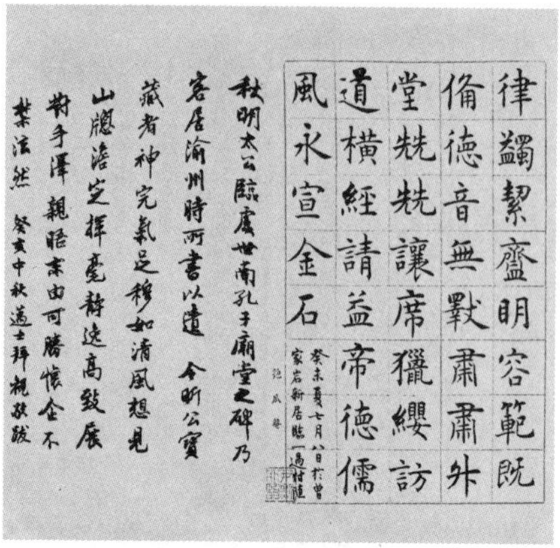

图4　沈迈士先生跋沈令昕先生藏沈尹默先生临书虞世南《孔子庙堂碑》册

索的，是试图追溯与还原虞世南当年书写《汝南公主墓志铭序稿》来龙去脉的史实本事背景。

二、贞观九年唐太宗李世民家门不幸

回顾初唐贞观十年汝南公主去世前一年的李氏家族史，可谓多事之秋。先是贞观九年（635）五月唐太宗生父唐高祖李渊去世；紧接一年多后的次年（636）六月，也就是汝南公主去世前的六个月，唐太宗结发妻子文德皇后长孙氏因病去世；而差不多快半年后，也就是同年（636）十一月，其另一直系亲属汝南公主又相继去世。一年内至爱嫡亲的父亡妻卒女故，一系列连续发生的家庭变故，对唐太宗身心打击之沉痛可想而知。所以他首先按李渊遗诏"既殡之后……其服轻重，悉从汉制，以日易月。园陵制度，务从俭约"[3]而诏定山陵以尽孝敬，所谓"令依汉长陵故事，务在崇厚"[4]。但唐太宗这一依汉高祖刘邦陵寝规模，替生父大兴土木营建陵墓主张，却遭到了身为秘书监虞世南等群臣的一致劝谏；虞世南反应尤为强烈，他鉴于"程限既促，功役劳弊"[5]两度上疏规谏，请求务必照唐高祖本来遗愿"俭约营陵"切勿铺张，疏文俱见《旧唐书》《新唐书》虞世南本传，恕不赘引。

善于纳谏的唐太宗经反复权衡利弊得失，本着为社稷宏图大业发展通盘考量，从善如流，最终采纳虞世南等朝臣正确意见，基本沿袭汉光武帝原陵"堆土成陵"简易埋葬方式修建唐高祖献陵，其《节省山陵制度诏》因曰："朕既为天子，卿等为臣，爱敬罔极，义犹一体，无容固陈节俭，陷朕于不义也。今便敬依来议。"[6]其后又颁布《薄葬诏》[7]。应当说，虞世南两次奏

虞书面目，正所谓"三代不出舅家门"是也。前人题跋参看《故宫法书》第四辑《唐陆柬之书陆机〈文赋〉》，2003年7月第5次印刷。

[3]　（后晋）刘昫等《旧唐书》卷一《高祖纪》。

[4]　（宋）王溥《唐会要》卷二〇《陵议》。

[5]　《旧唐书》卷七十二《列传》第二十二《虞世南》。

[6]　《全唐文》卷五。

[7]　《全唐文》卷七。

谏对唐太宗制定唐代帝陵以"俭约"为主营建陵寝制度方针，发挥了决定性作用。[8]同年十月李渊落葬献陵，虞世南作《高祖神尧皇帝哀册文》。

而长孙皇后"孝事高祖，恭顺妃嫔，尽力弥缝，以存内助"，是唐太宗家务甚至政务帮手和贤内助。她在唐高祖去世时已身染沉疴，临终前对身后事宜的安排，表达了跟虞世南倡议薄葬俭约相同意愿。所谓"妾生既无益于时，今死不可厚费。且葬者藏也，欲人之不见，自古圣贤，皆崇俭薄，惟无道之世，大起山陵，劳费天下，为有识者笑。但请因山而葬，不须起坟，无用棺椁，所须器服，皆以木瓦，俭薄送终，则是不忘妾也"。贞观十年六月，长孙皇后"崩于立政殿，时年三十六。其年十一月庚寅，葬于昭陵"。而稍前九月十一日，由虞世南撰《文德皇后哀册文》以志之，所谓"维贞观十年岁次甲申六月己未朔二十一日己卯，大行皇后崩于立政殿，粤九月十一日丁酉，将迁座于昭陵，礼也"[9]。由此可见，唐太宗昭陵营建是以贞观十年（636）最先安葬长孙皇后开始的。十一月初四日，正式安葬文德皇后于昭陵，立欧阳询隶书唐太宗作《文德皇后碑》。[10]可悲的是同年同月十六日，汝南公主又不幸去世，稍后亦随葬昭陵，她和长孙皇后，显然都是唐太宗昭陵墓区庞大随葬、祔葬群体中，最早入葬的李氏嫡系皇室家庭成员；因此唐太宗当年的悲伤程度，自是不难想见的。

另据史料记载，长孙皇后贞观八年（634）从幸九成宫就已"染疾危惙"，延至十年六月才去世，说明她久病医治无效。而她健在时，曾"撰古妇人善事，勒成十卷，名曰《女则》，自为之序。又著论驳汉明德马皇后，以为不能抑退外戚，令其当朝贵盛，乃戒其龙马水车，此乃开其祸源而防其末事耳"。她去世后，"宫司以闻，太宗览而增恸，以示近臣曰：'皇后

---

[8]　刘向阳《唐太宗选择昭陵陵址时间及长孙皇后殡地小考》，载杜文玉主编《唐史论丛》第十辑，三秦出版社，2008年2月，第285—286页。

[9]　《全唐文》卷一百三十八。

[10]　（宋）赵明诚《金石录》卷第三《目录》三第五百七十三《唐昭陵刻石文》曰："太宗御制，欧阳询八分书，贞观十年。"卷第二十三《跋尾》十三《唐昭陵刻石文》曰："右《唐昭陵刻石文》。太宗为文德皇后立，欧阳询书。其文具载于《太宗实录》。今石刻已磨灭，故世颇罕传，其略可见者，有云：'无金玉之宝，玩用之实，木马寓人，有形而已。欲使盗贼息心，存亡无异。'又云：'俯视汉家诸陵，犹如蚁垤，皆被穿窬。今营此陵，制度卑狭，用场省少，望与天地相毕，永无后患。'其言非不丁宁切至也，然竟不能免温韬之祸。太宗英武聪明，过人甚远，而于此眷眷不忘，何哉？以此知死生之际能超然无累者，贤哲之所难也。笔者案：此乃赵惋叹唐太宗口是心非，违背自定薄葬御制，致后梁温韬发陵取其藏宝。而昭陵最固，韬从埏道下，见宫室制度闳丽，不异人间，中为正寝，东西厢列石床，床上石函中为铁匣，悉藏前世图书、钟王笔迹，纸墨如新，韬悉取之，遂传人间。参看（宋）欧阳修撰、（宋）徐无党注《新五代史》卷四十《杂传》第二十八《温韬》又云：'国家府藏，皆在目前，与在陵内何异。'其词尤陋，得无为后世达士所笑乎！"

此书，足可垂范后代。我岂不达天命而不能割情乎！'"[11]又据《新唐书》虞世南本传载：唐太宗曾命其"写《列女传》于屏风，于时无本，世南暗疏之，无一字谬。帝每称其五绝：一曰德行，二曰忠直，三曰博学，四曰文词，五曰书翰"。

这则记载传递的信息，既反映出虞世南博闻强记的高超学识，同时也从一个侧面透露了当年唐太宗对于可能同时病入膏肓的长孙皇后和汝南公主的系念。因为《列女传》为西汉刘向所撰，分母仪、贤明、仁智、贞顺、节义、辨通、嬖孽七门，记述古代百零五名贤良妇女事迹，唐太宗命虞世南书《列女传》的用意，恐怕正是为替病中长孙皇后和汝南公主祈祷福佑。而从虞世南敢于秉笔直书向唐太宗规谏"俭约"营建唐高祖献陵规模的德行忠诚，遵唐太宗嘱托默诵《列女传》执笔书屏一气呵成而无一字谬误的学识本事，撰书《汝南公主墓志铭并序稿》的文采书法，唐太宗赞叹他为人"五绝"，是极为恰如其分的。

三、虞世南与长孙皇后薄葬理念与起草《汝南公主墓志铭并序稿》关系

值得注意的是，唐太宗悼念长孙皇后时，曾感慨："以其每能规谏，补朕之阙，今不复闻善言，是内失一良佐，以此令人哀耳！"[12]而贞观十二年（638）虞世南去世，他同样不无惋惜地对虞世南也有类似评价，曾"手诏魏王泰曰：'世南于我犹一体，拾遗补阙，无日忘之，盖当代名臣，人伦准的。今其云亡，石渠、东观中无复人矣！'后帝为诗一篇，述古兴亡，既而叹曰：'钟子期死，伯牙不复鼓琴。朕此诗将何所示邪？'"[13]此外，长孙皇后落葬的贞观十年十一月，"帝自著表序始末，揭陵左"[14]。而之后第十二日[15]汝南公主去世，则改由虞世南起草《汝南公主墓铭序稿》，这一举

---

[11]　《旧唐书》卷五十一《列传》第一《后妃》上。

[12]　《旧唐书》卷五十一《列传》第一《后妃》上。

[13]　（宋）欧阳修、宋祁等撰《新唐书》卷一百二《列传》第二十七《虞世南》。案，魏王即李泰，贞观十年由越王徙封，就府置文学馆，自召引学士，虞世南曾与之有诗文唱酬，其《奉和咏风应魏王教》诗云："逐舞飘轻袖，传歌共绕梁。动枝生乱影，吹花送远香。"［（清）《御定全唐诗》卷卅六］参看朱关田《唐代书法家年谱》卷一《欧阳询虞世南褚遂良年谱》，唐太宗贞观十年丙申（636），江苏教育出版社，2001年8月，第45—46页。

[14]　《新唐书》卷七十六《列传》第一《后妃》上。

[15]　张沛《唐昭陵陪葬名位综考（上）——昭陵碑石研究之一》，载《碑林集刊》第十三辑，陕西人民美术出版社，2008年6月，第165页。案，贞观十年十一月四日葬文德皇后于昭陵，汝南公主卒于同年十一月十六日，之间当经过十二日而非张文所说四日。

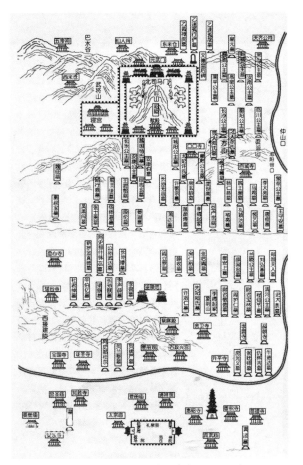

图5　唐昭陵汝南公主与虞世南等陪葬墓址位置分布图

动非同一般。显然是由于先后丧失妻女两人，而汝南公主又是唐太宗诸公主中较早去世者，[16]对他心理打击沉痛而不胜其哀，已不可能继替长孙皇后亲撰墓表后再为汝南公主挥泪撰铭了，于是，才委任德才兼备且跟长孙皇后一样能胜任拾遗补阙使命的虞世南撰书墓志铭的。据此可见唐太宗对虞世南充满无限信赖，并且欧阳询仅遵嘱书太宗著《唐昭陵刻石文》碑于长孙皇后墓侧，而虞世南则既撰且书《文德皇后哀册文》和《汝南公主墓志铭序稿》，足证虞永兴较之欧阳信本更技高一筹。

　　如上所述，既然虞世南竭力反对厚葬而向唐太宗提倡薄葬，长孙皇后

---

[16]　《新唐书》卷八十三《列传》第八《诸帝公主》之"太宗二十一女"载："汝南公主，蚤薨。"似未成年出嫁即抱病而亡。

临终也主张薄葬，而帝复为文，刻之石，也称："皇后节俭，遗言薄葬，以为'盗贼之心，止求珍货，既无珍货，复何所求'。朕之本志，亦复如此。王者以天下为家，何必物在陵中，乃为己有。今因九嵕山为陵，凿石之工才百余人，数十日而毕。不藏金玉，人马、器皿，皆用土木，形具而已，庶几奸盗息心，存没无累，当时百世子孙奉以为法。"[17]因此，贞观十年长孙皇后和汝南公主去世，贞观十二年五月廿五日虞世南去世并"诏陪葬昭陵"，均按薄葬规格随葬九嵕山唐太宗昭陵周围不言而喻。这从已知昭陵百六十七座功臣贵戚陪葬墓和众多覆斗式墓地布局，迄今未发现长孙皇后、汝南公主和虞世南三人具体墓葬，即有址无实情况分析，[18]也大致验证了其向往身后"葬者藏也，欲人之不见"，因山为墓，薄葬不起坟冢，以致抵今墓址不明，仅知大体方位而有待进一步调查确认的葬仪理念真实性。（图5）这从一个侧面证明虞世南不愧为初唐时期的一位清廉自律、以身作则、洁身自好的官吏。至于他撰书《汝南公主墓志铭并序》石刻，恐怕同唐太宗撰、欧阳询书《文德皇后碑》（亦即《唐昭陵刻石文》）一样，瘗埋昭陵汝南公主墓侧，此后磨灭不存了。因此，今上海博物馆藏、历代流传有案可查的虞世南行书《汝南公主墓志铭并序稿》弥足珍贵。

---

[17]　（宋）司马光《资治通鉴》卷一九四，唐太宗贞观十年。

[18]　参看昭陵文物管理所《昭陵陪葬墓调查记》，载《文物》1977年第10期，第33—40页；陕西省文管会、昭陵文管所《唐临川公主墓出土的墓志和诏书》，载《文物》1977年第10期，第50—59页；陕西省考古研究所、陕西历史博物馆、昭陵博物馆《唐昭陵新城公主墓发掘简报》，载《考古与文物》1997年第3期，第3—38页；沈睿文《唐昭陵陪葬墓地布局研究》，载《唐研究》第五卷，北京大学出版社，1999年12月，第421—452页；张沛《唐昭陵墓陪葬名位综考（上、下）——昭陵碑石研究之一》，载《碑林集刊》第十三、十四辑，陕西人民美术出版社，2008年6月，2009年3月，第157—175页，第348—370页；刘向阳《唐太宗选择昭陵陵址时间及长孙皇后殡地小考》，载《唐史论丛》第十辑，第284—294页。

成都杜甫草堂出土唐碑考察

一、引言

壬午仲秋入蜀走马浣花溪，出席纪念杜工部诞辰千二百九十年学术研讨会，适值唐代遗址发掘正酣，遂冒昧请求近水楼台一睹规模，俾身临其境，实地感受子美当年生活场景暨栖身地周遭氛围，庶几缅怀、遥想、探讨诸相

图1　成都杜甫草堂唐代遗址出土唐垂拱三年（687）佚名《益州正觉寺故大德行感禅师塔铭并序》

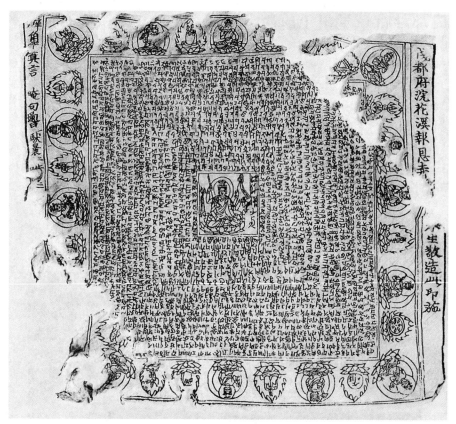

图2　1999年5月西安三桥镇出土唐成都浣花溪报恩寺造楷书雕版印刷纸经咒

便宜。荷蒙周维扬、丁浩两馆长慨然应允照准，与会代表得以鱼贯而行，深入考古工地临场踏勘；旋又承提看出土文物，尤其垂拱年间僧侣塔铭碑刻拓片一纸（图1），增进感性认识殊为不少。

离亭分袂，握别锦城，不日取道汉南出蜀抵西京长安，登大雁塔底陕西历史博物馆，品鉴馆藏文物。"寻觅散落的瑰宝——陕西历史博物馆征集文物展"陈列一件唐代经咒为我所瞩望，因其上右侧写有楷书一行十七字"成都府浣花溪报恩寺□□生敬造此印施"（图2），而我恰自浣花溪来。虽就唐际古刹分布并无概念，但睹物思"杜"，为此而兴趣盎然起来。[1]

带着相关悬念去秦返沪，检《杜甫研究学刊》间周、丁两馆长研究草堂近旁唐寺庙遗存大作。[2]深受启迪，顿开茅塞。兼以众里寻"她"千百度，埋

---

[1]　就唐成都府浣花溪报恩寺考述，详见拙稿《浣花古刹考略——唐成都府浣花溪报恩寺钩沉》，待刊。

[2]　周维扬《从草堂唐碑出土略谈古今草堂之争》、丁浩《杜甫草堂唐代遗存的信息与价值》，均见《杜甫研

首案牍故纸，终于释氏图绘文献间，检得草堂唐遗址出土僧侣塔铭碑文所及益州正觉寺出处而将破解一桩疑案，理顺一段史实，建树一种立论，喜不自禁，一如老杜"漫卷诗书喜欲狂"是也。遂不揣谫陋，援管草就斯稿，忝列研究阵营以见争鸣，敬请蜀中耆老暨少陵研究方家不吝赐教为盼。

二、唐益州正觉寺与前蜀龙兴寺、北宋梵安寺异名同址考述

2001年底，草堂工部祠东北苗圃唐遗址出土《益州正觉寺故大德行感禅师塔铭并序》碑刻，使得杜甫流寓锦官时最初寄迹寺庙，旋于附近构筑茅屋这一问题的猜想有了证据。唯限于碑现突然，史料钩沉稍嫌滞后不难理解。正因细致钩沉史籍，故成都西郊唐代有益州正觉寺并非无记载可循。同时需要指出的是，明末天启元年（1621）《天启新修成都府志》上距唐代，即以杜甫抵达成都时间（乾元二年，759）为限，已有八百六十二年之遥，时过境迁，明末修志者表述前尘往事多辗转援引，恐难周其详。故今欲求证唐时寺刹情形而引用明际志乘未必得当，或许与史实有较大出入。[3]如成都城东五里马觉寺旧名正觉院，便与草堂出土碑刻所及益州正觉寺无关。因寺乃汉唐宗教场所，而禅院似多为五代、宋际佛教场所建制；兼以东西方位亦大相径庭，故两者时代不可同日而语昭然若揭。

鉴于《益州正觉寺故大德行感禅师塔铭并序》勒石于唐武则天垂拱三年（687），早于杜甫入蜀七十余载，故就益州正觉寺索隐似应于唐，至晚北宋文献资料中检索。循此思路，在此碑三百年后北宋端拱元年（988）赞宁等撰《宋高僧传》卷第三《唐莲华传》中，果得正觉寺蛛丝马迹："……（贞元）十二年（796）六月，诏于崇福寺翻译，罽宾沙门般若宣梵文，洛京天宫寺广济译语，西明寺圆照笔受，智柔、智通缀文，成都府正觉寺道恒、鉴虚润文，千福寺大通证义，澄观、灵邃详定……"同卷《唐京兆慈恩寺寂默传》又载："释牟尼室利，华言寂默……德宗贞元九年（793）发那烂陀寺拥锡东来，自言从北印度往此寺出家受戒学法焉。十六年（800）至长安兴善寺，十九年（803）徙崇福醴泉寺，复于慈恩寺请行翻译事。乃将奘师梵本，

究学刊》2002年第1期，第101—113页。

[3]　参看郭世欣《成都草堂遗址考》注六。《草堂》1981年创刊号，第78页。案，据目前掌握文献资料，梵安寺名最早见于北宋田况《浣花亭记》。

出守护国界主陀罗尼经十卷，又进六尘兽图。帝悦，檀施极多。元和元年（806）六月十九日卒于慈恩寺……案，守护国界主经，是般若译，牟尼证梵本，翰林待诏光宅寺智真译语，圆照笔受，鉴虚润文，澄观证义焉。"卷第五《唐京师西明寺良秀传》载："帝（唐德宗）览奏，敕内给事毛瑛琦宣慰良秀、谈筵、道恒等：'宜共赐绢九十匹，至可领取。比修《疏义》，甚大勤劳也。秋热，兼问师等各平安好在。'秀之辞笔义端，时少伦匹。"

很显然，《宋高僧传》之接道及唐成都正觉寺，当与唐草堂遗址出土塔铭碑涉及益州正觉寺系同一古刹，一如北宋《益州名画录》又名《成都名画记》[4]。且从垂拱碑到贞元传反映该寺存在时间先后关系不难发现，益州正觉寺是一所在唐代至少存续百余年的历史古刹。尽管该寺当初规模、建制始末今尚难周其详，但从有限文献和碑刻资料可知该寺曾高僧辈出。除垂拱年间行感禅师外，贞元年间又有精通禅理、道行高深的道恒、鉴虚两位禅师云游或应邀（鉴虚两度）北上，为印度来华传经的高僧翻译佛经、润饰经文，良秀、道恒等还受唐德宗赏赐，可见该寺在唐代的成都并非只是一处默默无闻的丛林。

益州正觉寺虽其兴衰历史暂无从详加梳理，但该佛寺被毁于唐武宗会昌年间（841—846）灭佛运动应确凿无疑。会昌五年（845）五月三日寓蜀郭圆撰《胡氏亭画记》云："吾后帝宇之五年，污叛帖夷，万方无事，于是大去蛊人之疾，以浮图氏为最，诏走御史监毁域内之祠，凡云构山峙之宇，一时而坏，百工之名迹随去焉。"[5]《宋高僧传》卷第十九《唐成都净众寺无相传》又明确指出："先是武宗废教，成都止留大慈一寺，净众例从除毁，其寺巨钟乃移入大慈矣。洎乎宣宗中兴释氏，其钟却还净众。"另外，北宋初期蜀人黄休复[6]《益州名画录》亦迭有记录，如成都诸寺佛像"会昌年一例除毁，唯存大圣慈寺""会昌年除毁后，余大圣慈一寺佛像得存，洎宣宗再兴佛寺"，诸寺壁图画"会昌年除毁皆尽，大中（847—859）初佛寺再兴""蜀中诸寺佛像甚多，会昌年皆毁尽"。[7]

---

[4]《四库全书总目提要》卷一百十二子部二十二艺术类《益州名画录》。

[5]（北宋）黄休复《益州名画录》卷下《无画有名》援引唐郭圆《胡氏亭画记》。

[6]《四库全书总目提要》卷一百十二子部二十二艺术类《益州名画录》曰："考休复别有《茅亭客话》，陈振孙《书录解题》亦不详其里贯，但以所言多蜀事，又尝著《成都名画记》，疑为蜀人。则此书一名《成都名画记》。而旧日本与《茅亭客话》，皆未题里贯，故振孙云然。今本皆题江夏人，疑后人以畋（李畋）序补书欤？然畋序作于宋初，或沿唐、五代余习题黄氏郡望，亦未可知，未必生于是地也。"

[7]《益州名画录》卷上《神格二人赵公祐、范琼，妙格上品七人张腾、卢楞伽》。

不过，会昌后唐宣宗即告恢复佛寺，敕令："应会昌五年所废寺，有僧能营葺者，听自居之，有司毋得禁止。"[8]正觉寺虽元气大伤无力顿还旧观。但有迹象表明，该寺香火犹断断续续，不绝如缕，一直延续到前后蜀和北宋初期，虽庙额已不再为"正觉寺"而作"龙兴寺"了。《益州名画录》卷下《无画有名》载："浣花龙兴寺，《成都记》云：'本正觉寺内有前益州长史临淮武公元衡并从事五人，具朝服绘于中堂。'淳化五年兵火后，无画踪矣。"

《益州名画录》传递的信息和提供的线索重要性不言而喻，它既援引今佚唐卢求《成都记》有关正觉寺暨其壁画史料，且间接说明正觉寺位于浣花溪流域地理方位，廓清了先有唐正觉寺，后有宋龙兴寺这一异代异名同寺前后衔接关系。元和四年（809），武元衡入蜀任剑南西川节度使，以俭约宽民治蜀受民拥戴，八年（813）还朝。十年（815）被淄青节度使、高丽人李师道所遣刺客行刺身亡。[9]故其被绘为写真壁画于正觉寺而受蜀人瞻仰当在元和八年后，此与前及《宋高僧传》道及成都正觉寺僧鉴虚轶事时间大体互为呼应。而卢求历记成都风俗物产及古今逸事《成都记》五卷，约于大中九年（855）任西川节度使白敏中从事期间遵其所命而作。推敲上述记载可知当时正觉寺尚在，不论系会昌毁佛后幸存残垣壁画还是稍加重建者。总之，卢求就正觉寺及其壁画记载，当属唐人道及正觉寺之最为可靠文献资料无疑。[10]

遗憾的是，会昌毁佛运动后得以幸存的唐正觉寺，亦即北宋龙兴寺间的唐武元衡壁画，迨北宋淳化五年（994）毁于王小波、李顺起义。这一史实在景德初年（1005）成都李畋替《益州名画录》所作序中有所透露："圣朝伐蜀之日，若升堂邑，彼廯宇寺观，前辈名画，纤悉无圮者。迨淳化甲午岁（994），盗发两川，焚劫略尽，则墙壁之绘，甚乎剥庐；家秘之宝，散如决水。今可觌者，十二三焉。"值得注意的是，躲过淳化蜀难之劫而见诸《益州名画录》的另外一些珍贵壁画，倒恰可作为证明唐正觉寺在宋初甚至前后蜀时期易名"龙兴寺"的证据。

《益州名画录》卷上《妙格中品十人·房从真》载："王蜀先主于浣

[8]　（北宋）司马光《资治通鉴》卷二百四十八《唐纪》六十四宣宗大中元年。

[9]　《旧唐书》卷一百五十八《列传》第一百八《武元衡传》。

[10]　（唐）卢求《成都记》五卷已佚，北宋想必尚存，故《益州名画录》援引可信无疑。王文才《冀国夫人歌词及浣花亭考》（《草堂》1981年第2期，第65—69页）谓："按《成都记》不止一种，唐宋皆有是书，偶见佚文，或记唐事，或记宋事。"《益州名画录》卷下"无画有名"援引《成都记》注明卢求，当记唐大中九年前成都逸事可知。

花龙兴寺修佑[11]圣夫人堂，合水津起通波候庙，请从真画甲马旌旗。"卷中《能格上品十五人·真二十二处》又载："蜀自炎汉至于巨唐，将相理蜀，皆有遗爱，民怀其德，多写真容。年代既远，颓损皆尽，唯《唐杜相国》及《圣朝吕侍郎》二十二处见存。六处有写貌人名，一十六处亡失写貌人姓氏，皆评妙格。"由此表明北宋初期在龙兴寺尚残存有唐崔宁和开成二年（837）成都尹、剑南西川节度使李固言（约781—约858）写真像等两处壁画；其中李像据推测绘于会昌初年还朝后的龙兴寺前身正觉寺，壁画于原址一直保留到北宋，可证赖以依存寺庙建筑必亦同时并存。而前蜀主王建于保留唐代宗大历二年（767）成都尹、西川节度使崔宁写真壁画的龙兴寺里增修崔宁妾、佑圣夫人任氏纪念祠堂，此举非同寻常，绝非偶然为之。

众所周知，永泰元年（765）杜甫离开成都，草堂遂成崔宁别业一隅。崔妾任氏本浣花溪上小家女，因受崔宠幸而筑公馆于此，一度歌舞宴乐、泛游行猎，呈现出一派迥然有别于隔壁少陵秋风茅屋[12]惨淡经营、败落萧瑟穷酸相的别样情调。故而约大历四年春造访崔宁浣花官邸的诗人岑参有《早春陪崔中丞同泛浣花溪》等诗描绘溪上风流。而此前一年大历三年（768）崔宁入朝，泸州刺史杨子琳乘机率部突入成都为寇。幸赖任氏英姿飒爽，举众退敌定乱，蜀中始安。[13]岑参到访，大抵适值成都局势转危为安而崔宁返还成都时。

崔宁本名旰，为官西川屡次平定蜀中叛乱而保蜀安民有功，遂为代宗李豫赐名"宁"，任氏也因大历三年疏财退兵有功受封为"冀国夫人"，而"佑圣"乃前蜀时任氏封号。[14]至于上述崔宁像写真壁画的时代，《益州名画录》仅谓"年代既远""见存"而不详何时、何人创作。据推考，当在崔去蜀不复返而于建中十四年（783）为妒贤嫉能奸相卢杞谗杀十三年（贞元十二年，796）昭雪平反后，[15]才被绘于故宅近旁浣花溪畔的龙兴寺前身正觉

---

[11]　《说郛》本脱"佑"字。人民美术出版社，1964年版、四川人民出版社，1982年版、上海书画出版社，1993年版"中国书画全书"《益州名画录》均脱"佑"字。中国国家图书馆藏明嘉靖刻本《益州名画录》亦无"佑"字。

[12]　崔宁与杜甫均为剑南节度使严武下属，是为同党同僚。杜甫去蜀崔宁移居草堂地界，似有意对旧址予以保留，并未在原址毁坏或取而代之有所改观。故晚唐诗人郑谷和韦庄造访时尚能找到草堂旧址，尽管历经百余年风雨洗礼，已"杜甫台荒绝旧邻"（郑谷《蜀中三首》）。但"虽芜没已久，而柱砥犹存"（韦霭《浣花集》序）记载，表明崔宁在草堂附近营建府邸并未全盘推翻，使之面目全非，草堂周遭环境得到有效保护。

[13]　《旧唐书》卷一百一十七《列传》第六十七《崔宁传》。

[14]　参看王文才《冀国夫人歌词及浣花亭考》，《草堂》1981年第2期，第68页。

[15]　《旧唐书》卷一百一十七《列传》第六十七《崔宁传》。

寺壁间，而任氏舍宅为寺应在此时此际。因据新近考古发掘出土的正觉寺僧塔铭碑刻所揭示正觉寺地点，[16]当与崔宁浣花别墅近在咫尺，仅一箭之遥；兼以崔宁好佛礼教，南宋普济《五灯会元》卷第二"益州无相禅师法嗣保唐寺无住禅师"谓：大历元年（766，宰相杜鸿渐出抚巴蜀，至益州遣使诣白崖山请无住禅师入城问法）"时节度使崔宁亦命诸寺僧徒远出，迎引至空慧寺"问法[17]。故其冤得伸后蜀中艺术家绘像于其舍宅扩建的比邻古刹正觉寺借资蜀人缅怀功德，且像免于会昌灭佛、淳化毁壁而于宋初为黄休复凭吊时目睹并记录在案，当是可想而知的。至于王蜀时修佑圣夫人堂于龙兴寺，纪念缅怀崔、任缓兵保境良苦用心端倪可察。

因晚唐、王蜀浣花溪已盛传杜甫、崔、任故事，兼以茅舍、公馆并存为文人墨客访古寻幽，徜徉盘桓胜地。雍陶、郑谷而外[18]，韦庄流连浣花，寻觅拾遗旧址，"欲思其人而成其处"，因地结茅建屋其上以居，乃至以己作

---

[16]　就益州正觉寺所处地点，周、丁二位馆长结论各异。周馆长认为正觉寺为成都城东马觉寺，出土碑刻所在地城西另一处寺庙益州草堂寺塔林所在。丁馆长则主张出土碑刻所在就是碑文所指益州正觉寺位置，尽管此碑出土时覆盖于唐井上；但唐井，包括其他唐代遗址发现和出土花纹砖、异型砖、筒瓦、法器等都属该寺建筑构件和器物。据本文考证正觉寺即龙兴寺和梵安寺，而与唐益州草堂寺无关，更与马觉寺无涉。由此反观上述见解，笔者本倾向并赞同丁馆长意见，即肯定碑刻暨其他唐代文物出土地即唐益州正觉寺方位，碑文"江水之西，平原之上"。悠悠今古，宜其泉圹，野鸟徘徊，行人凄怆。空余石塔，孤坟（下阙）"即点明寺庙位置与今杜甫草堂所在环境大体吻合。从碑文可知杜甫入主草堂前百年正觉寺规模，仿佛并无此后崔宁、任氏就近入住和舍宅扩建后大，还处于野外荒郊境地。唐代遗址所有出土文物，疑似会昌毁佛后被毁败落并为民居取代见证。故即便五代前后蜀和北宋时在其基础上建起龙兴寺和梵安寺（即今浣花祠），位置都稍往西南方向移动，原址几废。至于周馆长提及碑文强调"终于本寺"可能意在卒、葬不在一地，其实未必尽然。根据《宋高僧传》推考，按惯例僧卒于本寺若另行择地建塔者，本传大都一一言明。如卷第八《唐荆州碧涧寺道瑜传》仅言"卒于本寺焉"；《唐金陵天保寺智威传》"以开元十年二月十八日终于住寺，遗嘱坑中饲鸟兽，弟子玄、挺等依言奉行"；卷第六《唐梓州慧义寺神清传》道之清"以元和年中终于本寺峰顶，迁神于白门兰若，即郡城北郭外也"；《唐苏州开元寺元浩传》"以元和十二年十一月十一日示疾，右胁累足入于涅槃……明年十一月十三日阇维起塔于苏州西北虎丘东山南原也"等，不一而足。具备行感禅师小传性质《益州正觉寺故大德行感禅师塔铭并序》于序言仅言"粤以垂拱三年龙集丁亥春三月乙丑朔十三日丁巳终于本寺"，并未再言其他，紧接其下铭文则有"江水之西，平原之上"等语，显然表明行感既卒于正觉寺，又葬于本寺浣花溪畔。"空余石塔，孤坟（下阙）"云云，可见当初溪畔仅此一塔一坟，并非行感肉身系由别处迁葬此地僧塔林立、僧冢累累的古刹"塔林"坟场。由此推见行感时期系正觉寺建立早期，此后陆续有僧人安葬于此，杜甫《江畔独步寻花七绝句》"黄师塔前江水东"可证。至于《酬高使君相赠》诗"古寺僧牢落，空房客寓居"，反映杜甫到成都时正觉寺犹呈凋敝。或有鉴于此，此后任氏舍宅扩建以祈弘法。但经中唐［代宗大历（766—779）到文宗大和（827—835），一说大历到宪宗元和末（820）。笔者此从前一说，即晚唐初会昌（845）毁佛，正觉寺规模再度缩小，这从唐代遗址出土文物及其地层关系断代分析上大抵得以印证（据丁浩《杜甫草堂唐代遗存的信息与价值》报道，草堂唐代遗址出土器物是唐中晚期邛窑和成都青羊宫窑器；地层迭压关系反映正觉寺沦为居民聚居区时代从唐代中期一直延续到北宋时期；生活器物大多断代中唐，说明这一时间段寺庙规模有所缩小而为民居占据。参看《杜甫研究学刊》2002年第1期，第109、113页）。五代前后蜀和北宋龙兴寺、梵安寺，应当是在唐正觉寺一隅譬如残留唐武元衡、崔宁壁画的某一建筑或佑圣夫人祠基础上重新建立起来的。

[17]　范文澜《唐代佛教》附：《隋唐五代佛教大事年表》援引《景德传灯录》卷四《历代法宝记》，人民出版社，1979年，第213页。

[18]　（唐）雍陶《经杜甫旧宅》、（唐）郑谷《蜀中三首》。

品"目之曰《浣花集》，亦杜陵所居之义也"[19]，即是典型代表人物。而他结茅子美故宅在昭宗天复二年（902），其后不久即出任偏安蜀中的前蜀左散骑常传，判中书门下事，掌书记，官至门下侍郎、吏部尚书、同平章事。[20]前蜀"（王）建之开国，制度号令，刑政礼乐，皆庄所定"[21]，蜀主王建礼贤下士，对他委以重任，言听计从。故王蜀时修浣花佑圣夫人堂于龙兴寺，或即出于韦庄动议亦未可知。又，南宋洪迈《容斋随笔》卷第四《孟蜀避唐讳》载："前蜀王氏已称帝，而其所立龙兴寺碑，言及唐诸帝，亦皆半阙，乃知唐之泽远矣。"南宋王象之《舆地碑记目》卷四《龙兴寺碑》同。而此避讳举措，显系鉴定朝代更替标志，同时也是前后蜀及北宋龙兴寺跟唐正觉寺异代同址异名又一旁证。

总之，《益州名画录》[22]谈及龙兴寺间唐壁画，和同时稍前赞宁撰《宋高僧传》来华唐僧莲华传时，都不约而同间接道及成都正觉寺，说明唐正觉寺及其后庙额变更在北宋初期是为人所知的。古代寺刹因改朝换代等原因更改名称司空见惯，不足为奇。如前文所及相传始建于东汉延熹年间（158—166）成都千年古刹唐净众寺，梁朝名安浦寺，宋代名净因寺，而明代则名竹林寺、万佛寺和万福寺。[23]倘若不明历代寺同名异变更情况而误以为各不相干，显然有悖史实。同理需提醒与交代的是，正觉寺、龙兴寺以降，古刹历经淳化五年兵火又呈衰败之相，遂由梵安寺取而代之。关于这一问题考证，兹先罗列前后史料一束以见兴替佐证。

天禧（1017—1021）间任弁《梁益记》载：浣花杜公别馆，"馆后为

[19]　（唐）韦霭《浣花集》序。

[20]　杨伟立《前蜀后蜀史》，四川省社会科学院出版社，1986年，第59、62页。

[21]　（北宋）张唐英《蜀梼杌》第一卷《前蜀先主》。见王文才、王炎校笺《蜀梼杌校笺》，巴蜀书社，1999年，第81、104页。

[22]　（北宋）李畋《益州名画录》序"黄氏心郁久之，又能笔之书，存录之也。故自李唐乾元初，至皇宋乾德岁，其间图画之尤精，取其目所击者五十八人，品以四格，离为三卷，命曰《益州名画录》。书来，谓余有陶隐居之好，恨无画之癖，首觊读之，序以见托"云云，可知《益州名画录》成书于李畋为序的北宋景德初年。但南宋晁公武《郡斋读书后志》卷二则谓："《益州名画录》三卷，右皇朝黄休复篡。唐乾符初至宋乾德岁，休复在蜀中，目击图画之精者五十八人，品以四格云。"案，李、晁二说稍异，乾符系874至879年，而乾元在758至759年，两者距乾德（963—967）分别近一二百年之遥。黄氏虽或高寿，本身系北宋初年人可能居其大半，似不可能如晁说般发生活于"唐乾符初至宋乾德"之罾中。又，关于李畋作序时间，历代亦有歧说。上海人民美术出版社1963年"画史丛书"版、人民美术出版社1964年版、四川人民出版社1982年版，所见落款均作"时景德二年五月二十日序"，当在1005年。而《四库全书总目提要》、清周中孚《郑堂读书记》、清丁丙《善本书室藏书志》、上海书画出版社1993年《中国书画全书》版等，均以李畋作序时间为景德三年。二年说或为刊刻失误。又，南宋末年陈振孙《直斋书录解题》更谓李序作于景祐三年（1036）。案，李畋，成都华阳人，北宋太宗淳化三年（992）进士，神宗熙宁（1068—1077）中致仕，卒年八十七，一作九十。李序究竟作于何时，各说如上备考。

[23]　刘志远、刘廷壁编《成都万佛寺石刻艺术》，中国古典艺术出版社，1958年，第2页。

崔宁宅，舍为寺，今尚存焉"。此时尚未言明寺名梵安。迨皇祐（1049—1053）初田况作《浣花亭记》始道及"浣花旧有亭，在今梵安佛寺中，唐卢求记成都事，言之颇详"。这可能是目前所知梵安寺名最早见诸记录者。不过，唐卢求《成都记》是否谈及梵安寺来龙去脉，因记文已佚，不得而知。"据田文看来，卢记曾详叙任氏异闻"[24]，当时显然还没梵安寺名。与田况同时的宋人葛琳《和浣花亭》诗有"杜宅岿遗址，任祠载经祀"句，自注曰："按《蜀记》，梵安寺乃杜甫旧宅，在浣花，去城十里。大历中节度使崔宁妻任氏亦居之。后舍为寺，人为立庙于其中。每岁四月十九，凡三日，众遨乐于此。"案，此《蜀记》或以为唐人郑旴所作[25]。其实，宋时亦流行《蜀记》数家，作者不一，此条佚文见诸南宋扈仲荣、程遇孙等编《成都文类》卷七，葛琳按语未明撰者时代，清时志乘辗转抄录，或题为唐人之书，窜乱古籍，本不足据。据王文才先生《冀国夫人歌词及浣花亭考》考证，举凡"所记四月十九日游梵安寺，自是宋代之事，已经表明成书不在唐时"[26]。此后宋人任正一[27]《游浣花记》另载："成都之俗，以游乐相尚，而浣花为特甚。每岁孟夏十有九日，都人士女丽服靓妆，南出锦官门稍折而东行十里，入梵安寺，罗拜冀国夫人祠下，退游杜子美故宅，遂泛舟浣花溪之百花潭。……"元人费著撰《岁华纪丽谱》又载："四月十九日浣花佑圣夫人诞日也。太守出筇桥门，至梵安寺谒夫人祠，就宴于寺之设厅。"检唐韩鄂《岁华纪丽》卷二"四月""四月八日"并无道及成都任何文字，更无与梵安寺、佑圣或冀国夫人祠相关内容，故郭世欣先生《成都草堂遗址考》[28]谓"唐韩鄂《岁华纪丽》：'冀国夫人祠在梵安寺，每岁孟夏十有九日，都人士女出城罗拜祠下'"明显有误。疑若王文才《成都城坊考六·岁时》考辨所云："节录上文，误注费《谱》，又脱'谱'字，转抄何志者不辨所出，乃指为韩鄂之书，误说为唐时故事。"[29]

[24]　王文才《冀国夫人歌词及浣花亭考》，《草堂》1981年第2期，第69页。

[25]　郭世欣《成都草堂遗址考》，《草堂》1981年创刊号，第75—77页。吴鼎南《略谈古草堂、梵安两寺及杜甫草堂的位置——评唐、宋人的有关记载》，《草堂》1981年第2期，第70页。案，《新唐书》卷七十五《表》上作"郑旴，华阴令"。卷五十八志第四十八《艺文》二郑旴有《史俊》十卷、《益州理乱记》三卷。宋陈振孙《直斋书录解题》卷八："《蜀记》二卷，唐郑旴撰。杂记蜀事、人物、古迹、寺观之属。未详何人。"郑旴，仅知唐人，不详生活于唐代哪一时期段，待考。

[26]　王文才《冀国夫人歌词及浣花亭考》，《草堂》1981年第2期，第69页。

[27]　北宋人葛琳、任正一生卒年、事迹不详，其作浣花诗文先后时秩，参看王文才《冀国夫人歌词及浣花亭考》，《草堂》1981年第2期，第69、61页。

[28]　郭世欣《成都草堂遗址考》，见《草堂》1981年创刊号，第76页。

[29]　王文才《成都城坊考六·岁时》，巴蜀书社，1986年，第101—102页。

据上摘录史料，可就正觉寺、龙兴寺和梵安寺历史演变做出以下论证：唐正觉寺于会昌毁佛后衰败，规模大为缩小。经前后蜀和北宋初期历年于原址一隅修葺改称龙兴寺。旋受王小波、李顺农民起义军攻占成都，和宋剑南两川招安使王继恩攻陷成都两度冲击，龙兴寺遭灾难性破坏，浣花亭被废，本正觉寺内唐武元衡壁画亦毁，幸龙兴寺一隅王蜀时增建佑圣夫人祠暨残存唐崔宁壁画得以保留。宋人有感于此，愈信任氏佑圣有灵；兼以崔、任二氏本好浮屠之教，任氏晚年或于崔宁蒙冤后郁闷压抑可想而知，遂托迹佛门，笃信释教，乃至于崔宁平反后舍宅扩充毗邻禅林正觉寺，唐人绘像于壁种种尽在情理中。一如虔信佛教唐诗人兼画家王维、王缙兄弟晚年长斋奉佛并请舍宅为寺，代宗嘉之，赐以题号。[30]总之，或有鉴于此，迨成都社会趋于稳定，宋初地方好佛事者于龙兴寺旧址再兴土木为梵安寺，并改建佑圣夫人祠成冀国夫人祠，同时借崔、任故事广而告之谅可想见，"梵安"之名寓意不言自明。另一不容回避事实是，据前后蜀以降成都岁时风俗，古代锦城重"女"（浣花女任氏）轻"杜"（甫）感情色彩浓郁。当然，任氏捍卫蓉城百姓安危而赢得邑人礼拜无可厚非，因类似朴素感情，从根本上讲当与弘扬纪念杜甫民胞物与精神旨趣不谋而合，殊途同归。唯任氏故事在民间更具亲和力与从众性，更合乎市井大众欣赏习惯与接受趣味，更能引起喜闻乐道广泛共鸣，故古代市井崇拜任氏与士子瞻仰少陵，似乎也就没什么可厚此薄彼非议与责难了。

三、结论

综上所述，梵安寺存在一寺异名现象毋庸置疑，并且也的确不是任氏舍宅后新造。但该寺另一名称并非草堂寺，而是龙兴寺或正觉寺；梵安寺中为任氏建祠并不始于北宋，而肇自五代前蜀佑圣夫人祠，抑或可追溯到唐代绘制崔宁壁画时。这几层递进演化关系过渡自然，沿革走向线索明朗清晰。而草堂寺、梵安寺距成都府城里数历来记载不一，已为两寺铁证；且草堂寺乃隋唐古刹，与后杜甫草堂同名纯属巧合；而梵安寺名记载仅见于北宋，故欲上溯为唐代寺庙委实勉强。至于明何宇度《益部谈资》卷中混淆草堂、梵安

---

[30]　《旧唐书》卷一百十八、《新唐书》卷一百四十五《王缙传》载，缙以妻卒，舍第为寺，奏其额曰宝应，度僧三十人住持，每节度使等入朝，必延至寺，讽令施财。

两寺而将该寺历史提前到隋，[31]张冠李戴，附会牵强，不值辩驳。而王文才先生作《冀国夫人歌词及浣花亭考》时，唐草堂遗址尚未发掘，正觉寺唐僧碑亦未出土，故不明唐正觉寺即宋龙兴寺和梵安寺三位一体内在关系，混淆唐草堂寺和宋梵安寺情有可原。经上述以出土正觉寺碑跟相关正觉寺文献记载一番详尽考订，悬想现在是到言顺正名的时候了；唯冗言赘考，恕勿见责"好逞怪也"[32]。

---

[31]　《益部谈资》卷中载："武侯、工部二祠中，有寺一名草堂，一名中寺，前代为尼居，名桃花寺，隋文帝时始易以僧。大历中，崔宁镇蜀，以冀国夫人任氏本浣花女，遂重修之，绘任氏真于其中。会昌中欲毁寺，夜闻女子啼泣之声中止。已而祷雨有验。本朝赐名梵安寺。"明曹学佺《蜀中广记》卷二文字与此稍异，作"宋朝祷雨有验，乃赐名梵安寺也"。案，草堂寺僧旭上事迹，始见于唐道宣《续高僧传》卷第三十五《益州天勅山释德山传》："时益州草堂寺旭上者，不知何许人，少居草堂，唯以禅诵为业，余无所营。蜀士尤尚二月八日、四月八日，每至二时，四方大集，驰骋游邀。诸僧忙遽，无一闲者，而旭端坐竹林，泊然寂想。瓶水自溢，炉香自然，诸人城西看了，相从参之，旭俨然不动，等同金石。三日之后，方复如常。四众敬而异之，故睹如朝日之初出，同共目之为旭上也，年九十八。"另据《益州名画录》著录大和四年（830）闰十二月十八日剑南西川节度副大使、检校兵部尚书兼成都尹李德裕《重写前益州五长史真记》载："益州草堂寺（北宋黄休复《益州名画录》援引唐卢求《成都记》注曰：《成都记》云：寺在府西七里，去浣花亭三里）列画前长史一十四人（黄注：节度使职不带尹则带长史，非分宾佐也），代称绝迹。余尝于数公子孙之家获见图状，乃知草堂绘事靡不造真。……余以精庐甚古，画壁将倾，乃选其功德尤著五人，橅于郡之厅所……"可见草堂寺在大和四年前后已行将倾圮，李德裕遂挑选"功德尤著五人"重橅于衙门官厅壁间。《益州名画录》卷下《无画有名》又载："《成都记》云：'府衙西北《前益州五长史真》，李太尉德裕文记。'今无画踪，唯文字相传尔。"说明李德裕重橅于官府五幅壁画，大抵经过北宋初年农民起义冲击也已荡然无存了。而草堂寺的败落，似乎更在此前遭李德裕重橅后的会昌间毁寺，应是可想而知的。《益州名画录》卷中《能格上品十五人》记录北宋初年残唐代描绘李蜀将相容形二十二处见存壁画，就并无在草堂寺者，由此反映该寺很早之前就不存在了。又，前记正觉寺壁间止五人壁画，而草堂寺壁间列画十四人，此亦显系唐草堂寺与龙兴寺、梵安寺前身唐正觉寺分别两寺的证据。

[32]　王文才《成都城坊考六·岁时》，第101页。

四川巴中杜甫摩崖题诗辨伪

一、引言

与李白齐名、世称"李杜"的唐代诗人杜甫，七岁习诗，九岁习字，除在诗歌艺术上赢得"诗圣"盛誉外，在书法艺术领域亦极见功力。"九龄书大字，有作成一囊"——其近乎自传体诗《壮游》一番自陈，[1]足见幼年执管临池之勤奋。天宝三年至七年间（744—748）为青年时期，还曾相继与书法家李邕、张旭、郑虔、顾诫奢结交过从，[2]至于暮年诗《得房公池鹅》"凤凰池上应回首，为报笼随王右军"[3]句，更就毕生书法成就充满自豪感。

当然，较诸诗歌艺术而言，少陵书艺在后世远未被冠以"圣贤"般称号。换言之，其书名早为诗名所掩，人所留意者乃其诗歌而非书法；其书法成就既不如同时书家声誉鹊起，似也并不像他自述般赢得后世揄扬。但不管如何，因子美书迹向无只字存世，因而像约一个世纪前始见诸记述、相传

图1　四川巴中南龛石窟全景

图2　四川巴中南龛石窟第25窟下方内右侧传杜甫摩崖题诗位置

图3　四川巴中传杜甫摩崖题诗拓本

---

[1]　《杜诗赵次公先后解辑校》戊帙卷十，上海古籍出版社，1994年12月。

[2]　郭沫若《李白杜甫年表》，参看《李白与杜甫》，人民文学出版社，1971年10月版。梅莺华《杜甫与书法》，（香港）《书谱》一九七六年第八期。

[3]　《杜诗赵次公先后解辑校》丙帙卷十。

四川巴中南龛壁间有乾元二年（759）杜甫书绵州刺史、成都尹严武（726—765）摩崖题诗（图1、图2），自如吉光片羽，弥足珍贵。此书共十行，其中八行行十八字（图3），释文云：

判府太中严公九日南山诗
南山何峨峨群峰秀色聚朝晖与夕霭无□□
去住徘徊九折险萦曲一川注悬崖置屋少□
穴亦可度苍然老楠木几阅风霜戴孙枝长□
许老干未肯仆昔年重九日来者必三顾题诗
刻峭壁皆欲寄□□念我独何人今日追故步
凌晨出南门风雨怯行路不惮登陟难恐失此
日故造物亦随人晴云送日暮徐行两柏间杯
盘供草其宾僚不鄙我笑语露情愫它时傥再
来莫指桃源误　乾元二年杜甫书

前已论及，杜甫虽以东晋"书圣"王羲之体自比，但据说他其实是以临摹唐初书法家虞世南体为主。[4]另据元陶宗仪《书史会要》卷五记载：工部"世号'诗史'，于楷隶行草，无不工者"。而明钱谦益《草堂诗笺》注杜甫《赠卫八处士》则曰："近时胡俨曰，常于内阁见子美亲书《赠卫八处士》诗，字甚怪伟。'惊呼热中肠'作'呜呼热中肠'。"

从这些记载可知，杜甫书迹至迟于南明时期尚在帝苑宫室间递藏，而上述有关杜甫书法记录，显系品评者鉴赏后有感而发。只是杜甫墨迹久已无从"拾遗"了，故其南龛手迹重见天日，虽属片石，不足二百字，却以其绝无仅有，仍为文化史上引人瞩目之奇观。而就其真实性考证辨析，自问世起即被提上议事日程；唯长期以来就其真伪议案扑朔迷离，悬而未决，由是该摩崖题诗愈发显得云诡波谲，庐山真面貌渺不可识。本文拟在前人研究基础上做一系统梳理，并提出一孔之见，借以撩开笼罩在该议题上一个多世纪的神秘面纱，还其本来面目。

---

[4]　梅萼华《杜甫与书法》。

二、考证

（一）历史纪录

杜甫书严武摩崖题诗最早始见于清末金石学家叶昌炽《语石》各卷夹叙。卷五《题名八则》曰："巴州之《佛龛记》《楠木歌》《西龛石壁诗》，皆乾元中严武所刻。余新得杜甫书严武诗，浣花遗迹，海内只此一通，可以傲燕庭（刘喜海）矣。"卷七《严武一则》曰："巴州严武摩崖共五通。《九日南山诗》，杜甫书也。笔法虽清隽，而不免寒瘦，有饭颗山头气象（自注：此刻或是宋时好事者依托）。"卷八《诗人一则》曰："'李杜'并称，李有安期生诗、隐静寺诗，而子美无片刻。今年夏（光绪二十七年，1901）[5]，从故家得巴州石拓，有严武东岩诗，杜拾遗所书也。为之一喜。……杜诗韩笔愁来读，似倩麻姑痒处搔。此二刻亦正搔着痒处。"同卷柯昌泗《〈语石〉异同评》则曰："四川有少陵诗刻，安徽有李白、汪伦题字。元次山刻石甚多，皆非自书，皆不足信也。"

叶昌炽道及杜甫书严武摩崖题诗虽系首例，但仅见记述而未录全文。民

图4　民国二十三年（1934）天津河北第一博物院陈列刘云孙借展拓本，并刊于该院画报第五十七期，始有实物公之于众之举

国二十三年（1934），天津河北第一博物院陈列刘云孙弆藏拓本，并刊于该院画报第五十七期，始有实物公之于众、广而告之举措，遂令人得以一睹杜甫书迹神采（图4）。

继叶、刘两家后就该摩崖题诗稍予论述者，系1961年启功所作《碑帖中的古代文学资料》："唐人诗歌方面的材料也很多，像巴州摩崖所刻严武和杜甫的诗相传是杜甫所写（杜诗一首下有杜甫的名字），也有人疑为宋人所刻，至少也是一个宋本。"[6]此外，香港《书谱》杂志1976年第八期梅萼华《杜甫与书法》另曰："大抵人们对于仰慕的诗人的墨迹，总是渴望得见，于是有人投其所好，伪托或者制造一些碑刻出来是免不了的。叶昌炽指的

[5] 叶昌炽《语石》脱稿于光绪二十七年（1901），宣统元年（1909）改定。此条内容系作于光绪二十七年。参看叶昌炽撰、柯昌泗评《〈语石〉异同评》，中华书局，1994年4月版，第351—353页、第484—485页原文及补记所署先后时间、字号大小。

[6] 《启功丛稿·论文卷》，中华书局，1999年7月版。

图5　四川巴中南龛唐乾元三年（760）《严武奏表碑》摩崖石刻

这个碑刻（即巴中杜甫书严武摩崖题诗——笔者按）如何，我们看不到，只能看到四川省射洪县杜甫的《野望》《冬到金华山观因得故拾遗陈公学堂遗迹》二诗的题刻拓本。"

　　完全肯定该摩崖题诗书家为杜甫者，主要见诸近几十年两种记载。国家文物事业管理局主编、上海辞书出版社1981年版《中国名胜词典》中，四川巴中县《南龛造像》曰："在四川巴中县城南1公里化成山上。……南龛以雕刻精巧，化成山风景著名。今岩壁上还保存唐代诗人杜甫于乾元二年（759）游历时题刻的《判府太中严公九日南山诗》。自古以来就是骚人墨客游宴之地。"另外，高文、高成刚编，四川大学出版社1990年版《四川历代碑刻》七十六《杜甫书南山诗》也著录全诗并注曰："此诗刻于四川巴中县南龛，杜甫撰并书。"

　　（二）考据辨误

　　由上引录不难发现，在约一个多世纪里，各家就杜甫书严武摩崖题诗歧说互见。或深信不疑，或疑信参半，或矢口否定，众说纷纭，莫衷一是。而既存异议，说明尚有深究探索空间无疑。

　　考巴中南龛石刻造像肇始于南北朝，尤盛于唐乾元元年（758）六月崇奉释教之严武被贬巴州刺史奏请肃宗开凿佛龛，敕建光福寺后。以现存156窟2100余身造像，68则碑碣、题记、造像记，130余条诗文石刻为例，[7]其年代

[7]　巴中县文物管理所吴朝均《浅谈巴中文物》，未刊稿。

图6　四川巴中南龛乾元三年（760）严武摩崖题诗刻石拓本

即多系唐宋时期；云屏石壁间乾元三年（760）《唐巴州佛龛记》一名《严武奏表碑》（图5），其他严武及与时人相互唱和题诗摩崖尚多（已见上述叶昌炽列目）（图6）。其中南龛第87龛造像，甚至还是乾元二年（759）严武替父、唐大臣严挺之（673—742）去世十余年后所塑观音立像与题记（图7、图8）。足见严武对巴州石刻、造像开凿贡献之巨。

　　而自两宋以来，有关四川或巴中之志乘、金石碑目等，亦迭见罗列、记述石刻提要之举，诸如北宋赵明诚撰《金石录》卷十、南宋王象之撰《舆地碑记目》卷四《巴州碑记》、陈思纂辑《宝刻丛编》卷第十八、明曹学佺著《蜀中名胜记》卷之二十五"川北道保宁府二"、清杨芳灿撰《四川金石志》等皆然。

按理，上述志乘、碑目开列严武及其同侪唱和题刻极详，倘若南龛确有杜甫书严武摩崖题诗且宋以降尚显露在外，有目共睹，料前后金石学家、地方贤达著书立说，必不假思索照单全收而不致袖手旁观，等闲视之仅作壁上观。但匪夷所思而值得玩味的是，直到20世纪前绝大多数金石学著作，均未道及南龛壁间有杜甫书严武摩崖题诗事，[8]就此疑窦丛生，仿佛该摩崖宋元明清时尚且隐晦不彰，迨清末方破土而出一般。

众所周知，清嘉庆、道光时期，因金石学尤其"碑学"盛行，各地碑版椎拓几乎无漏网之鱼，许多金石学家致力于拓本鉴藏、研究，对于蜀中汉唐、两宋石刻亦然；这其中相当有影响与代表者，乃道光廿五年（1845）升任四川按察使"访碑……取道于五丁担侧（蜀道金牛栈）……持节西川"的著名藏书家、金石学家刘喜海。[9]其贯注蜀地石刻，四出访求碑刻拓本并加以记录在案，《燕庭金石丛稿》《三巴金石苑》即系记录蜀中汉唐两宋石刻文字之丛目；尤其后者以奔藏拓本照原样摹绘著录形式付印，等于替蜀地今存和已佚刻石"立此存照"，保留诸多石刻原始素材档案信息。诚如时人赞曰："按蜀碑流传极鲜，自燕庭先生命工搜拓，始显于世。""是志先图画，后释文，间加考跋。缩丰碑于尺幅，大小真行，各极其态，钩摹之精，镌刻之细，得未曾有。"[10]"蜀碑初不显于世，自刘燕庭方伯命

图7 四川巴中南龛第87龛唐严武乾元二年（759）替父严挺之所塑观音造像并题记

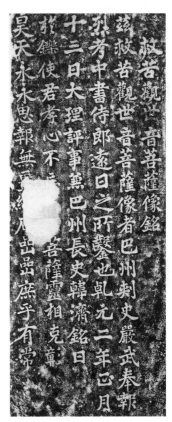

图8 四川巴中南龛第87龛唐严武乾元二年（759）替父严挺之所塑观音造像记铭摩崖拓本

---

[8] 巴中市文管所、成都市文物考古研究院编《巴中石窟》（巴蜀书社，2003年8月）就现存该所谓杜甫摩崖题诗石刻似乎也讳莫如深，避而不谈。

[9] 道光二十八年（1848）嘉定周其悫序刘喜海《三巴金石苑》。

[10] 《石庐金石书志》，参看胡昌健《刘喜海年谱》，《文献》2000年第2期。

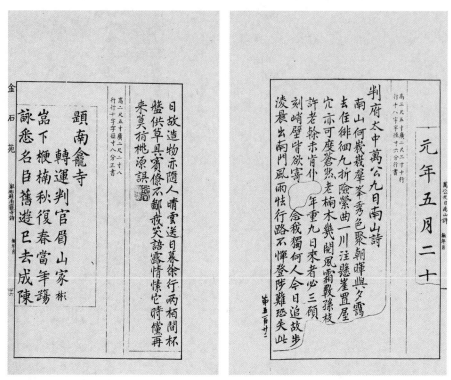

图9　《三巴金石苑》摹绘四川巴中南龛第25窟下方内右侧摩崖题刻《万公九日南山诗》

工椎拓，始稍稍出。今见于《三巴耆古志》者，皆是也。"[11]

　　值得注意的是，晚清金石学家叶昌炽就所获南龛杜甫书严武摩崖题诗拓本欣欣然有喜色而溢于言表，认为杜甫墨宝海内只此唯一，足以傲视刘氏。而按目索骥《燕庭金石丛稿》于巴州"已见""待访"石刻存目，并未见开列《杜甫书严武九日南山诗》；在《三巴金石苑》第五卷"宋南北龛题名题诗题字三十四种"摹绘中，同样并无涉及杜甫书严武摩崖诗目。经核对诗文内容，同卷题《万公九日南山诗》者，则与前录释文完全一致，唯无"乾元二年杜甫书"字样（图9），由此"杜甫手迹"有讹已初显端倪。另检民国十六年（1927）张仲孝等修《巴中县志》第四编"古迹"著录南龛历代摩崖题诗，其一宋人题刻非但内容与前录释文相合，且诗题也作《宋万阙名九日南山诗》但无"乾元二年杜甫书"款识。[12]据上考辨，足见所谓"杜甫书严武摩崖题诗"纯属无中生有，诗题及杜甫落款均系捏造，毋庸置疑。

[11]　《语石》卷二《四川三则》。
[12]　《中国地方志集成》四川府县志辑62，巴蜀书社，1992年8月。

（三）鉴定辨伪

所谓杜甫墨迹刻石，系清末碑估或好事之徒于宋人摩崖题诗基础上添足掠美，以祈哗众取宠、奇货赢利而苦心雕琢经营业已验明审定，拙文走笔至此本该掩卷结案，无须赘述。但鉴于其蒙蔽世人乃至饱学之士长达一个多世纪，以致就此悬念迭起，聚讼不休；其向壁虚造、贻误后世多端诡计料有巧妙障眼术混淆视听，就此极应剖析手法，洞烛其奸。故以下条分缕析，权作麻雀解剖以揭露作伪始末，恕勿见责小题大做，是所深祷。

1.添改款识

对照今拓自南龛壁间题诗拓本与刘喜海编《三巴金石苑》摹绘，谛审刻工笔道不难发现，该摩崖题诗题款与落款均有伪造现象，"乾元二年杜甫书"七字款书体与诗书体迥异。两者虽同为楷书，但诗书体行楷笔势潇洒连贯，而款书体正楷则运笔拘谨，有滞钝呆板造作斧凿痕迹，一如续貂狗尾，分明系后添加凿刻可知，刘喜海摹绘时并无此款识。而"判府太中严公九日南山诗"十一字题款之"严（嚴）"字，刘喜海摹绘时原本作"万（萬）"字，后显系别有用心者移花接木成"严（嚴）"字，改刻迹象显而易见。而其所以明目张胆偷天换日，旁若无人盗名欺世，作伪伎俩并非空穴来风，无的放矢，实则渊源有自，料有鉴于严武、杜甫交谊背景。

2.借口诗谊

考严武、杜甫交游在至德二年（757）春，时杜甫被宰相房琯荐为左拾遗，严武受荐为给事中，两人同在肃宗凤翔行在为官。事后严武、杜甫分别有《酬别杜二》《寄岳州贾司马六丈巴州严八使君两阁老五十韵》诗追忆两人当初情谊。因严武官秩高于杜甫，故杜甫多有诗赠严武，如《八哀诗·赠左仆射郑国公严公武》《奉赠严八阁老》《留别贾严二阁老两院补阙》。

而自乾元二年（759）到宝应元年（762），杜甫入蜀依附升任剑南节度使的严武后，更迭有《奉送严公入朝十韵》《送严侍郎到绵州同登杜使君江楼宴》《奉济驿重送严公四韵》《严中丞枉驾见过》《奉和严中丞晚眺十韵》《奉酬严公寄题野亭之作》《中丞严公雨中垂寄见忆一绝奉答二绝》《谢严中丞送青城山道士乳酒一瓶》《严公仲夏枉驾草堂兼携酒馔得寒字》《严公厅宴同咏蜀道画图》《遭田父泥饮美严中丞》等多首诗赠严武，其中还包括看似与前述《判府严公九日南山诗》相关的《九日登梓州城》《九日奉寄严大夫》；严武则有《寄题杜二锦江野亭》等诗回赠。总之，据上述诗作可见严、杜私交非同一般，故附会《判府太中严公九日南山诗》系严武逸诗，貌似合理。

3.混淆时地

如前所述，乾元二年恰值杜甫经巴州邻地利州（今四川广元）南下，并有《寄岳州贾司马六丈巴州严八使君两阁老五十韵》诗。"巴州鸟道边。……谪宦两悠悠"，可知严、杜当年虽近在咫尺而失之交臂。但因严武《巴岭答杜二见忆》《酬别杜二》诗分别有"卧向巴山落月时，两乡千里梦相思"和"最怅巴山里，清猿恼梦思"句，自注曰："昔会秦关，今别巴岭。"故捕风捉影杜甫顺道赶赴巴州拜会严武并接受安排入蜀，同时相互唱和并于壁间濡墨书严武题诗。乍看时、地俱符，其实，杜甫自陇右发剑南在冬天，而"九日南山诗"揭示乃重九时节景致风光，故比较时间段自相矛盾凸现。但如若就杜甫来踪去迹不求甚解，则多取忽略不计态度，抑或仅为两人诗谊所惑不自觉上当受骗。

（四）献疑举证

不过，就上述齐东野语，深有远见卓识而持见严谨学者，多疑为似是而非的无稽之谈，且疑义相析，疏误举证由来已久。

1.书体之疑

譬如关于书法风格，即有学者以杜甫主张笔力"瘦硬通神"，而此摩崖题诗书体虽稍"寒瘦"但并不"怪伟"，犹显浑厚遒劲，两者大相径庭颇见抵牾，怀疑涉嫌后人出于仰慕"诗圣"遂处心积虑、煞费心机托伪所出。[13]启功先生就此摩崖题诗书家辨析，即着眼于唐宋不同书法风格，认为未必确系少陵真迹而疑为宋人手笔。[14]据上述去伪存真考索结论，可见各家由书法视角切入目力过人，言之有理，见地与事实几不相上下。

2.过境之疑

至于杜甫书严武摩崖题诗有违当初两人交往时地史实，早见诸20世纪30年代初叶刘云孙于《河北第一博物院画报》第五十七期识语："杜工部千古诗圣，而笔迹世所罕见。此刻在今四川巴中县，摩崖为之。自欧（欧阳修）、赵（赵明诚）以来，至翁覃溪（翁方纲）、王兰泉（王昶）诸公，皆未著录。嘉庆间所修《四川通志》，于苍溪县西崖，载有杜公摩崖书'少屏山'三字，

---

[13] 梅蕚华《杜甫与书法》；叶昌炽《语石》卷七《严武一则》。
[14] 《启功丛稿·论文卷》。

而亦不载此刻。严公盖指严武，武以乾元元年六月，贬巴州刺史。巴州古佛龛石刻，大书唐乾元三年山南西道严武奏，臣顷牧巴州云云。是乾元二年，武正刺巴州也。……按吕大防、鲁訔、蔡兴宗诸家杜公年谱，乾元二年春，公自东都归华州；七月，弃官客秦州；十月，往同谷；十二月一日，自陇右赴剑南。岂公入蜀时，尝迁道至巴过严公邪？"果然，杜甫绝无自川北广元折而东南迁回奔赴巴州造访严武并应邀挥毫题壁逸事，且诗亦断非严武所作。

3.职官之疑

再者，亦无可争辩的显著错讹处，乃款署"判府太中严公"名不副实，分明不合唐代官制而系宋代职官，故置换严武张冠李戴行径不言而

图10 《金石苑》第五卷《宋南北龛题名题诗题字三十四种》摹绘《判府太中先生冯公诗什》题刻

喻。南宋洪迈《容斋三笔》卷第十四《判府知府》曰："国朝著令，仆射、宣徽使、使相知州府者为判，其后改仆射为特进，官称如昔时。唯章子厚罢相守越，制词结尾云：'依前特进知越州。'虽曰黜典，亦学士院之误。同时执政蒋颖叔以手简与之，犹呼云判府，而章质夫只云知府，盖从其实，予所藏名公法书册有之。……今世蕞尔小垒，区区一朝官承乏作守，吏民称为判府，彼固偃然居之不疑。风俗淳浇之异，一至于此！"

另检《金石苑》第五卷《宋南北龛题名题诗题字三十四种》，有佚年《判府太中先生冯公诗什》（图10）。据刘喜海考证，此冯氏乃南宋淳熙十六年（1189）于南龛题名和绍熙元年（1190）题字之西岷冯伯规；换言之，"判府"实乃南宋常署官职可知。由此足见，所谓《判府太中严公九日南山诗》，明眼人破题一望而识有悖唐代题壁行文款署常规，其间势必涉嫌冒名顶替讹诈。

而事实也的确如此，《判府太中严公九日南山诗》之"严公"本作"万

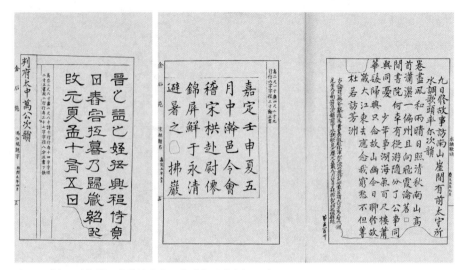

图11　《金石苑》第五卷摹绘南宋万氏《水调歌头》题刻

公"；万氏缺名，南宋庆元间人，除南龛崖间有其"九日南山诗"外，相邻壁上尚有庆元五年（1199）九月其次前太守韵摩崖题词，《金石苑》第五卷摹绘有《水调歌头》（图11）。

三、结论

由刘喜海摹绘《水调歌头》摩崖题词，及文林郎知巴州化城县郭某摩崖题识可见，《判府太中万公九日南山诗》与《判府太中万公次韵》，一诗一词均系庆元五年重阳节当日万某游南龛后即兴题壁之作，证据确凿，而与杜甫浑然无关。

需要特别强调的是，叶昌炽《语石》卷二《四川三则》本就严武刻石仅道及三种："严武巴州摩崖凡三刻：一为《佛龛记》，一为《龙日寺西龛诗》，一为《光福寺楠木歌》。笔力如崩云坠石，运腕于虚，劲不露骨。"迨卷七《严武一则》则谓"巴州严武摩崖共五通"（包括所谓《杜甫书严武摩崖题诗》）。就万某摩崖诗词，卷四《诗文一则》也曾间接提及："诗余滥觞于唐，而盛于南宋，故唐以前无石刻。巴州有《水调歌头》词，刻于崖壁，无撰人年月，行书跌宕，宋人书之至佳者。"同卷柯昌泗《〈语石〉异同评》另曰："诗余以《水调歌头》独为常见，此书仅举其行书。在巴州南

图12　"萬公"被篡改为"嚴公"痕迹暨后添款"乾元二年杜甫书"

北龛摩崖者，尚有正书一首，乃庆元五年郭□作，亦在同地。"但于此后卷五、六、七，叶昌炽又迭陈"九日南山诗，杜甫书也"，"严武东岩诗，杜拾遗所书也"。足见其就刘喜海《金石苑》摹绘并未引起足够重视，仅轻信庋藏拓本而喜闻乐道，望文生义。（图12）

同样，《中国名胜词典》1981年版"南龛造像"条、《四川历代碑刻》1990年版七十六《杜甫书南山诗》，均因始作俑者虚张声势而见猎心喜，信以为真。事实上，道光、民国时期《巴中志乘》明确著录该诗作者为万某。但前者失于查检校勘而误入歧途；后者将错就错且进一步阐发己见，臆断题诗为杜甫"撰并书"，几指为少陵逸诗。值得提醒的是，《中国名胜词典》1997年第三版"南龛造像"条，显然已甄别并意识到该摩崖题诗有被改篡的可能，删除原先杜甫到此一游欣然执管题壁诸不实之词。其尊重历史反躬自纠，实事求是防范谬种流播举动，委实难能可贵。

四、赘语

综上所述，"巴中乾元二年杜甫书严武摩崖题诗"，断非唐宋如此，实乃晚清好事者掩耳盗铃，刻意倒行逆施，投机取巧，招摇撞骗所出。就此，前人著录真凭实据俱在，众目昭彰之下，原形毕露，不堪一击。现在问题是，既然蛛丝马迹本足以剥茧抽丝，水落石出；弄巧成拙，不攻自破；疑案不悬，不值辩驳，何以自弄虚作假拙劣把戏出笼，犹愚弄学林旷日持久约一世纪？

究其原因，大抵"诗圣"手迹见存乃人心所向，众望所归风雅之举，故人多取宁信其有事属不争的地方保护主义心态。而造假者技痒一试，擅改款署，推波助澜，亦非凭空臆造而自圆其说，乃基于杜甫、严武私交甚密，而严武又确有巴山不了情结。兼以万氏匿名不彰，其诗词知者甚鲜，遂致身后名分不由自主为人取代，足资不速之客乘虚而入巧立名目，有恃无恐牵强附会。一时穿凿篡改炮制《杜甫书严武摩崖题诗》，虽落款与诗歌书体相形见绌，竟依违两可虚实参半，弄假成真煞有介事。故从某种意义上讲，此等无行之辈倒亦不失深谙杜甫、严武交往之一介杜甫研究者也。

由是观之，就古代名人墨宝审鉴不可不慎以小心求证；所谓《巴中南龛杜甫书严武摩崖题诗》，一如成语"盛名之下，其实难副"。而既然本隔靴搔痒诸存而不论疑难杂症业经排除破译，现在该是理直气壮直言不讳，补偏纠弊以正视听的时候了。

陆机对隋唐政坛与文坛的影响

一、从南朝萧统《昭明文选》到唐太宗《晋书·陆机传赞》推崇陆机文学艺术

南朝梁代昭明太子萧统（501—531）主持编纂，成书于梁中期的我国现存最早的诗文总集《昭明文选》，就所选历代作家作品，以西晋平原内史陆机（261—303）数量最多（六十一首）[1]，然后才是南朝宋时开山水诗派的谢灵运（四十一首），三国曹魏文才富艳的曹植（三十八首），足见萧统心目中作家以此三人最重要，而陆机名列前茅。

这种观念跟几乎同一时期南朝另一位文艺批评家钟嵘（约468—约518）的成书于梁武帝天监十二年（513）后我国古代首部诗歌批评专著《诗品》完全一致，因钟氏也曾同样表达过"陈思为建安之杰""陆机为太康之英"和"谢客为元嘉之雄"的意思，可见这种鉴选标准为六朝大多数文人所认同，因而"曹王（粲）""潘（岳）陆""颜（延之）谢"始终被奉为一时文坛已故领衔代表人物。

类似情形甚至还影响到隋代王通（584—617）这样的思想家。尽管王氏曾对史上不少文人都有过非议，但他在《文中子·事君篇》中，却对曹植和陆机的才情甚为赞赏。究其原因，梁、隋之间曾出现过一个萧统之子萧詧（519—562）建立的后梁，而隋炀帝杨广（569—618）的萧妃（萧皇后），正是后梁明帝萧岿（542—585）之女，[2]即萧统重孙女。后梁帝胄子孙自然显贵于隋朝，所以《文选》选材思想延续到隋代，并对王通染濡不浅是可想而知的。

值得注意的是，王通曾在河、汾之间以教授为业，受业者数以千计，时称"河汾门下"。唐太宗不少将相名臣如薛收、房乔、李靖、魏徵等皆从受王佐之道，故不难想象，作为师长相关精神要点同样影响到唐初君臣。因此唐太宗（599—649）亲自主持纂修《晋书》所写四篇史论，除《宣帝（司马懿）纪》《武帝（司马炎）纪》外，唯有《王羲之传》和《陆机传》的原因就不言而喻了。

---

[1]　（西晋）陆机《演连珠》共五十首按一首计。

[2]　（唐）魏徵等撰《隋书》卷三十六《列传》第一《后妃》。

如果说唐太宗欣赏"书圣"王羲之（303—361或321—379），是因其书法艺术"风神盖代传"缘故，则其论赞陆机原因，恐怕更多在于他"文藻宏丽，独步当时""其词深而雅，其义博而显，故足远超枚（乘）、（司）马（相如），高蹈王（粲）、刘（桢），百代文宗，一人而已"，[3]足见评价之高。同时，他将陆、王树为文坛与书坛双子星座之用意亦有端倪可察。另外，唐太宗此举还表明其文学观与萧梁昭明太子文学旨趣相当接近。[4]这样，隋唐之际出现陆柬之书陆机《文赋》、敦煌遗书中存有陆机著作的多种写本，这些现象也就不足为奇了。

二、书坛"初唐四家"之一虞世南外甥陆柬之传世行楷书陆机《文赋》卷

陆机文学艺术成就，在初唐得到唐太宗揄扬而获得广泛流行与传播，一时文人墨客竞相书写陆机著作，台北故宫博物院藏初唐陆柬之传世行楷书陆机《文赋》卷（图1），就是其中代表书作。

陆柬之（585—638），唐吴郡吴县人。[5]他是很受唐太宗器重[6]甚至每机务之隙则重其博识而引之谈论的书坛"初唐四家"之一的虞世南（558—638）的外甥，官至朝散大夫、守太子司议郎。而虞世南兄长虞世基（？—618）同样以文华见重而极受隋炀帝杨广礼遇，被任命为相当于皇帝机要秘书和文字秘书的内史侍郎。[7]当初，隋炀帝跟知书达礼的宠妃、前梁编纂《文选》的昭明太子萧统曾孙女萧妃在文学上情投意合，隋炀帝对南方文化的倾慕，应该就是受了萧妃和萧妃家人的影响。[8]而虞世基雅淡才学或多或少也会受萧妃感染，虞世基和唐太宗共同赏识陆机文才的多重影响，又必然由虞世南及其外甥陆柬之一脉相袭，兼以后者也是吴郡人，算起来还是陆机本家传人，这样，陆柬之倾情书写展示陆机文学观念代表作《文赋》[9]，简直就是再顺理成章不过的事了。

[3]　（唐）房玄龄等撰《晋书》卷五十四《列传》第二十四《陆机》。
[4]　参看曹道衡《南北文风之融合和唐代〈文选〉学之兴盛》，载《中古文史丛稿》，河北大学出版社，2003年10月，第1—15页。
[5]　张㧑之、沈起炜、刘德重主编《中国历代人名大辞典》上，上海古籍出版社，1999年12月，第1319页。
[6]　刘善龄《细说隋炀帝》四十六《虞世基和裴蕴》，上海人民出版社，2005年1月，第328页。
[7]　上引书，第322页。
[8]　《细说隋炀帝》十《萧妃和她的家人》，第76页。
[9]　（日）佐藤利行著、周延良译《西晋文学研究》第四章《〈陆机的文学〉——以〈文赋〉为中心》，中国社会科学出版社，2004年6月，第277—315页。

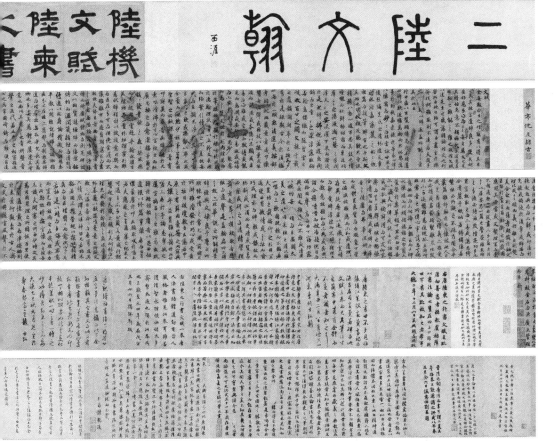

图1　台北故宫博物院藏初唐陆柬之行楷书西晋陆机《文赋》卷暨卷前明李东阳篆书引首、明上海松江书法家沈度题赞

　　关于陆柬之书法艺术取向，初唐博学之士李嗣真（？—约696）曰："陆学士柬之受于虞秘监，虞秘监受于永禅师，皆有体法。"[10]北宋朱长文编《墨池编》卷第七"品藻二"也称其"少学舅氏，临写所合，亦犹张翼换羲之表奏，蔡邕为平子（张衡）后身。晚习'二王'，尤尚其古；中年之迹，犹有怯懦；总章（唐高宗年号，668—670）以后，乃备筋骨"。卷第九"品藻四·妙品"又曰："临学舅氏，得其法，遂以书颛家，与欧、褚齐名。张怀瓘谓其隶、行入妙，草入能，然隶、行于今殆绝遗迹。余尝观其草书，意古笔老，如乔松倚壑，野鹤盘空，信乎名不虚得也。"元陶宗仪曰："书多

---

[10]　参看《故宫法书》第四辑《唐陆柬之书陆机〈文赋〉》，台北故宫博物院，2003年7月初版第五次印刷，第31页。

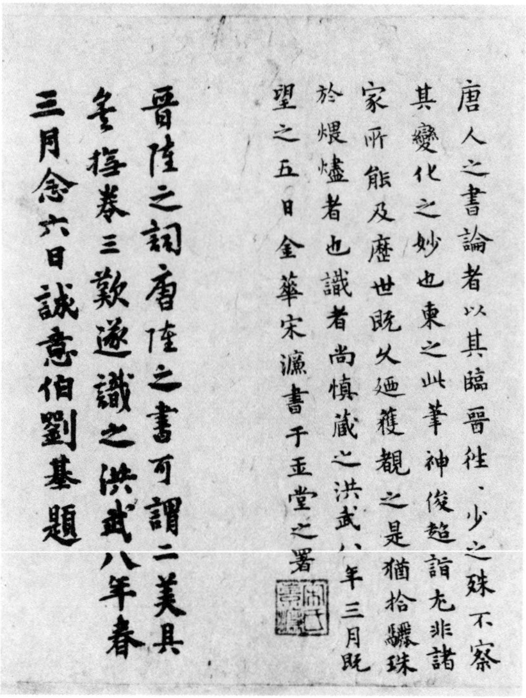

图2　明初洪武八年（1375）宋濂、刘基题赞

作行字，晚擅出蓝之誉，遂将咄咄逼羲、献；落笔浑成，耻为飘扬绮靡之习，如马不齐髦，人不栉沐，览之者，未必便能识其佳处。论者以谓如偃盖之松，节节加劲，亦知言哉。然人才固自有分限，柬之隶、行入妙，章草、草书入能，是亦未免其利钝也。"[11]

至于陆柬之本卷书法特色，清初递藏者孙承泽《庚子销夏记》卷一《陆柬之书陆机〈文赋〉》著录云："世传王右军有所书《文赋》，不知海内尚有拓本否？至柬之所书，则精绝一世。字字员秀，脱胎于《兰亭》，而带有其舅氏虞永兴之逸致，遂觉机法双绝。陆司议书，世不多见，元人李倜云：'在世者止《兰亭》诗、《兰若》碑与此而三。'欧阳圭斋谓《兰亭》诗已毁于赭寇之乱，是在世者益鲜；且累累千余字，而纸色完好，是海内第一奇迹也。……所书《文赋》，风骨内含，神采外映，真得《兰亭》之髓者，不独皮貌相肖也。此卷后有子昂一跋云：'唐陆柬之行书《文赋》真迹，唐初善书者，称欧、虞、褚、薛。若以书法论之，岂在四子下耶？然世罕有其迹，故知之者希耳。'字法竟摹司议。欧阳玄云：'近代米元章书，矫亢跌宕，世咸称其自创一法，乃不知其全学柬之《头陀寺碑》耳。元章闳而不言，以陆书少传于世也；若《文赋》累千百言，当为方今陆帖第一。'又云：'柬之本虞世南甥，书法得于渭阳，而神俊过之。'揭傒斯云：'唐人法书，结体遒劲，有晋人风格者，惟见此卷；虽若隋僧智永，犹恨妩媚太多，齐整太过。'"

---

[11]　（元）陶宗仪《书史会要》卷之五。

正因为本卷陆机《文赋》文学艺术与陆柬之书法艺术堪称绝妙双璧，难怪明李东阳以篆书题本卷引首曰："二陆文翰。"而陆机同里人、明华亭（今上海松江）书法家沈度隶书题曰："陆机《文赋》，陆柬之书。"款署："华亭沈度隶古。"明初洪武八年（1375）并称一代文宗的宋濂和刘基还分别跋赞曰："柬之此笔神俊超诣，尤非诸家所能及。""晋陆之词，唐陆之书，可谓二美具矣。"（图2）[12]诚哉斯言！

本卷共百四十四行，行九字至十四字不等，首行题"文赋"，起自"余每观材士之作"，止于"被金石而德广，流管弦而日新"，为《文赋》全篇。卷后有元赵孟頫、李倜、欧阳玄、揭傒斯、危素，明宋濂、刘基、董琰，清孙承泽等十一跋。（清《石渠宝笈》著录）

三、隋唐之交敦煌遗书中几种陆机著作写本

关于隋唐敦煌遗书中陆机著作写本研究，还得从分别藏于法国国家图书馆和敦煌研究院呈前后衔接关系的写本曹魏李萧远《运命论》残卷说起。

（一）法国国家图书馆和敦煌研究院藏写本曹魏李萧远《运命论》残卷

据王重民先生遗稿《敦煌写本跋文（四篇）》之《敦煌本〈文选〉残卷跋》载："宿白同志示以敦煌文物研究所（今敦煌研究院）藏残卷照片，无书题、篇名，嘱为考订。按此残卷存二十二行，起'之，而弗为乎'，讫'则善恶书乎史策，毁誉'，均在李康《运命论》中，盖《文选》残卷也。余尝见另一残卷，为伯希和劫往巴黎（伯二六四五号），并以著之《敦煌古籍叙录》中（定为六朝写本，在萧统原书中为卷第二十七），凡存三十四行，适在此卷之前。……以臆推之，有可能为同一写本而断为两截者。……又按：'凡希世苟合之士'，'世'字不避讳，则此亦六朝写本，益疑与二六四五卷为同一写本也。"[13]

另据李永宁先生《本所〈文选·运命论〉残卷介绍》说：

"敦煌文物研究所所藏《文选·运命论》残卷，原由敦煌士绅任子宜收藏。……残卷正文自'之而弗为乎，盖亦知为之而弗得矣'起，至'其为

---

[12]　参看《故宫法书》第四辑《唐陆柬之书陆机〈文赋〉》著录。

[13]　王重民《敦煌写本跋文（四篇）》，载北京大学中国古史研究中心编《敦煌吐鲁番文献研究论集》，中华书局，1982年5月，第1—2页。

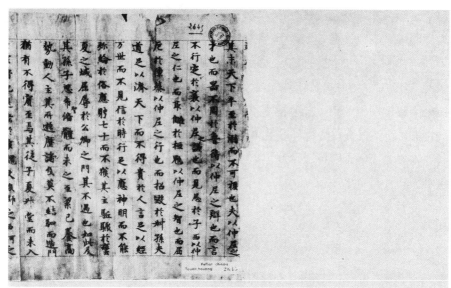

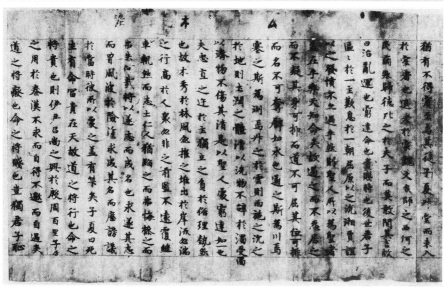

图3　法国国家图书馆和敦煌研究院藏写本曹魏李萧远《运命论》残卷

名乎，则善恶书于史策、毁誉'止。按，伯希和2645号遗书，《文选·运命
论》自'其末天下卒至于溺而不可援也'起，至'道之将废也，命之将贱
也，岂独君子耻'止。其下，恰与敦煌文物研究所藏残卷相接，视其书体、
计其行字，亦相合，应为同卷之前半段。伯氏2645残卷，既取自莫高窟，则
敦煌文物研究所残卷亦同出藏经洞无疑。……残卷无注，书法劲秀，类隋及

初唐楷书，尤与开皇十五年（595）及隋仁寿三年（603）的写经字体近似。又残卷不避唐讳'渊''世''民''治'等字。虽太宗于武德九年（626）曾敕令'世民'二字不连续者，并不须讳，但'渊'讳并不在此例。今残卷'渊'字不讳，可证其时代早于唐，应为隋卷。"（图3）[14]

以上援引敦煌学专家对写本曹魏李萧远《运命论》残卷研究结论，不光因其与以下将要论述的陆机《辩亡论》在《文选》中处于先后连贯位置，且写本《运命论》残卷避讳问题，对认识以下同属敦煌遗书写本陆机著作断代与鉴定以重要启示。

（二）法国国家图书馆藏写本陆机《演连珠》残卷

陆机《演连珠》是继《文选》第五十三卷论三《李萧远〈运命论〉一首》《陆士衡〈辩亡论〉上下二首》和第五十四卷论四《陆士衡〈五等诸侯论〉一首》后，排列在第五十五卷《连珠》目下的篇章。（图4）

法藏陆机《演连珠》残卷，编号P.2493。白文无注，存百四十五行，行十六字左右，起"博则凶是以物胜权而衡殆形过镜则照"一行，尾十一行残缺。倒二行为"水而浅深难察"六字，为《演连珠》第四十七首之末。倒一行则为第四十八首之开端，下阙。此卷背面抄录《金刚般若经旨赞》。[15]

按，本卷《演连珠》前粘接《金刚般若经旨赞》卷，起始"博则凶，是以物胜权而衡殆，形过镜则照穷"云云，已是《演连珠》五十首中的第二首；因此按照《演连珠》全篇结构篇章判断，之前还应有第一首全篇文字及第二首篇首的"臣闻任重于力，才尽则困，用广其器，应（博则凶……）"估计这些写本文字，均为接前《金刚般若经旨赞》而于装裱时被剪裁或粘贴覆盖，因抵今相关痕迹信息宛然可窥。又，《文选·演连珠》第四十三首后当为第四十四首"臣闻理之所守"云云，现写本将《文选》原本第五十首"臣闻足于性者"云云提前到《文选》第四十四首位置，原第四十四首延后成写本第四十五首；而《文选》原四十五首"臣闻通于变者"，在写本中次序又延后成第四十七首；《文选》第四十六首"臣闻图形于影"云云于写本位置保持不变，依旧为第四十六首；《文选》原第四十七首"臣闻情见于物"云云，在写本中处于第四十八首地位；《文选》第四十八首"臣闻虐暑

---

[14]　参看李永宁《本所藏〈文选·运命论〉残卷介绍》，载《敦煌研究》创刊号，第164—172页；《法国国家图书馆藏敦煌西域文献》17册，上海古籍出版社，2001年12月，第84页。

[15]　白化文《敦煌遗书中〈文选〉残卷综述》，载《中外学者〈文选〉学论集》，中华书局，1998年8月，第380页。

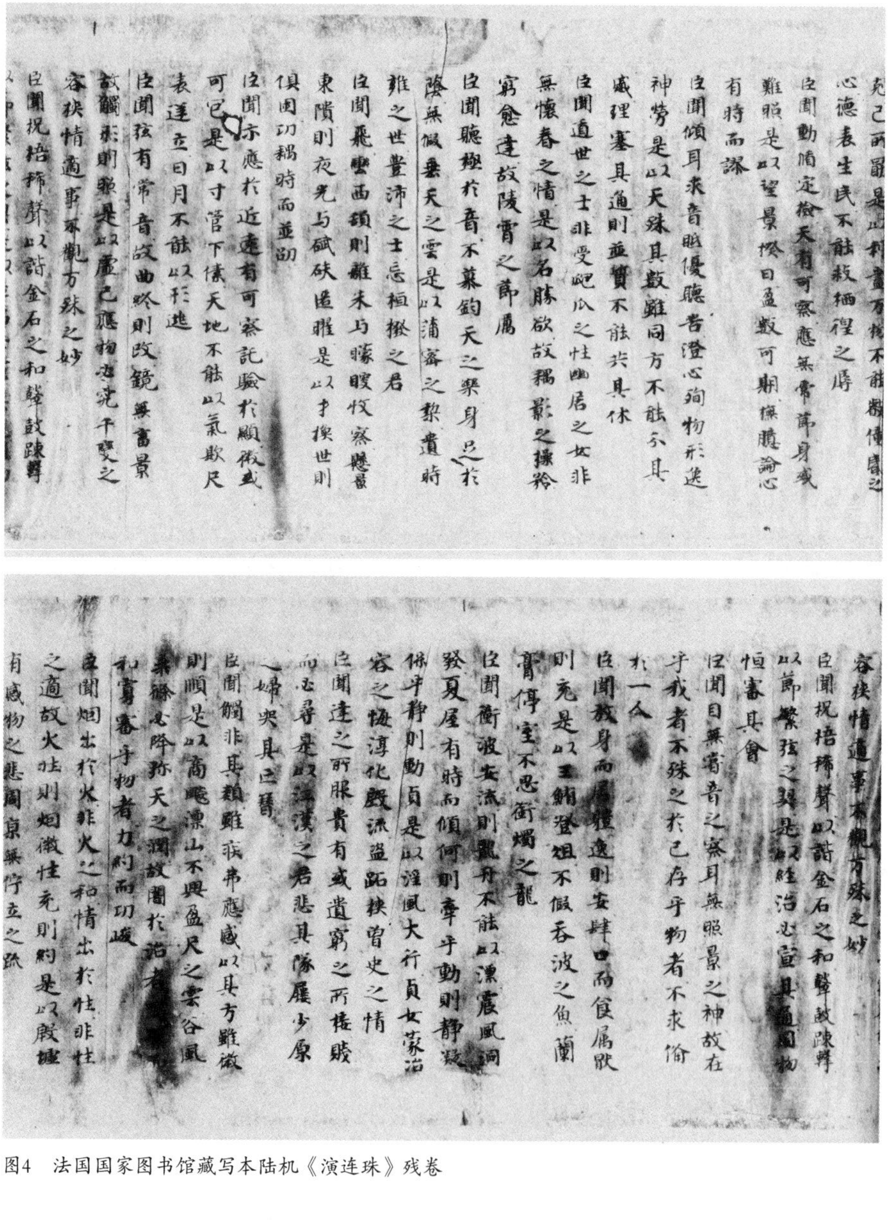

图4　法国国家图书馆藏写本陆机《演连珠》残卷

熏天"云云，于写本仅见"臣闻"二残字，余文均已漫漶无存；《文选》第四十九首"臣闻理之所开"云云全篇漫漶阙失。以上就是《文选》第五十五卷《演连珠》五十首跟敦煌遗书写本《演连珠》残卷文本布局所呈现的差别和现状概貌。又按，写本《演连珠》残卷"世""民""治""渊"字并无避讳缺笔现象，以上述李萧远《运命论》残卷避讳案例分析，同理可证《演连珠》残卷的书写时间亦可上溯到隋代。[16]

（三）中国国家博物馆藏写本陆机《五等论》卷

《五等论》为陆机重要政论文章之一，在《文选》中位于第五十五卷《演连珠》前的第五十四卷。《晋书·本传》曰：“（陆）机又以圣王经国，义在封建，因采其远指，著《五等论》。”并予全文著录。

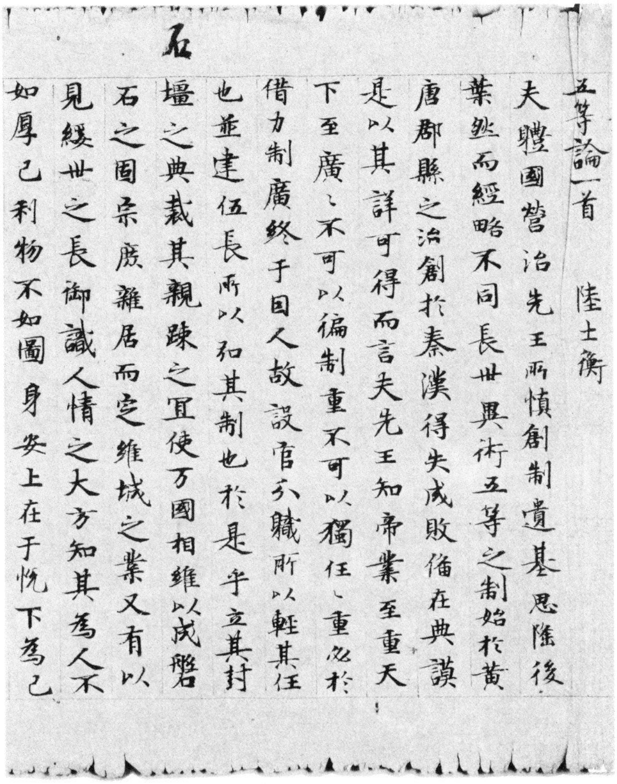
石
五等論一首　陸士衡
夫體國營治先王所慎創制遺基思隆後
葉然而經略不同長世異術五等之制始於黄
唐郡縣之治創於秦漢得失成敗備在典謨
是以其詳可得而言夫先王知帝業至重天
下至廣廣不可以偏制重不可以獨任任重必於
借力制廣終于因人故設官分職所以輕其任
也並建伍長所以弘其制也於是乎立其封
疆之典裁其親踈之宜使萬國相維以成盤
石之固宗庶雜居而定維城之業又有以
見綏世之長御識人情之大方知其為人不
如厚己利物不如圖身安上在於悅下為己

图5　中国国家博物馆藏唐敦煌写本陆机《五等论》卷

此卷白文无注，乌丝栏，首行作书题及作者为“五等论一首陆士衡”。正文起自“夫体国营治，先王所慎……”止于“秦汉之典，殆可以一言敝”，全篇共计九十三行。文中部分“世”“民”“治”字因避讳，用黄粉雌黄成缺笔字；另有一些错别字亦用黄粉涂改。上栏线之上一定间距，淡墨书“石、钲、叛、美、义”五字。卷尾末行下钤“书潜经眼”印一，“书潜”为近代学者傅增湘先生别号。此卷小楷书，书体娟秀，笔致流丽，字体虽小，笔法精严，在唐人写本古籍中不多见。“世”“民”“治”等字避讳，知为唐初人所写。（图5）[17]据与上述法国国家图书馆藏《演连珠》残卷比对，两者书法风格有出入，故而与《文选》呈前后关系，这两卷写本陆机著作当非同一人书写。

[16]　《法国国家图书馆藏敦煌西域文献》14册，上海古籍出版社，2001年4月，第297—300页。
[17]　《中国历史博物馆藏法书大观》第十二卷《战国秦汉唐宋元墨迹》，上海教育出版社，2001年3月，第16—17页、第82—84页。

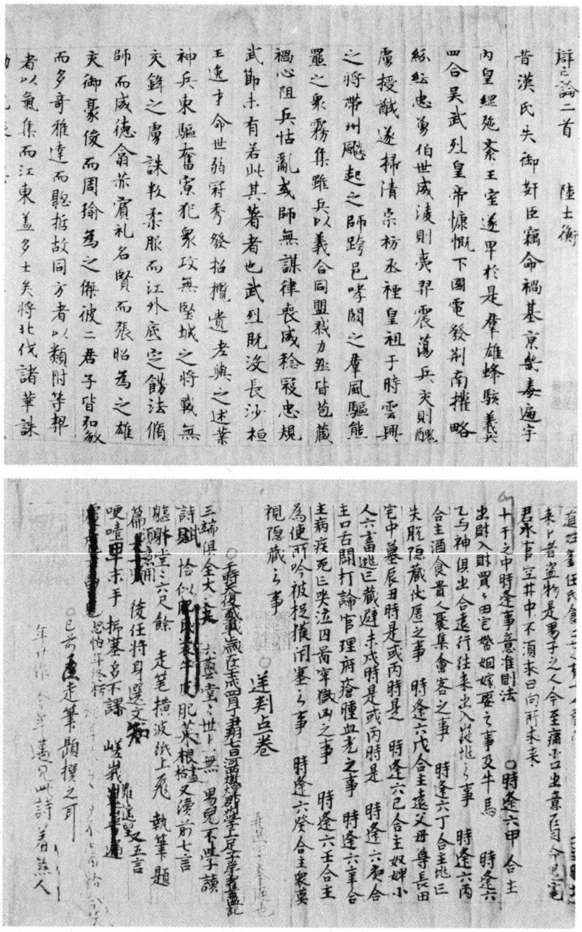

图6　中国国家图书馆藏唐敦煌写本陆机《辩亡论·上》卷

（四）中国国家图书馆藏写本陆机《辩亡论·上》卷

中国国家图书馆藏写本陆机《辩亡论·上》卷，编号BD15343。写卷三纸七十一行，乌丝栏，白文无注，黄纸墨书，字体舒朗俊秀。（图6）首行题"辩亡论二首　陆士衡"，今存实为《辩亡论·上》一首全文。[18]按，《晋书》卷五十四《列传》第二十四《陆机本传》载："年二十而吴灭，退居旧里，闭门勤学，积有十年。以孙氏在吴，而祖父世为将相，有大勋于江表，深慨孙皓举而弃之。乃论权所以得，皓所以亡，又欲述其祖父功业，遂作《辩亡论》二篇。"唐房玄龄等撰《晋书·本传》不仅述及《辩亡论》创作缘由，甚至全篇加以引录。实际上，萧梁《昭明文选》第五十三卷，亦全文照录此两篇文字，由此表明六朝以来都认可此文为陆机重要政论文章之一。

不仅如此，鉴于"此卷楷书，结体娟秀，笔致流丽谨严，具有初唐书手风格"[19]，既属敦煌唐人写本中翘楚而列入《中国国家图书馆古籍珍品图录》[20]，且于2004年6月以高仿真形式限量影印出版，又经观摩、比

[18]　白化文《敦煌遗书中〈文选〉残卷综述》，载《中外学者〈文选〉学论集》，第382—387页。
[19]　白化文《影印陆机〈辩亡论〉手卷题记》，载《承泽副墨·序言与小启》，东南大学出版社，2002年5月，第278页。
[20]　北京图书馆出版社，1999年9月。

对本《辩亡论》卷与上述《文选》中位置紧随其后的《五等论》卷，确实笔致相似，也有涂改错讹字情况，且"世"等避讳字与上述《五等论》卷"世""民""治"字一样并不一定完全用雌黄，因而大抵可认定此前后连贯两卷当属一人一手所为。

这里，笔者有个大胆假设，鉴于《辩亡论》乃陆机论述东吴孙权何以得天下，而孙皓何以失天下的历史教训，《五等论》也涉及秦何以亡而汉何以兴；而敦煌遗书此《辩亡论》卷和《五等论》卷书法娟秀如出女性手笔。据《隋书》卷三十六《列传》第一《后妃》载："萧后初归藩邸，有辅佐君子之心。炀帝得不以道，便谓人无忠信。父子之间，尚怀猜阻，夫妇之际，其何有焉！""时后见帝失德，心知不可，不敢厝言，因为《述志赋》以自寄。"并曰："天下事一朝至此，势已然，无可救也。何用言之，徒令帝忧烦耳。"而李唐初起，即称臣于突厥，借重突厥力量反叛隋朝；隋朝跟东西突厥关系也时亲时战，若即若离。[21]隋亡后"突厥处罗可汗遣使迎后于洺州，建德不敢留，遂入于虏庭。大唐贞观四年（630），破灭突厥，乃以礼致之，归于京师"[22]。那么，是否存在这样一种可能，上述《辩亡论》卷和《五等论》卷，正是流亡突厥的隋炀帝萧皇后有感于国破家亡，乃炀帝咎由自取而抄录曾祖父萧统《文选》中陆机篇章以寄胸臆，并在其回归大唐前后，此两卷流传到一度为突厥辖境的敦煌，遂转而成为敦煌遗书了呢？悬想，就此议案，尽管涉及隋、唐跟突厥错综复杂的政治、外交、军事关系而事出有因，恐怕查无实据，但这或许不无今后小心求证的可持续研究空间。

四、关于陆机、陆云兄弟世居松江史实确认

陆机、陆云兄弟籍贯，一般笼统称作吴郡吴人，并未明确华亭人，即今上海松江人，因为华亭设县在唐天宝十载（751），即陆机死后四百四十八年。所以说陆机为"吴郡华亭人"的确看似无据，曹道衡先生就持类似观点，他在《再论陆机的籍贯》一篇中指出："陆逊的居于华亭，不知始于何时，从《三国志》本传看来，他封华亭侯为建安二十四年（219）十一月，

[21] 参看吴玉贵《突厥汗国与隋唐关系史研究》第二章《突厥汗国对西域的统治》、第四章《炀帝时代隋朝对西域的经营》、第五章《东突厥称霸东亚》，第81—253页，第157、167、173页。
[22] （唐）魏徵等撰《隋书》卷三十六《列传》第一《后妃》。

此后又进封娄侯。孙权所以封他华亭侯，又封娄侯，大约就因为陆逊在那里有地产。像陆逊那样的大族，且为孙策女婿，在家乡附近建立庄园当然不足怪。他在那里有了庄园而把父祖葬于附近，亦可理解。但不能因此就说他是'吴郡娄人'，更不能说是'华亭人'。"他还认为："关于陆机的籍贯，我过去曾作札记，认为他应为吴郡吴（今江苏苏州）人，而非华亭（今上海松江）人（见台湾文津出版社版《中古文学史论文续集》）。现在看来，此说虽无大谬，但尚须补充。因为把陆机看作华亭人的说法始于明以前。明何良俊《四友斋丛说》卷十七就认为吴陆绩、陆景，晋陆机、陆云为松江人，据说'载在郡志'。不过，历史上从未设过'松江郡'，只是元代至元十四年（1277）才设'华亭府'，次年改名'松江府'。那么何良俊所见'郡志'，亦当出于元以后人之手。"[23]总之，认为陆机为松江人说于史无征。

其实，主张陆机为松江人，并非见诸元代至元年间设立松江府后，编纂成书于至元前八十多年南宋绍熙四年（1193）上海最早一部地方志乘《云间志》，就在卷上"物产""人物""古迹"、卷中"山""冢墓"、卷下"艺文"等条目，述及陆机、陆云及陆氏家族在松江聚居掌故。如"物产"载："县之东，地名鹤窠，旧传产鹤，故陆平原有'华亭鹤唳'之叹。《瘗鹤铭》谓'壬辰岁，得于华亭'……《太平寰宇记》称：华亭谷出佳鱼、莼菜，陆平原所谓'千里莼羹'，意者不独指太湖也。""冢墓"又载："陆祎墓，在昆山（今松江小昆山），碑志尚可考。"卷下则既著录陆机《怀土赋》《赠从兄车骑诗》，又有东晋太宁三年（325）立三国东吴太子中庶子陆祎的《吴郡征北将军海盐侯陆府君之碑》文，和唐景云二年（711）葬于小昆山陆氏嗣裔陆元感《大唐故朝议大夫护军行黄州司马陆府君墓志铭》文。

特别是陆机《赠从兄车骑诗》提及"孤兽思故薮，离鸟悲旧林。翩翩游宦子，辛苦谁为心？仿佛谷水阳，婉娈昆山阴。营魄怀兹土，精爽若飞沈。……"和他临终长叹："欲闻华亭鹤唳，可复得乎？"[24]以及陆云自我介绍"云间陆士龙"[25]等，都表达了他们感念松江山川风物的乡土情结。悬想这种真情实感自然流露，显非短期居住在此而无生活阅历者所能吟咏，当是长期本土生活浓郁乡愁使然，否则，既然他应是吴郡吴人的话，何不拿吴门众多风

---

[23] 曹道衡《陆机事迹杂考》五，载《中古文史丛稿》，第195—196页。
[24] （南朝宋）刘义庆《世说新语·尤悔》第三十三。
[25] 《世说新语·排调》第二十五。

土人情赋诗作文？此外，《云间志》还搜录有北宋唐询、王安石、梅尧臣、沈辽等多首《陆机宅》《陆机云碑》等诗，这些也都充分表明陆机祖籍吴郡、出生或成长或曾长期生活在松江乃不争的事实。否则，如若陆氏兄弟全然没有松江经历，似乎不可能抒写出跟松江有关，表达对松江美好追忆的抒情诗文，而就其居所议题辨析，历代文人墨客，尤其吴郡地方贤达，想也不致无动于衷，袖手旁观，让贤割爱而不主动摆事实讲道理，举例说明陆机为吴郡人，以及在吴郡留有遗迹、故址种种，质疑"松江说"的似是而非的吧？

据上考察论证，笔者以为，就陆机、陆云兄弟籍贯，不妨相对宽容地认定其为上海松江人，一如当前我们对"新上海人"概念达成的共识。何况其实就"二陆"为松江人认识由来已久，既不初始于元、明时期邑人牵强附会，攀附名人，也非无稽之谈，而是既有历史文献和史实依据，又有当事人诗文为凭，以及相关旁证资料佐证的确凿答案。东晋卢綝《八王故事》就曾记载陆机于吴亡入洛前，与弟云居于华亭，闭门读书十年。所谓"华亭，吴由拳县郊外墅也。有清泉茂林。吴平后，陆机兄弟共游于此十余年"。东晋裴启《语林》曰："机为河北都督，闻警角之声，谓孙丞曰：'闻此不如华亭鹤唳。'"[26]说明陆机对早年久闻华亭鹤唳记忆犹新。正是基于这些记载渊源有自，故唐房玄龄等撰《晋书·陆机本传》说他年二十后"退居旧里，闭门勤学，积有十年"，等于承认他人生、事业起点和重要节点，不在吴门而是"旧里"松江。有鉴于此，笔者以为主张陆氏兄弟为松江人举证充分，并不为过。

五、结论

综上所述，传世敦煌遗书中陆机著作写本，为见诸《文选》中的连续三卷，它们依次是《辩亡论》卷、《五等论》卷和《演连珠》残卷。三卷书写时间在隋唐之交，它反映出因受自萧统以来隋炀帝和唐太宗推崇《文选》，特别是其中陆机文学艺术才能而出现的抄录风习。传为陆机本家后裔唐陆柬之行楷书陆机文学观代表作《文赋》，应当说更是隋唐二帝重视陆机文艺思想而受其多重熏陶与影响使然。换言之，上述隋唐之际书家、写手完成的陆

[26] 《世说新语·尤悔》第三十三，南朝刘孝标注引。

机文学作品，虽然以书法形式出现，但其取法目的显非陆机书法艺术，而是文学观念和历史借鉴意义。尤其本文设想的，若《辩亡论》和《五等论》卷确属隋亡后流落突厥的隋炀帝萧后感时伤事以寄悼亡悲情的话，这种与陆机一般感同身受的政治寓意与殷鉴作用、倾向，无疑更为明显。

镇江打捞疑似《瘗鹤铭》残石鉴证

一、引言

2008年秋冬，镇江博物馆、焦山碑刻博物馆和镇江市水利局组成联合考古队，在焦山西麓《瘗鹤铭》摩崖历史坍塌位置江滨，对水下可能尚存遗落的刻石进行发掘打捞，并获得一批疑似刻字残石。因此对这批出水残缺刻石的鉴定及其归属研究，被提上议事日程。笔者应邀，据焦山碑刻博物馆提供的《镇江焦山〈瘗鹤铭〉石刻水下考古打捞简报》[1]，结合案头梳理、实地勘探《瘗鹤铭》沉江地暨本次考古现场，并多次观摩清康熙五十二年（1713）出水、现存焦山碑刻博物馆的《瘗鹤铭》主体摩崖原石，反复比对馆藏《瘗鹤铭》各时期拓本，得出初步认证意见是：本次打捞出水的众多石块中有三块疑刻字残石，应正是出自古来崩塌的《瘗鹤铭》摩崖原刻。另外，在中国书法史上，《瘗鹤铭》素来跟位于陕西汉中的北魏《石门铭》摩崖并称"南北二铭"，一般认为其刊刻的时间也在南北朝时期。但笔者经推敲辨析秉持的观点则是，《瘗鹤铭》书法的时代更可能来自唐代，特别是晚唐书家之手。而倘若进一步明确其作者的话，晚唐杰出散文家和现实主义诗人皮日休，疑似《瘗鹤铭》本事之主角。

二、原址

《瘗鹤铭》摩崖原位于焦山西麓长江边（图1）巨公岩。据元代俞希鲁编纂《至顺镇江志》卷二十一《考古·焦山瘗鹤》，援引南宋咸淳年间（1265—1274）焦山寺僧如玉著《瘗鹤铭辨证》载，相传宋初景德年间（1004—1007）"石刻未甚残缺"，抑或尚全在崖间。[2]迨庆历四年（1044）丹阳郡守钱彦远得《瘗鹤铭》残石于江中，建宝墨亭保护，[3]由此揭开《瘗鹤铭》早期考证与

[1] 镇江博物馆、焦山碑刻博物馆《镇江焦山〈瘗鹤铭〉石刻水下考古打捞简报》，待刊。

[2] （元）俞希鲁编纂《至顺镇江志》卷二十一《杂录·考古·焦山瘗鹤》："僧如玉辨证谓：庐山陈氏所藏本，补缀虽足，而语意殊不相属，殆非原文。如'出于上真''纪尔岁辰'两语，意是景德年间，焦山石刻未甚残缺时，所藏墨腊本，取碑中所有之字，凑从此两语，故不协韵。"江苏古籍出版社，1999年8月，第873页。

[3] （北宋）苏舜钦著，傅平骧、胡问陶校注《苏舜钦集编年校注》卷第三《丹阳子高得逸少〈瘗鹤铭〉于焦山之下，及梁、唐诸贤四石刻，共作一亭，以"宝墨"名之，集贤伯镇为之记，远来求诗，因作长句以寄》

图1　镇江焦山远眺

研究序幕；[4]同时表明《瘗鹤铭》大约在公元一千年后的第一个五十年左右逐渐开始发生崩塌。这一现象在稍后成书于嘉祐八年（1063）的北宋金石学鼻祖欧阳修撰著的金石学开山著作《集古录跋尾》卷十也得到了证实，所谓："刻于焦山之足，常为江水所没。好事者伺水落时，模而传之。往往只得其数字，云'鹤寿不知其几'而已。世以其难得，尤以为奇。"

诗有"山阴不见换鹅经，京口今存《瘗鹤铭》"句。案，子高，钱彦远表字，康定、庆历年间（1040—1048）润州（镇江）刺史，《宋史》卷三百一十七《列传》第七十六有传。章岷，字伯镇，福建浦城人，改徙镇江，庆历三年（1043）授集贤校理，次年十一月贬为江州通判，此诗称"集贤伯镇"，当作于是年十一月之前。巴蜀书社，1991年3月，第157、158、164页。又，《苏舜钦集编年校注》卷第三，有《奉酬公素学士见招之作》《和丹阳公素学士晚望见怀》《晚出润州东门》《游招隐道中》《题花山寺壁》《金山寺》等一束镇江诗作，考其编年为庆历五年（1045）秋往游镇江所作。按其《晚出润州东门》诗"京口古雄处，昔年尝此过。风流看石兽，人事共江波"句，似乎之前已曾游镇江。另检《苏舜钦集编年校注》卷第二《依韵和伯镇中秋见月九日遇雨之作》诗有"君时传诗颇精丽……欲和但愧顽无才，久之黾勉强为答，嫌春爱秋真可哈"之咏，为庆历四年秋与章伯镇唱和之作，故推钱彦远得《瘗鹤铭》残石于江中并建宝墨亭，又延请章伯镇作记、苏舜钦作诗，都在本年。罗勇来《瘗鹤铭大事记》谓"宋庆历八年，丹阳郡（即今镇江）守钱彦远得《瘗鹤铭》残石于江中，建宝墨亭。苏舜钦、苏颂等以诗记胜。"（参看《瘗鹤铭研究》，百家出版社，2006年4月，第209页。）似非，因苏舜钦卒于庆历八年，在苏州，未曾涉足镇江。
[4]　《宋史》卷三百一十七《列传》第七十六《邵亢（1014—1074）传》略曰：字兴宗，丹阳人。幼聪发过人。再试开封，当第一。范仲淹举亢茂才异等。遇事敏密，斗讼为之衰止。在枢密副使任逾年，引疾辞，以资政殿学士知越州。宋黄伯思《东观余论》之《跋邵资政考次铭文》载："右《瘗鹤铭》，资政邵亢公尝就焦山下缺石，考次其文如左。其不可知者缺之，故差可读。然文首尝似粗可见，虽文全亦止此百余字耳。"可见邵亢曾以资政殿学士知越州时，就故乡镇江《瘗鹤铭》摩崖石刻予以考证并予著录。

图2　2008年秋冬镇江打捞《瘗鹤铭》考古工程现场

此后，《瘗鹤铭》所在地塌方险情日剧，南宋淳熙十六年（1189），有马子严者又于江中挽出残石两方即是证明。[5]而入元后至顺年间（1330—1333），《瘗鹤铭》摩崖几乎完全坍塌沉江，从而在《至顺镇江志》卷二十一《考古·焦山瘗鹤》中留下"近年以来，裂坠尤甚，寺僧舆致吸江亭上。而好事者窃取而藏之，摹拓甚艰，所得无几，良可惜也"的记录。说明元僧也曾对坠落残石予以打捞而异置山巅，唯碍于好事者盗藏日甚已所剩无几，因此，抵今见诸记载宋元时出水《瘗鹤铭》残石竟一方也未见集中幸存于世。直到清康熙五十二年（1713），闲居镇江的苏州知府陈鹏年募工，从江中打捞出五方《瘗鹤铭》摩崖主体残石，拼合安置于焦山寺中，才使得沉沦江水数百年之久的《瘗鹤铭》大件坠石有了个良好归宿，这是史上对《瘗

---

[5] （元）俞希鲁编纂《至顺镇江志》卷二十一《焦山瘗鹤》：古洲马子严题云："予淳熙乙酉岁（当为'己酉'，淳熙十六年，1189），为丹阳郡文学，暇日游焦山，访此石刻。初于佛榻前见断石，乃其篇首二十余字。寺僧云：'往岁于崖间震而坠者。'予亦信然。遂挐舟历观崖间，尚于（当为'余'笔误）'兹山下'二十余字，波间片石倒倾，舟人云：'此断碑也。水落时，亦可摹拓。'予因请州从龙图阁直学士张子颜出之，张欣然发卒挽之。既出，则'甲午岁'以下三十余字。偶一卒复白：'此石下枕一小石，亦觉隐指如有刻画。'遂并出之。疾读其文，则与佛榻所见者其文一同，持以较之，第阙二字，而笔力顿异。乃知前所见者，为寺僧所绐耳！因摹数本以遗故旧。今但余此，因装辑以为一通，而记其左云：'近观陶隐居诸刻，反复详辨，乃知此铭真陶所书。前辈所称者众矣，惟黄长睿之说得之矣。此不复辩。'"第875—876页。

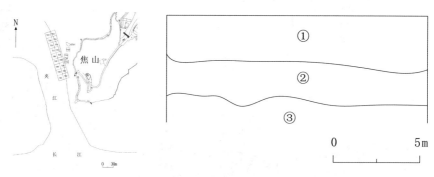

图3 2008年秋冬镇江打捞《瘗鹤   图4   2008年镇江打捞坍塌长江疑似文字石刻层位分布图
铭》考古工程探方图

鹤铭》残石最后一次打捞，也是最富成果的一次"公开"打捞。

继此次打捞二百八十四年后的1997年11月，镇江博物馆和焦山碑刻博物馆联合组成考古队，对焦山西麓江滩摩崖坍塌地点第一次开展考古踏勘调查，又发现一些前所未现的遗落残石。尤为难得者，在探方101号第三层位发掘出土一块疑似"欠""无"字样刻石。结合前人研究著录《瘗鹤铭》文本，此二字当为铭文中"余欲无言"的"欲"字右半偏旁和"无言"之"无"字。而残石复位归属，当在《瘗鹤铭》摩崖整体残缺腹膛部位，[6]此乃继陈鹏年打捞《瘗鹤铭》残石以来首次重大考古新发现。

相隔十年后的2008年秋冬，镇江文物部门再次对《瘗鹤铭》残石展开打捞工作（图2），较之上一次又有新的斩获。首先，本次水下考古技术手段和含量大为提高，一改以往纯手工采集、发掘的方法，而代之以大型现代化机械作业与人工拣选相结合的办法进行，因而工作进度大大加快。其次，由于采用机械化挖掘、抓取设备，提高了工作效率，发掘面积较上次大为扩大：上次仅为300平方米，三个10米×10米的探方；而本次达4000余平方米，共布15米×15米的探方18个。（图3）再次，发掘方位从山脚下江滩向外延伸到江岸外围水下，扩大了对残石可能坠落区域的搜索范围。另外，出水残石数量较上次大为丰富，原先出土石块四百三十四块，而本次共打捞出水一千余块。最后，也是最关键的，出水的疑似刻字残石多于上次。原先经洗刷、甄别有疑似人工刻字痕迹石块仅一块；而本次经清洗、辨认，疑似人工刻画迹

[6]   镇江博物馆、焦山碑刻博物馆《镇江焦山〈瘗鹤铭〉碑刻发掘简报》，载《东南文化》2001年第11期，第44—48页。

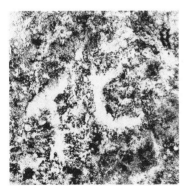 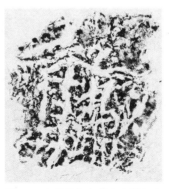 

图5 2008年镇江打捞出水疑似文字石刻"化"　　图6 2008年镇江打捞出水疑似文字石刻"鸟"　　图7 2008年镇江打捞出水疑似文字石刻"之遽"

象石块多达五块。本次水下考古地点涵盖史上《瘗鹤铭》历次可能坍塌的范围，使得出水疑似刻字残石的归属认定，有了更充分可靠的定位保证，它成为对其鉴定与研究的前提条件而不致离"题"跑"题"，舍本逐末，大大提高了识别判断命中率。

三、原石

本次水下考古打捞出水残石，排除了焦山滑坡滚落而无人工刻画字迹的绝大部分石块，有五块疑似刻字残石颇为引人瞩目，这五块残石均出自水下约4—6米不等的深度沙石层（图4），其中经辨认疑似"方"字残石位于水下4.5米层；较为清晰正书"化"字残石位于水下4米层（图5）；而发掘报告作疑似"鸟"字残石则位于水下5.5米层（图6）；不甚清晰但疑似正书"圣"字残石和较为清晰正书"之遽"残石位于水下6米（图7）。

这些疑似刻字残石之所以为人瞩目，首先自然是其具有人工刻画的痕迹。其次是相对统一出自水下江底继黑灰淤泥层（自上而下第一层）、青灰淤沙层（第二层）下沙石堆积层，而该层形成年代，据上两层同时出水包含物分析推断当在元代前，亦即《瘗鹤铭》摩崖受地质和天气（雷击、暴雨）等自然因素作用发生连续大规模坍塌时。所以，该层位出水刻字残石系来自《瘗鹤铭》摩崖原刻几率最大。再次，本次出水疑似刻字残石体量均小于以往打捞出水和出土的带字残石，分布位置均位于之前《瘗鹤铭》大型主体摩崖坍塌所在江滩外围水中，这亦大体符合"重近轻远"坍塌现象。最后，本

图8　镇江碑刻博物馆藏《瘗鹤铭》摩崖原石

次出水疑似刻字残石石花，跟业已安置在焦山碑刻博物馆清康熙年间打捞出水（除《瘗鹤铭》二号石以外）主体摩崖石刻（图8），和1997年出土疑似"欠（欲）无"残石密集形大石花颇为接近；特别是本次出水疑似"化""鸟"和"之遽"等字残石表面石花，跟上述刻石表面石花相当近似，而这显然同样是鉴定其是否同属尚见缺失《瘗鹤铭》摩崖原刻残石目鉴指标之一。基于以上考量，笔者倾向初步鉴定意见是：本次打捞出水五块疑似刻字残石，至少上述提及三块，当属史上坍落长江除已出水《瘗鹤铭》主体摩崖原石外的某一部分，因其"附属信息"向人们明确表明，其归属正是《瘗鹤铭》摩崖原刻分崩离析而流散的那局部残石。

四、原文

《瘗鹤铭》石刻文本因摩崖原石早年沉江拓制不易，故对其整篇铭文内容掌握，往往随所得拓本字数多寡而略有细微差别。如欧阳修号称获取六百余字，估计属百六十字之笔误[7]，但这也是已知《瘗鹤铭》存字最高值；同时邵亢录本存字接近百卅，堪称目前所见存字最多文本；现存《瘗鹤铭》摩崖拼接五石实际统计文字为九十三字，其中十一字尚不完整。可惜欧阳文忠

[7]　（元）俞希鲁编纂《至顺镇江志》卷二十一《杂录·考古·焦山瘗鹤》：首尾凡百六十余字。风涛吞吐，岁久缺裂。欧阳文忠公《集古录》所谓"六百余字"，窃谓当作"百六十余字"。盖"六百"字颠倒，而"十"字遗逸耳。若依《东观余论》以"百"为"十"，则不应在之后邵资政所得，反多字数也。第873页。

公当年未就其所得百六十余字本悉数著录，从而为今人上溯考据全文增添一重难度。好在元《至顺镇江志》援引有邵亢著录山下断石本、南宋末年咸淳年间著录本和同时焦山寺僧如玉著录本，以及府治后石刻临本等。如玉所作的《瘗鹤铭辨证》[8]系已知最早考证《瘗鹤铭》的研究专著[9]；且本人与坍落江滨《瘗鹤铭》原刻残石长期朝夕相处，了解琢磨推敲相关信息，较之以前其他仅获拓本而未身临其境，或虽设身处地却仅到此一游，或过境好事文人附庸风雅般肤浅孔见，显然要来得深刻透彻得多，学术性也更强。因此，笔者觉得就取材于《瘗鹤铭》原石拓本早期文本内容而言，当以如玉本为信实可靠原始研究依据[10]，可适当参考邵亢本、咸淳间本、府治后石刻临本等。

图9 清康熙年间出水《瘗鹤铭》摩崖主体刻石三号石中"山之下"之"之"字

有了比较可靠而能征引南宋末年《瘗鹤铭》文本内容，就上述五块，至少三块本次出水疑似《瘗鹤铭》摩崖原刻残石归属，就有了咬文嚼字，对号入座的门径。笔者完全赞同镇江学术界暨发掘简报业已达成的共识，即本次打捞疑似"之遴""化"字残石，系分别出自《瘗鹤铭》文本"奚夺之遴也"和"何之解化"两句，因为这三字足以与已见诸著录的《瘗鹤铭》内容（如上述推介南宋如玉本）相吻合。特别是"之遴"的"之"字书体，跟清康熙年间出水《瘗鹤铭》摩崖主体三号石中"山之下"的"之"字酷似（图9），自然被视为《瘗鹤铭》摩崖原石无疑，同时也成为本次水下考古发掘的重大学术成果。

---

[8] （元）俞希鲁编纂《至顺镇江志》卷二十一《杂录·考古·奂之经幢》：宋咸淳八年（1272），郡守赵溍移置焦山，其籍僧如玉《瘗鹤铭辨证后》云："玉师示余《瘗鹤铭辨》，余因以掘地所得《陀罗尼经》、右军书遗之。……咸淳第八夏至日，赵溍题。"第877—878页。

[9] 罗勇来《瘗鹤铭大事记》，载《瘗鹤铭研究》，第210页。

[10] 参看（元）俞希鲁编纂《至顺镇江志》卷二十一《杂录·考古·焦山瘗鹤》，第872页，不赘引录。

图10　宋人摹刻《壮观亭别刻本》"瘗鹤铭并序"之"鹤寿不知其纪也"两"鹤"字

与此同时，笔者通过释读本次出水疑似刻字残石拓片，感觉另有一疑似文字仿佛也出自前人著录《瘗鹤铭》文本，相当耐人寻味，非常值得学人共同关注。细致辨别剖析，进而最大限度地明确其词意归属，如能获取所见略同的观感，势必同样是此番就《瘗鹤铭》疑似刻字残石水下考古一大学术成果，现奉献给有识之士，以供破译释文。

此字即简报中位于探方211号第三层现释识为正书"鸟"字，经笔者辨析后认为此字恐怕并非单体一"鸟"。谛审石块左部石花变化，似乎可隐约甄别出若干书法结体笔画为一"隹"字，如此结合右边已知"鸟"字偏旁合二为一，拙见此字正是攸关《瘗鹤铭》主旨关键词——鹤。

按，已知《瘗鹤铭》铭文，"鹤"字举凡三见。首先，为标题"瘗鹤铭"（或"瘗鹤铭并序"）；其次，为开门见山第一句"鹤寿不知其纪也"；最后，为与本次打捞"之遽"刻石相关的"仙鹤之遽也"。笔者倾向于本次出水所得"鹤"字或出自除标题《瘗鹤铭》之"鹤"字以外的另两处残文。再以其石花跟打捞"之遽"残石稍异，笔道粗细亦见细微差别，笔者推测两者并非同出一石；否则，似乎崩塌落水也该同处探方第217号第三层，不致散落在两个不同方位。根据此石崩塌方向在探方217号（"之遽"出自水下约6米）另一侧211号大致同一层位约水下近5.5米坍塌情形计算，排除坍塌阻力等其他不确定因素，位于摩崖上方"鹤寿不知其纪也"石块下坠到水下

5.5米位置，和处于摩崖中下方"之遽也"石块崩坠到水下6米位置，从理论上讲，是大体符合滚落就位距离的。

据此，笔者判断此"鹤"字在整个《瘗鹤铭》石刻文字排序中位置，当处于摩崖上部全铭首字，即"鹤寿不知其纪也"之"鹤"字。然而它跟宋人摹刻《壮观亭别刻本》间"瘗鹤铭并序"及"鹤寿不知其纪也"两"鹤"字结体不尽一致（图10、图

图11　宋人摹刻《壮观亭别刻本》"瘗鹤铭并序""鹤寿不知其纪也"两"鹤"字

11），《壮观亭别刻本》"鹤"字形体紧密，而本次出水"鹤"字左右结构稍见开张，且有左高右低现象，恐系出于摩崖书法刻字迎合或避让崖面起伏凹凸变化需要。或如明王世贞跋其藏《瘗鹤铭》拓本所云："余藏旧拓铭书仅缺二十余字，盖郡守摹之壮观亭者。虽结体加密，天真未剜。"由此足见本次打捞疑似"鹤"字残石为《瘗鹤铭》原石刻字无疑，《壮观亭别刻本》摩崖或较之原石摩崖平坦，故"鹤"字摹写刻石时架构略有微调而显得拘谨规范。

以上就是笔者据原址、原石、原文、原书（书法）为比对鉴定依据，就此番打捞出水部分具备疑似《瘗鹤铭》原刻残石释文解字认证观点，今质之同道，仁候赐教。[11]

---

[11]　2009年5月22日，在镇江焦山碑刻博物馆举办的"打捞《瘗鹤铭》考古成果展"上，已吸收笔者关于本次打捞出水疑似刻字残石之一作"鹤"的研究成果和认知观点。

五、书法

此番出水疑似刻字残石"鹤"书结体，略现左高右低敧侧峻峭姿态，一如仙鹤亭亭步履走势。检唐代"鹤"字书法运笔果然同样呈现该书写特征规律，如欧阳询《化度寺碑》（图12）、褚遂良《孟法师碑》《枯树赋》（图13）、唐太宗《晋祠铭》（图14）、孙过庭《书谱》（图15）等涉"鹤"书法皆然，这是否表明此正是印证《瘗鹤铭》为唐代书法的一个旁证呢？

事实上，也不啻笔者主张《瘗鹤铭》书法系出唐人，其在金石学鼻祖欧阳修《集古录跋尾》和其子欧阳棐编《集古录目》间序列，就既不位于东晋，也不排在六朝碑版行列，而是处于接近北周和南唐的唐后期位置，由此不难理解欧阳修心目中《瘗鹤铭》书法相对年代坐标和时代取向了。而与《集古录跋尾》相齐名的两宋之交的另一部金石学著作——赵明诚的《金石录》卷第十著录《瘗鹤铭》也作："第一千九百三十二唐《瘗鹤铭》"；卷第三十《跋尾》更将《瘗鹤铭》列于唐、五代。又，曾收聚唐刻碑志拓本达千五百余种，对唐代书法有精深研究，编著过《唐碑百选》的著名学者施蛰存先生，20世纪80年代初于《文史知识》杂志连载《金石丛话》专栏《魏晋南北朝石刻》中，同样认为："镇江焦山的《瘗鹤铭》，以前的书家都定为梁代道士陶弘景（贞白）所写，我不敢信从。这个石刻没有唐人著录，恐怕是中晚唐人手迹。"[12]此外，沪上书法碑帖研究方家翁闿运先生，多年前也发表过类似观点：

唐张怀瓘、徐浩、窦蒙等，论述书法，备及古今。《瘗鹤》妙迹，隐于江崖波涛之间，遗未论及。至北宋中叶，始引起学者和书家们的注意。……多数人以陶弘景别号华阳隐居，遂附会为陶弘景书，并称此铭为梁代刻石。但铭中所写，分明是上皇山樵书。梁碑陶书之说，不能成立。……欧阳修对此铭时代的考定，已得到了有力的铁证，但仍未注意到书者为上皇山樵，不能武断为况书。至于勘定此铭为唐刻，尚有以下数点，可作补充。首先从《瘗鹤铭》的文风来看。……至中唐元结、韩（愈）柳（宗元）以后，散文盛行。碑版文体，也不例外。此铭序文寥寥六十余字。散文流畅，意达旨明。可证明是中唐以后的作品。其次，从字体的演变和书法的时代作风来

---

[12]　施蛰存《魏晋南北朝石刻》，载《北山谈艺录》丛话编九五，文汇出版社，1999年12月，第282页。

图12 唐欧阳询《化度寺碑》之"鹤"字　图13 唐褚遂良《孟法师碑》《枯树赋》之"鹤"字　图14 唐太宗《晋祠铭》之"鹤"字　图15 唐孙过庭《书谱》之"鹤"字

看，真书是从隶书演变而来的。《瘗鹤铭》和颜真卿书风相近，融化隶法在真书之中，取意不取法。……这种熔冶一炉、推陈出新的高度艺术成就，固然是作者艺术技能的卓越，但也说明了他是继承了欧、褚等前人的法则，向前更推进发展了一步。其时代应该在欧褚之后，甚至还受到颜真卿的影响。再从碑版体例来看，隋朝以前的碑版，绝大多数不署撰书人名。唐碑有的有撰无书，有的有书无撰。被略去的人名，是由于他没有官位和社会声望。……《瘗鹤铭》撰书人名并列，但又隐去了真姓名，说明当时造碑，写明撰书人名，已成惯例，不得不书，因此托以别号。于此可以断定它的时代，不会过早。……唐宪宗元和九年（814）岁在甲午。可能就是这一年。如肯定其为顾况所撰，是不足信的。最后关于上皇山樵究竟是谁的问题。……唐朝是真书书法水平普遍提高的一个时代，后世有"唐楷"之称。上皇山樵是当时杰出的无名书家。他自己不图传名，唯以传实。为后人树立了良好的榜样。正不必穿凿附会，把他的艺术贡献，转嫁给一些著名人物的身上去。[13]

　　之所以援引翁闿运先生论述，是因为此足以表明，绝非所有书法界专家都认同《瘗鹤铭》系出南朝陶弘景（456—536），说它是唐代书法，实在是古今严谨学人的共同见解。[14]

六、结论

　　笔者发表《〈瘗鹤铭〉疑似晚唐皮日休作说补苴》[15]，曾主张《瘗鹤

[13] 翁闿运《谈〈瘗鹤铭〉》，载（香港）《书谱》1979年第3期，第15—21页。
[14] 卞孝萱《从社会风俗看〈瘗鹤铭〉》《从碑版署名看〈瘗鹤铭〉》《从干支纪年看〈瘗鹤铭〉》《从文章内容看〈瘗鹤铭〉》《从书法风格看〈瘗鹤铭〉》《〈瘗鹤铭〉年代考》，也主张《瘗鹤铭》时代大致可归属于晚唐，参看《冬青书屋笔记》卷四"书画金石"，东方出版中心，1999年，第352—364页。
[15] 陶喻之《〈瘗鹤铭〉疑似晚唐皮日休作说补苴》，《古典文献研究》2009年总第12辑，第384—400页。

铭》从文字内容到书法创作，排除款署跟东晋"书圣"王羲之表字同为"逸少"纯属巧合因素外，恐怕依旧足以大胆假设其为晚唐曾养鹤、丧鹤、悼鹤的现实主义诗人皮日休杰作手笔，至少此铭书法不出自六朝人士之手。顷览《皮子文薮》卷第十《七爱诗》并序，愈感《瘗鹤铭》求真务虚境界如"真宰""真逸""真侣"等，与皮子奇趣妙思颇多契合，且看皮诗序云："皮子之志，常以真纯自许。每谓立大化者，必有真相……定大乱者，必有真将……傲大君者，必有真隐……镇浇俗者，必有真吏……负逸气者，必有真放……为名臣者，必有真才……呜呼！吾之道，时耶，行其事也，在乎爱忠矣。不时耶，行其事也，亦在乎爱忠矣。苟有心歌咏者，岂徒然哉？"

　　综上所述，这里再次强调的是，除本身书法暂且缺位有待小心求证外，其他对应文献史料，都已非常明确具备印证皮日休正是《瘗鹤铭》本事真正的撰书者。

中篇
两宋丛帖探讨

导　语

金石学肇始、鼎盛于两宋，除关注秦汉以来历代碑刻研究，还开创出以刻帖传拓供学习古代和当朝名家法书的法帖时代。

本篇首先综述辑刻丛帖风习源流始末，其次重点探索跟几部重要集帖相关的问题。

其中校帖两题涉及刻帖精准鉴别要点，倡导切勿忽略不同版本书法点画的存佚变化，因为法帖善劣得失，常在于对貌不惊人笔画的取舍考察上。善本《乐毅论》和北宋祖刻《淳化阁帖》"最善本"定位，一定程度正取决于此。

紧接其后披露久不为人所晓，具备皇家"血统"而硕果仅存的南宋"修内司本"《淳熙阁帖》。因就其制作单位、版本系统、递藏信息，学林多以其云诡波谲而不乏误解，本篇特以两章篇幅相表述论证。

两宋法帖刻石，传之今朝较诸汉唐碑刻为少。纵然流传拓本，或残缺不全，或翻刻版本芜杂。本篇最后两文针对南宋《姑孰帖》残本刊刻时间；辑刻于北宋《汝帖》而两宋金石学名著相继记录在案，却遭清代金石学界翘楚翁方纲否决的东汉宗资墓石兽题名议题等，管窥蠡测寻绎孔见。

秘阁皇风侃法帖

一、"帖祖"地位推《淳化阁帖》

提及碑与帖，通常的理解似乎两者别无二致，其实则迥异其趣。竖石为碑，横石为帖；树碑旨在立传，而刻帖意在习字。当然，因歌功颂德需要，碑刻书法也要求很高，不少假手于名家，故金石学复兴的清乾隆、嘉庆时期，百态千姿的碑版书法流行于书坛。不过，因借古时见存大量名家书帖剧迹集中摹刻，兼以符合人们拓制成册欣赏、临帖展读的习惯，刻帖较之碑刻多整幅拓片或需重新剪裱，形式更为灵巧，故汇刻风气既由来已久（肇自唐宋），又源远流长（直至清末），其中包括辑碑刻书法入帖者。据容庚先生《丛帖目》（图1）搜集历代汇帖统计就多逾三百种，刊刻书家书迹蔚为大观。

刻帖这种以展示历代流派书法为主的艺术样式，究竟发端于何时，众说纷纭。或主张始于南唐《升元帖》，或认为源自同时《澄清堂帖》《保大帖》，抵今均因缺乏相应实迹佐证而徒有其名。一般公认的刻帖元祖，犹以北宋淳化年间以秘阁所藏晋唐书帖真迹为据摹刻的《淳化阁帖》为始；换言之，《淳化阁帖》居历代刻帖"帖祖"地位，大抵是获取共识了的。至于此后衍生的《绛帖》《汝帖》《大观帖》等所有汇帖，都是在其基础上补充或删选而已。那么，《阁帖》是在怎样的历史条件下诞生的呢？这还得从宋太宗（图2）崇文好字谈起。

图1　现代帖学家容庚先生著《丛帖目》书影

二、为官须临《阁帖》始

赵宋王朝自太祖黄袍加身、杯酒释兵权，重文轻武而治逐渐成为基本国策。迨皇弟即位是为太宗，文风

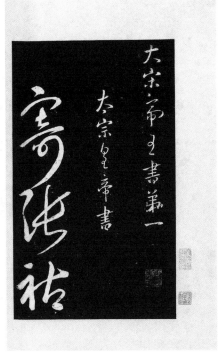

图2 北宋《淳化阁帖》发起人宋太宗赵光义画像　图3 北宋《绛帖》之宋太宗书迹《寄张祜诗》

更盛，几被发挥得淋漓尽致。倘若跟八百年前贩履同乡蜀先主作一番对比，倡导"善小"的刘皇叔，显然不如大气的宋太宗而嫌稍逊文采。举凡"开宝""太平兴国"等年号，料可窥识治国纲略之宏大。如果说御命辑修卷帙浩繁的大型类书《太平御览》《文苑英华》等，显现其逐日披览博学的话，则稍后敕命刊刻网罗宇内历代书家墨宝大型丛帖之举，更凸现其欲"淳"化天下文章书法的大手笔了，而这首先与其本身的书法爱好不无关系。

相传宋太宗戎马倥偬打天下时就留神笔墨，得天下后更外绝游观之乐，内却声色之娱，手不辍笔，练字至夜分而夙兴如常。善篆、隶、草、行各体而草书冠绝，曾草书《千字文》勒石于秘阁。他对近臣表示：朕君临天下，公事之外，未尝昼寝，读书写字，自得其趣，寄情于笔砚，实出自喜好，同时，唯恐书法之缺坠而勤以兴之也。至今人们在北宋《绛帖》间，尚能鉴赏到列在其名下的《寄张祜诗》《登黄鹤楼诗》《汉宫怀日诗》等四幅书作。（图3）纵横恣肆，笔势飞动，诚如米芾《书史》赞云："本朝太宗挺生五代文物已尽之间，天纵好古之性，真造八法，草入三昧，行书无对，飞白入神。"

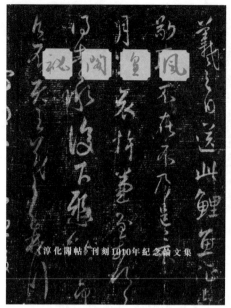

图4　2002年岁末香港中文大学文物馆举办"秘阁皇风：《淳化阁帖》刊刻1010年纪念学术研讨会"之论文集书影

图5　2003年上海博物馆举办《淳化阁帖》"最善本"学术研讨会之论文集书影

　　作为在宋代文化史上颇有建树的一国之君，宋太宗好书并关注书法兴衰，更深层次立意，当是与之建崇文院，扩大科举取士等"重文"政策相配套。其时翰林院待诏多罕习"二王"书法，仅以院体书法相袭且字势轻弱，笔体无法，凡诏令刻碑皆不足观。为此，宋太宗特地置御书院选拔善书而通文墨之士，希望提高书写水平，并借此带动天下文人整体的书法素质。《淳化阁帖》主编者王著，就是凭借一手"追踪永师（隋智永），远迹'二王'"的过硬书法本领为"敲门砖"，"公车上'书'"，遂"字"而入仕的。而《阁帖》在此历史背景下应运而生，并被赐于官阶须登二府以上者。很显然，宋太宗心目中为官之道是：做官必先从写好每一个字开始。而《阁帖》正是这样一部钦定"字须帖出"的书法示范样板字帖。（图4、图5）

三、帖未杀青总编死

　　不过，自《阁帖》问世，其间从书法到内容诸多谬误也日渐显现，为人所非，以致后人多归罪于领衔者王著，甚至指斥其为不学无术一介小人，此说实有失公允。《阁帖》编纂，王著事必躬亲乃至技痒仿书确有其事，《敬祖》《鄱阳》《谢生》《安西》《思恋》《冠军》六帖"一帖两刻"却书法各异可见一斑。而由后刻帖书法、内容均较前者精益求精论（《思恋帖》恰反），足见《阁帖》当年并未编纂告竣而仅属王著修订稿本。因其卒于淳化元年，而身为书法教习，太宗对他笃信服帖，时人甚至认为太宗笔法精进，皆谓著善于规益之故。所以，续编者或碍于此逡巡因循，将错就错，仓促复命，敷衍塞责。而太宗不明事理，深以为王著挂帅总编不谬，遂致淳化三年未经彻底校勘杀青的《阁帖》稿本，即被付诸雕版而贻笑大方。

试想，如果王著在编纂《阁帖》进程中有不断修订改正思路贯穿汇编始终，料不会出现"一帖两刻"情况；而全帖修订完毕，即便"木已成版"，欲去劣存优而不留话柄也易如反掌，临时置换或调整不理想错版并不困难复杂，断不致"一帖两刻"并存而瑕瑜互见，遗留为后世追究谴责的蛛丝马迹。但今见《阁帖》却如实保留"一帖两刻"双胞案例并不藏拙，凸现其有感于失之率意信笔，书、文俱陋而前倨后恭检讨自咎理念。唯此纠谬工作仅限于修正全帖舛误很小的部分，此显然跟他淳化元年（990）忽然病故而停顿及后续者不敢冒犯死者有关。照此看来，诸如"伪帖"等《阁帖》诸多为人诟病话题，自非王著校勘不周，而是天不假年的问题了。况且古人向有"善书不鉴"之说，故抵今虽无王著书迹可资品鉴；但就《阁帖》书学意义而言，由这位自称右军后裔主持的大型法帖当属可观，犹不无可圈可点之处。至于《阁帖》笔法上存在的一些谬误，可能与后世转相翻刻"拷贝走样"有关，而这显然牵涉到刻帖艺术的技术议题。

四、刻帖乃古"复印件"

刻帖与印刷术看似浑然无关，实则异曲同工。此前，上海博物馆汪庆正先生根据南宋绍兴年间宋版书，与今上海图书馆和美国华盛顿佛利尔美术馆藏《阁帖》间多位相同刻工姓名，考证出刻帖、刻版（书版）系同一刻工一手所为，由此鉴定此套全本《阁帖》断为南宋"绍兴国子监本"，堪称重大学术突破。同时这也证明刻帖与印刷术不论在技术层面，还是在应用功能上，的确殊途同归。因为刻帖系人刻意将名家遗墨摹刻上石以资反复拓印，广而告之，观摩临习，故古之"复印机"功能昭然若揭。

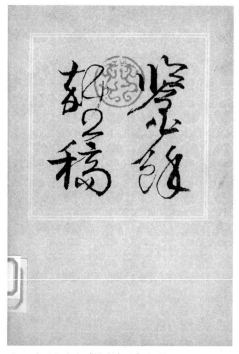

图6　谢稚柳先生《鉴余杂稿》书影

刻帖成为"印刷品"，大抵有"选、写、刻、拓"四道工序。"选"即选定刻帖书迹，"写"系蒙薄纸勾摹书帖原迹，而"刻"乃将摹写后薄纸粘在版材上用刀镌刻，"拓"即在完成刻版的枣木或石板上蒙纸蘸墨拓印。可见刻帖系一系列多工种传统手工艺。一部好的刻帖，须四道环节道道精到，而写（即勾摹）、刻（即镌刻）尤为关键，唯此既传真更传神。好的写手悉遵原作，纤毫不爽；而差的写手，则改篡笔意乃至擅自掺入自我书法风格，与真迹不乏差距，甚至失之毫厘谬以千里。而好的刻手理解书法笔势，奏刀纹丝挺刮；差的刻手则不懂书法，依样画葫芦也难以为继，以致笔意尽失，与书帖原貌判若隔手。好的拓工讲究纸墨，往往淡墨刷拓，字口清晰，开卷雅致；而差的拓工则字口精神萎靡，字体肥瘦不均。上海博物馆藏南宋刻拓《阁帖》十卷本就写、刻、拓工俱佳，不少笔画刻画及走笔牵丝一丝不苟，甚至还纠正了原本刻工缺笔等遗憾，由此避免了对后世书法临习者的种种误导。

　　正因为一部好刻帖非集四者良工不可，故而谢稚柳先生《鉴余杂稿》（图6）认为"《上虞》（《上虞帖》即《腹痛帖》）希世唐摹本"，下真迹一等，而"淳化传镌迹久迷"，疑窦丛生。以刻帖论书帖优劣，形同刻舟求剑、缘木求鱼。言下之意，刻帖需要四道手续，离书迹神韵精髓必远。此说固然言之有理，但古往今来，绝大多数前辈书家手翰毕竟"俱往矣"。像《上虞帖》《鸭头丸》和《万岁通天帖》这等唐摹本，传之今世也属凤毛麟角，大多数前贤翰墨，还幸赖刻帖保全，尚令后世得以窥斑知豹。"二王"书迹，很大程度上就借重于《阁帖》才得薪火相传。故刻帖虽系古代特殊印刷品，但是作为书法文化脉络传承载体，则厥功至伟啊！

因系"印刷品"而非书帖原作,故就书迹高保真与否的刻帖版本优劣鉴选,成为一门极其讲究微妙变化的考查学问。《阁帖》自淳化祖版、正版以降,历代在其基础上照式照样翻刻再版不胜枚举。而转相刻录,形同反复刻盘翻模,失真不言而喻。一些初拓本尚见一斑而藕断丝连草书牵丝,后续翻刻时多被忽略不计,甚至书法点画也常被误认为石花而遗漏不刻。故"临帖贵得初本"几为人所共识,初拓本、早拓本更成为碑帖藏家竞相追逐的目标。

就21世纪初上海博物馆购藏被奉为"北宋祖刻《阁帖》最善本"而言,其重要价值按通俗印刷出版术语解释,当属淳化三年初刻原版第一版次拓本,但并非首次印刷的初拓本,因拓本显现板间已镶有防止进一步开裂而固定的银锭纹样,此显然系屡经拓制导致材料开裂松动而予以加固的证据。不过,作为当年第一版次祖版"创刊号"得以递藏至今,虽非全本,犹属难能可贵,因为它终究是跟"祖帖"一个"模子"拓出来的。诚如清道人李瑞清跋云:"虽残本尤得精华,每一展临写,如右军伸纸操觚也。"至于《阁帖》版本质地,自来有木、石两说。按宋袭唐制分析,杜工部诗"枣木传刻肥失真"句(杜甫《李潮八分小篆歌》),几已表明北宋刻帖尤其官方范围限量拓印者必以枣木为之。况时人有祖版《阁帖》百八十四板说,而祖刻卷六后北宋佚名题跋更有"岁久板(本)有横裂纹"云云。显然,此后为资《阁帖》普及却囿于原版龟裂且为火殃及,付之一炬,无以传世,遂致刻石翻版、盗版此起彼伏。至于"祖帖"刻款作"上石",恐系泛指摹勒。因枣木制版向无"上木"说,故"上石"一如书碑作"书丹"并非尽以朱笔为之;绘画谓"丹青"亦并非尽属设色重彩,还包括水墨一样。换言之,"上石"即"枣木传刻"同理可证。

五、海上古来帖学盛

碑帖之被目为"黑老虎",既跟其墨黑纸白两色对比之仿佛虎皮纹饰斑驳有关;又因其不同时期拓本石花缺遗、墨色多变,恰似少陵诗所谓"字体变化如浮云",孰先孰后费人猜测思量。因而常人多视为望而生畏,知难而退的虎视畏途;唯饱学之士雅集相与袖示各自奔藏拓本联几并赏,方能甄别双胞、多胞拓本孰先孰后。此等功夫,正是传统金石碑版学的鉴定手法,舍此别无选择。尤其《阁帖》体系庞杂,坊间版次浩繁,欲弄清来龙去脉、本末原委、版本谱系源流，借用清乾隆《兰亭即事》诗云，真所谓"聚讼千秋不易评"，非占尽版本，"咬文嚼字"，作详尽比勘校对不可。映日谛审，逐字校对，正是碑帖研究的基本功。

值得提醒的是，上海在《阁帖》研究上很早就得风气之先，"帖学"几成为古时文人雅士孜孜矻矻一门显学。元朝流寓上海松江泗泾的书法家陶宗仪著《南村辍耕录》时有法帖掌故，他又著有《淳化帖考》《兰亭帖目》等专题论文；而明代隐居松江小昆山的书法家陈继儒家藏南宋奸臣贾似道刻本《阁帖》，董其昌等时贤多所题跋钤印。至于上海城内私家名园——豫园主人潘允端孪生兄弟潘允亮，既有贾似道藏宋刻《阁帖》——即今上海图书馆藏《阁帖》卷九，与美国华盛顿佛利尔美术馆藏九卷共十册者（即南宋绍兴国子监本）；潘曾以此为据摹刻勒石于城北潘家弄府邸"五石山房"壁间，故传世潘本《阁帖》俗称"五石山房本"。

明代上海另一位帖学家，是嘉靖朝太医顾定芳次子顾从义。这位海上闻人与明末上海以露香园"顾绣"闻名者进士顾名世沾亲带故，并为防御倭寇进犯，与兄顾从礼捐赀修筑上海城墙。他学识渊博，擅长书画，名闻吴越间，为吴门大家文徵明、王世贞等器重。还特别酷爱晋唐法帖，曾于手摹王羲之《兰亭》《十七帖》等之余，就自家庋藏为虫蛀幸未蚀字宋拓《阁帖》"夹雪本"予以考校，撰著较诸北宋刘次庄《阁帖》释文更为严谨的《法帖释文考异》。与此同时，他还商之亲眷潘氏以其贾本重摹上石。因石翻刻后嵌诸打浦桥肇家浜祖传南溪草堂玉泓馆（以得宋宣和内府藏紫玉泓砚故名），故顾刻本《阁帖》俗称"玉泓馆本"。

明末上海摹刻两部《阁帖》，是为文化史上创品牌之大事，故海上阀阅世家、名流望族迭有题跋推介：潘允端和人称"上海乔公子"的明末名将乔一琦族人乔炜外，原上海通志馆上海史研究前辈吴静山有《上海本〈淳化阁帖〉》专文。另据碑帖行家、北京"庆云堂"碑帖铺掌柜张彦生《善本碑帖录》载，潘石于嘉庆十八年（1813）为上海城东南"书隐楼"主、私产号称"郭半城"的旅沪台湾籍沙船商郭万丰号郭氏收藏，光绪五年（1879）有"梅塘"者自郭氏购石北上置于义庄壁间，唯不详此石今散落于京华何方角落。

清末上海再度成为《阁帖》重要版本集散地。时山东金石学家刘喜海藏宋拓《阁帖》，被其亲眷寄售于北京琉璃厂，曾有好古者拟以八千金得之，藏家犹不欲价让而于光绪末年雇佣京师著名镖师、"戊戌六君子"之一谭嗣同的

图7　《阁帖》"最善本"卷六间民国藏家蒋毂孙请吴湖帆专门替他入藏"最善本"绘制的《官帖簃图》

挚友"大刀王五"押镖护卫来沪，足见其对此帖重视之一斑。而此《阁帖》旋为匿名藏家以万金售去，遂不知所终。宣统元年（1909），著名书画善本藏家江西临川李宗瀚孙李博孙来游上海，偶与友人潘燮臣闲聊中透露其家藏《阁帖》数种，其一系南宋拓《阁帖》十卷本。潘闻讯动员其以石印形式广为流布，以应好古君子之求，遂有石印本面市。李氏此十卷本《阁帖》，后为上海大陆银行总经理许汉卿所得。"文化大革命"期间，许藏《阁帖》等文物寄存于上海博物馆，落实政策后因许氏已亡故，亲属俱出国，这批典藏文物遂由"上博"代为保管。为使抵今国内已属罕见整十卷本宋拓《阁帖》留存国内，经与许氏嗣裔许允公先生协商，此帙两函完整宋拓《阁帖》终于价让"上博"，成为与故宫博物院藏本同出一源的罕见宋拓全本。

再说廿多年前"上博"斥巨资购藏大雅之堂的《阁帖》"最善本"第六、第七、第八卷，也跟上海因时际会，不无缘分。民国初年，辗转递藏者李宗瀚孙李博孙携此三册来沪，曾请在沪鬻字而以叔侄相称的书法家清道人李瑞清寓目鉴赏，旋为李所得，后转售予沪上"红顶房产商"周湘云。周氏之后，该三卷本为在沪浙北南浔知名藏书家、"密韵楼"主蒋孟苹之子、王国维弟子蒋毂孙所得。蒋氏虽身为南浔丝业富商"八牛"（民间俗称，资本在五百万两左右者）后裔，但20世纪20年代后因投资实业破产，家道中落，时有兼带营业性质的价让之举。交易场所多在重庆北路京剧大师、表演艺术家梅兰芳秘书许姬传寓所，对象则为常作雅集的沪上收藏家谭敬、吴湖帆、吴普心、金城之婿徐懋斋等。故此三卷《阁帖》迭见李、周、蒋、吴等钤印，卷六引首还有吴湖帆替蒋所作《官帖簃图》（图7）。继南通籍银行家吴普心之后，该《阁帖》三卷本去国流散海外的首位收藏家，传为由沪赴港的实业家胡惠春先生，唯册间并无其钤印。[1]

---

[1] 胡氏系1949年9月成立的首届上海市古代文物管理委员会委员，以收藏瓷器为主，上海博物馆有其捐瓷专馆——暂得楼陶瓷馆。

校帖识点两题之一：善本《乐毅论》刻帖、书帖梳理偶得

一、引言

碑帖研究，特别碑帖鉴藏，人多追求善本、孤本。究其原因，因为善本碑帖往往保留较多依据刻帖的书法墨迹原始信息，或者完全按照书帖原始面目忠实刊刻而不掺合写刻者本身任何个人见解以至笔意。由此完成的刻帖拓本，自然足以视为与古代书家原作完全契合的“下真迹一等”文物，堪称拷贝不走样的刻帖书法善本。习书者按照这样的碑帖拓本传习书法，自然可以窥见书家原作运笔的真实笔法动态而直入堂奥，少走探索的弯路。所以，尽管古代书法名家重要碑帖会有各种刻帖版本，寻常人士和平民百姓也许得不到唐宋初刻初拓古本、善本；但即便退而求其次，就坊间后世转相翻刻本子，人们也总希望求得起码是由懂书法的写工、刻工甚至拓工精心摹勒上石翻刻捶拓的碑帖拓本，道理也就在于此。

再就碑帖鉴定而言，欲了解收藏碑帖是否为古本善本，还有一途径就是尽可能找到碑帖摹刻依据的书法原作底本或蓝本。这一方法在古代恐怕是难以做到的，因为除非有宫廷背景，个人毕竟不具备收藏那么多、那么全历代名家书法剧迹的条件并一一罗列联几比照校勘。但是，现在随着出版事业的发展和网络搜索、传播技术的进步，大量公私藏家藏品被纷纷公之于众，几乎业已“一网打尽”，从而使得碑帖考据追根究底的可能性大大增加增强。由此，钱锺书先生当年噱称的“鸡蛋好吃，未必要找到下蛋的母鸡”反而成了碑帖比对考证的一个追求方向，即以已知第一手书帖墨迹来检验或验证多手并举参与完成刻帖的出处及其善伪优劣。以下列举的古代名作《乐毅论》书帖、刻帖之比，正是这样一个有趣的实证案例。

二、唐宋法帖《乐毅论》“千载一遇”复句加点现象和明清刻帖失点情况

大抵南朝梁代《乐毅论》刻石传为东晋书圣王羲之小楷佳作，因唐太宗将其与《兰亭序》书帖真迹等量齐观随葬昭陵以垂不朽，故而史上

考古学专刊
乙种第十九号
善本碑帖錄
张彦生著

中国社会科学院考古研究所编辑
中华书局出版

图1　现代碑帖鉴赏家张彦生《善本碑帖录》书影

摹刻、翻刻拓本极夥，有所谓"梁摹本""'海'字本"等不胜枚举，唯独传世善本寥寥无几。现代碑帖鉴定家、北京琉璃厂"庆云堂"张彦生先生曾在其校碑理帖经验结晶之作——《善本碑帖录》中总结善本《乐毅论》鉴定心得："传唐摹本'千''载''一''遇'，四字，每字下有复点，宋刻《宝晋斋帖》四字下有复点，明刻《戏鸿堂帖》刻本'载''一'字下有复点。又，文彭跋唐石本'载''一'二字下有复点。又，《快雪堂帖·〈乐毅论〉帖》四字下无复点，末刻'贞观六年褚遂良奉敕审定'款。此真迹有印本，字似褚书体，所传刻本多'千载一遇'下无点本。"[1]（图1）

其实，张彦生关于唐摹本特征"千载一遇"四字下带点说，源自上海图书馆藏宋拓《宝晋斋法帖》卷二收录的《乐毅论》后南宋著有《法帖谱系》的帖学家曹士冕点评《乐毅论》古本面目的题记。为此，仲威先生在论及馆藏《宝晋斋法帖》鉴定意见时，同样援引曹士冕说认为"重文'千载一遇'四字加点是原石真本的重要特征，后世翻刻本多将这四个重文点漏掉"。曹士冕独具只眼的这一见解，"为研究《乐毅论》拓片版本提供了启示"[2]。此一论述自然言之有理。因单就《乐毅论》文本文理而言，"于斯时也，乐生之志，千载一遇也。千载一遇，亦将行千载一隆之道。岂其局迹当时，止于兼并而已哉？"显然较之"千载一遇也"直接过渡到"亦将行千载一隆之道"，显得更为顿挫铿锵并且富有节奏跳跃感。遗憾的是，后世学人就此文本语句校勘，似乎都忽略不计此四字复句了，以至于像清严可均选辑《全三国文》卷二十一这样的权威著录，也不见保留"千载一遇"重复句式的确切记录。

现在问题是就《宝晋斋法帖》后南宋嘉熙四年（1240）曹士冕题跋高度

[1] 张彦生《善本碑帖录·晋〈乐毅论〉帖》，中华书局，1984年2月，第204页。
[2] 仲威《宋拓真本〈宝晋斋法帖〉考》之"五、关于《乐毅论》"，《中国法帖全集》第11册，湖北美术出版社，2002年3月，第8页。

图2　上海图书馆藏宋刻宋拓《宝晋斋法帖》卷二《乐毅论》

图3　上海图书馆藏宋刻宋拓《宝晋斋法帖》后南宋嘉熙四年（1240）曹士冕题跋对卷二《乐毅论》保持古本特征予以高度评价

评价《乐毅论》："唯此刻风神俊逸，意度萧散，深得古人笔法之妙，而又首尾完好。其间'千载一遇'字重复一句，每字各加一点，独此与秣陵古本则然。近世重刻'海'字本，已不复有此叠句，盖转相传拓，未必亲见古本也。余顷得秣陵本刻石久矣，今复见此，因并刻之，而识其后。"（图2、图3、图4）我们除了从语文修辞等遣词造句方面求证其结论得体外，由于其覆刻底本，不管"秣陵古本"还是他当初获得或家藏唐摹底本[3]显然均已不知所终，不克绵延传世至今了。这就需要借重赖以传世的更为可靠的摹刻依据——其他临摹《乐毅论》书帖做更进一步的验证；唯此才能最终判断并确认曹士冕评价体系究竟精准属实与否，还是言过其实了。就此探索考证方向，"千载一遇"追加复句四点，当为考据标尺与检验试金石。

三、追溯中日唐宋元各代摹本、写本忠实参照古本《乐毅论》复句加点举例

台北故宫博物院藏宋人摹书褚遂良《乐毅论》，其间"千载一遇"字底果然有表示叠句重复黑点，[4]证明宋人据以临摹的唐书帖范本的确存在四字加点以示复句特征。（图5）且以文末褚遂良款署"贞观六年（632）十一月十五日中书令河南郡开国公臣褚遂良奉敕审定及排类"推断（图6），该宋摹本的底本，即唐褚遂良摹本，显然要比冯承素摹本来得早。［唐张彦远辑《法书要录》卷三《拓本〈乐毅论〉记》记载贞观十三年（639）四月九日，奉敕内出

[3]　《宝晋斋法帖》每卷后或作"右曹氏家藏真迹"，或作"右曹氏家藏帖"字样。
[4]　《故宫历代法书全集》第十卷，台北故宫博物院，1995年10月初版第四次印刷。

图4　上海图书馆藏宋刻宋拓《宝晋斋法帖》后南宋嘉熙四年（1240）曹士冕题跋对卷二《乐毅论》保持古本特征予以高度评价

图5　台北故宫博物院藏宋人纸本摹书唐褚遂良《乐毅论》

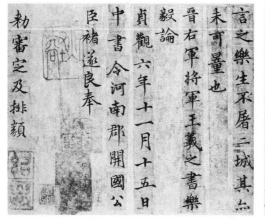

图6　台北故宫博物院藏宋人纸本摹书唐褚遂良《乐毅论》文末款署："贞观六年（632）十一月十五日中书令河南郡开国公臣褚遂良奉敕审定及排类。"

图7　故宫博物院藏元代书法家王立中楷书《乐毅论》册页

《乐毅论》，令冯承素摹写赏赐长孙无忌等六大臣。不过，鉴于褚遂良贞观二十二年（648）九月方升为中书令，故此宋摹本底本也疑伪出。参看清翁方纲评鉴《乐毅论》拓本，沈津辑《翁方纲题跋手札集录》，广西师范大学出版社，2002年，第269页。另见黄爱民《褚遂良本〈乐毅论〉考辨》，待刊。］

另外，故宫博物院藏元代书法家王立中小楷书《乐毅论》册页，也在"千载一遇"该四字下端加着重点[5]（图7），反映他所临的帖本，可能正是该唐或宋

---

[5]　《故宫博物院藏品大系·书法编8（元）》，故宫出版社，2013年4月，第210页。

人临摹本，抑或上述《宝晋斋法帖》均未可知。但是他严格按照这些善本书帖或刻帖的行秩、点画予以忠实临写，一丝不苟，则是完全应该加以肯定的。

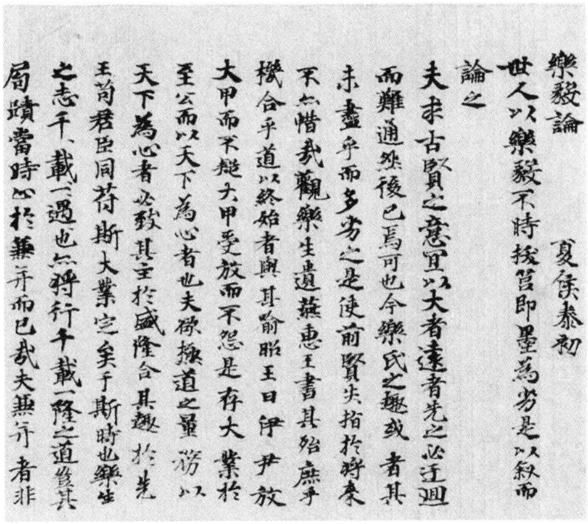
樂毅論　夏侯泰初
世人以樂毅不時拔莒即墨爲劣是以叙而
論之
夫求古賢之意宜以大者遠者先之必迂迴
而難通然後已焉可也今樂氏之趣或者其
未盡乎而多劣之是使前賢失指於將來
不亦惜哉觀樂生遺燕惠王書其殆庶乎
機合乎道以終始者與其喻昭王曰伊尹放
大甲而不疑大甲受放而不怨是存大業於
至公而以天下爲心者也夫欲極道之量務以
天下爲心者必致其主於盛隆合其趣於先
王苟君臣同符斯大業定矣于斯時也樂生
之志千載一遇也亦將行千載一隆之道豈其
局跡當時止於兼并而已哉夫兼并者非

图8　日本奈良东大寺正仓院藏光明皇后天平十六年（744，唐天宝三载）御书麻纸本《乐毅论》帖卷

这里再提供一重证据，来自日本奈良东大寺正仓院藏日本奈良时代（710—794）光明皇后（701—760）天平十六年（744，相当于唐天宝三载）御书麻纸本《乐毅论》书帖卷，该卷与台北故宫博物院藏佚名宋人摹写褚遂良《乐毅论》剪贴纸本，特别是跟上海图书馆藏宋刻宋拓《宝晋斋法帖》内《乐毅论》文字配置全然一致。最为重要的是，该卷于“千载一遇”四字下，也明白无误忠实缀加四点。（图8）很显然，光明皇后是当时对东传唐文化怀有极其虔诚的心理，并且是为数极少有幸鉴赏到从中土请来包括《乐毅论》唐摹本和唐藏经在内者，又是怀着极其谦恭崇敬的学习心情予以临书和抄写的。[6]

按，日本东大寺正仓院《国家珍宝账》载有：“晋右将军王羲之草书二十卷。”日本早期历史文献《扶桑略记》还有记载天平胜宝六年（754），“鉴真和尚到竹志太宰府……王右军真迹书一帖”。而鉴真东渡抵达日本后二十六年的宝龟十年（779），淡海三船著《唐大和尚东征传》，又有“王右军之真迹……行书一帖”说，此王羲之真迹书帖，或即为东传唐摹本《丧乱帖》。而更早时，于日本延历十六年（797），相当于中国唐德宗贞元十三年出版的日本国史《续日本纪》卷十二，还曾记载天平七年（735）四月二十六日，“入唐留学生从八位下下道朝臣真备献《唐礼》一百卅卷……并种种书迹”，东传《乐毅论》唐摹本或许正包含在此“种种书迹”当中。总之，有迹象表明，《乐毅论》唐摹本当先于《丧乱帖》东渡而为光明皇后获得临写。尽管此唐摹本业已不传，但传世光明皇后临本，当足以视同唐摹本而等量齐观。

[6]　参看韩昇《上海图书馆藏光明皇后写经与日本奈良时代的写经事业》，《海东集——古代东亚史实考论》，上海人民出版社，2009年5月，第258—275页。

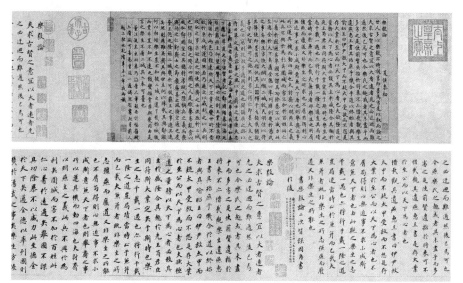

图9　明董其昌泰昌元年（1620，六十六岁）以及清乾隆临书《乐毅论》卷（广东省博物馆藏）

而珍藏于日本奈良东大寺正仓院的日本光明皇后以东传唐摹本临写的《乐毅论》，和台北故宫博物院藏宋人摹写唐褚遂良摹本《乐毅论》均见"千载一遇"四字带点现象，再一次明确佐证了《乐毅论》该句原本确实存在复句现象的历史真实。而目前《乐毅论》刻帖原汁原味保留了这一唐朝摹本原生态特征并且拷贝未失真者，当数上海图书馆藏宋刻宋拓《宝晋斋法帖》，它堪称传世《乐毅论》刻帖最善本。

日本西林昭一和堀川英嗣两先生，曾分别在《日本采纳汉字和书法的形成》与《日本书风之美——光明皇后临〈乐毅论〉》[7]中，提及光明皇后临写《乐毅论》跟明万历四十二年（1614）歙县吴廷辑勒《余清斋帖》"无论在行数、每行的填字配置都相同"。其实《余清斋帖》与《郁冈斋帖》都应属帖末有"异僧权"与"永和四年十二月廿四日书付官奴"款署的《乐毅论》"梁摹本"系统，与日本光明皇后临写《乐毅论》无关；而南宋《宝晋斋法帖》在行次、书法上，更接近光明皇后所临《乐毅论》母本。这说明《宝晋斋法帖》是接受唐摹本信息较充分的一部南宋刻帖，它经由唐宋元三幅摹本书帖三重保险证实为善本刻帖无疑。而明董其昌先后两度临写《乐毅论》，包括清乾隆依样画葫芦临写时，对"千载一遇"这一复句重写现象，仿佛全

---

[7]　《中国书法》2002年第7期，第31页。另见《书法导报》转载。

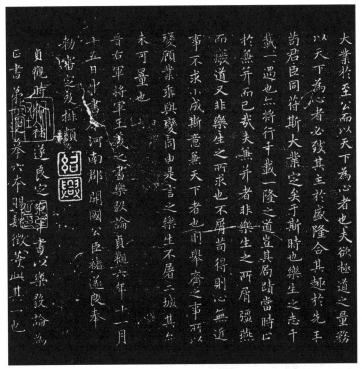

图10 明董其昌主持摹刻的《戏鸿堂帖》间《乐毅论》

然忽略不计，从而在他们笔下彻底省却不计。（图9）倒是当董其昌辑刻《戏鸿堂帖》时，反而严格遵循唐摹本规范，基本在刻帖中保留了"千载一遇"四字中两到三个约定俗成的复句点。（图10）这至少表明该刻帖取法的《乐毅论》底本，是一个忠实保全古本面貌特征的善本，因而他自己的写本和自家的刻本呈现出前后不一的微妙差异。

汉语中"检点"一词基本释义是"查点""约束""慎重"，近义词有"检核""检束"等。该词语但凡涉及言行举止，往往关乎其人品私德，会是个非常沉重的话题。殊不知，在碑帖校对学术研究领域，也不乏类似议题，它提醒鉴定学者，关注文物细枝末节、点画"检点"的重要性。

校帖识点两题之二："最善本"《皇象帖》汇校心得

一、《阁帖》"最善本"《皇象帖》剪裱低级错误

癸未仲春，"上博"圆梦，流散海外逾半世纪的《淳化阁帖》"最善本"奉安海归。笔者谬蒙错爱，遵汪庆正副馆长嘱，忝列出版物释文汇校，几与之朝夕相处。校读日久，偶有心得，欣然命笔，逐一草诸纸端。今不揣浅陋，权作愚者千虑，求教于海内帖学方家。

《阁帖》最善本卷七"王羲之书二"有拼配剪裱刻帖甚夥，几占第七卷全帖三分之一。因该部分墨色与其他原拓本面目有异，故或就此帖不以为然，乃至嗤之以鼻，甚至因噎废食，以偏概全，全盘否定，以为此番回归《阁帖》"最善本说"名不副实而有非善类嫌。

笔者起初也颇有腹诽，深以为是，尤其《皇象帖》"皇象草章旨信送之勿忘当付良信"二行十四字（图1），剪裱之拙劣，竟至犯"皇"作乱，剪裁"皇"字上半部分"白"字而成"王"字煞是刺目，一望而知，故就此所有补配刻帖自有合并同类、等量齐观之诟病。因皇象、王象虽同为三国时人（唐玄宗时又有王象，善书画，有《卤簿图》），但前者是东吴人，后者为曹魏人；后者以文章显，而前者才以书法，尤以工章草著称，故据两者姓氏已料非一人可知。而据王羲之此帖文义推考，"草章"主人当系三国东吴皇象无疑。

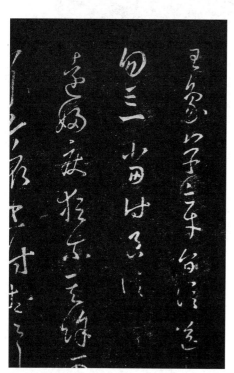

图1 上海博物馆藏《淳化阁帖》"最善本"间卷七"王羲之书二"《皇象帖》

旋因汇校《阁帖》，罗致搜集版本逐字翻检，竟反而对《皇象帖》刮目相看，另眼相待起来，因

其剪裱伤字（"皇象"之"皇"字被剪成"王"字）固属"低级错误"，但"勿忘"二字笔画完整，则于帖学考据而言堪称"高级收获"，且于断代不无裨益，兹详析考证于下。

二、《阁帖》"最善本"《皇象帖》"忘"字笔画完善高级收获

《皇象帖》"皇"字为剪裁成"王"字，应系从前裱工剪裱拼配误伤已毋庸赘述，此有剪裁痕迹为证，昭然若揭。唯"勿忘"之"忘"字，所有《阁帖》，不论南宋绍兴国子监本，还是许汉卿旧藏明潘祖纯题跋南宋本均作"三"字；至于明肃府本、潘刻五石山房本、顾刻玉泓馆本等一脉相袭为"三"字，概莫能外。（见下表所示）

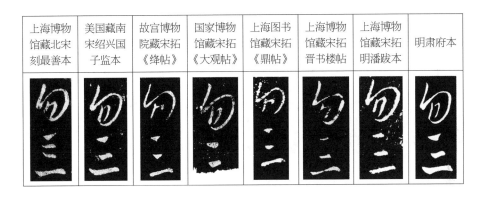

上海博物馆藏北宋刻最善本	美国藏南宋绍兴国子监本	故宫博物院藏宋拓《绛帖》	国家博物馆藏宋拓《大观帖》	上海图书馆藏宋拓《鼎帖》	上海博物馆藏宋拓晋书楼帖	上海博物馆藏宋拓明潘跋本	明肃府本

但"勿三"二字，从语意上看颇难理解。而北宋刘次庄《法帖释文》、明顾从义《法帖释文考异》因袭皆然，清王澍《淳化秘阁法帖考正》卷七还作考曰："王弇州（明王世贞）云'勿三'，杨用修（明杨慎）谓'勿勿'。非'勿三'也，系右军误。然此'三'字甚明，恐是'三思'之'三'，因促还皇象草章，故促之勿三也。"其实此说牵强，因其于古汉语并无对应实例可资佐证。按，最善本间"勿三"之"三"字笔画明确为四笔，乍看为四横画，上三画短而最下一画长，但"勿四"于语意显然也不明朗。卷六《适太常帖》间"可言"之"言"字虽作四画，但跟最善本《皇象帖》间此字四画也不尽一致。

另外，关于王羲之书"言"字，谢稚柳先生在《晋王羲之〈上虞帖〉》一文中，另指出《子嵩帖》即《阁帖》卷六《临川帖》的李本，也即我最善

本的"不可言"之"言"字作各自独立的三点，别本则作"之"形。刻帖因写刻的不规范造成的遗憾，令人不免怀疑刻帖的忠实性（于书帖）到底有多少？这有关书帖与刻帖的差别或为另一话题，但就《皇象帖》"勿"后一字当作何解同样令人不得要领。究竟是"三""四"，还是"言"，抑或是其他什么字呢？笔者搜刮枯肠，百思不得其解，唯有检索最善本之与"勿"字相关词语。

循此思路，法帖第六王羲之书一《虞休帖》的"勿忘"二字呼之欲出。复验刻帖书法，顿开茅塞，《皇象帖》的"勿三"二字可确认势必为"勿忘"二字无疑。再进一步检索最善本的"忘"字，法帖第六王羲之书一之《知欲帖》有"忘"字，笔意与《皇象帖》《虞休帖》的"勿忘"之"忘"字接近。另承海上帖学家水赉佑先生提供考证线索，清人程穆衡《〈淳化阁帖〉考释》也曾认为"勿三"按语意当作"勿忘"解，唯其限于推论，并未见提出过硬证据，尤其王羲之本身书法的依据，说明他当时也并未查找到有四笔"忘"字的上佳拓本。程曰："'勿忘'，帖作'勿三'，疑辨见后跋（即王世贞等考辨，恕不赘录）。然寻文义，必'忘'字之误，模者失一横耳。"现经查寻《阁帖》六、七两卷相关刻帖，应当说基本解答了"勿三"其实乃"勿忘"的千古之谜。姑以"忘"字与《阁帖》王羲之书之"三"字、"言"字、"意"字等相近书法列表所示以作比较如下。

皇象帖（忘）	知欲帖（忘）	虞休帖（忘）	适太常帖（言）	上虞帖（言）（意）	独坐帖（意）

最善本的所有"三"字如卷六《彼土帖》之"三"字，《四月廿三日帖》之"三"字，卷七《诸疾帖》之"三"字，卷八《狼毒帖》之"三"字，《雨快帖》之"三"字，虽其本身"三"字写法稍有出入，但与"忘"字迥然有别可知。（如表所示）

皇象帖（忘）	彼土帖（三）	四月廿三日帖（三）	诸疾帖（三）	狼毒帖（三）	雨快帖（三）	临川帖（言）

很显然，除最善本外所有其他版本《阁帖·皇象帖》间"忘"字均于写刻时佚缺笔画成"三"字，以致语意不明，贻误后世理解；唯最善本"忘"字未损，笔迹清晰，决胜众帖，果见说服力，此亦正是最善本被喻作出类拔萃的可贵之处。因一字之得，出奇制胜，解决了最善本《皇象帖》间"勿忘"二字考释。最后再追根寻源谈谈其拼配部分刻帖断代议题。

三、《阁帖》"最善本"的断代研判

前已论及，目前所见所有《阁帖》的《皇象帖》均作"勿三"二字，唯最善本例外。耐人寻味的是，北宋刘次庄《法帖释文》已作"勿三"，故宫博物院藏宋拓《绛帖》、国家博物馆藏宋拓《大观帖》亦作"勿三"（见上表所示），说明此一字之谬由来已久，并非完全始于《阁帖》后世之转相翻刻本。按，《绛帖》刻于北宋皇祐、嘉祐年间（1049—1063），刘次庄《法帖释文》则作于北宋元祐七年（1092）五月十九日谪居期间（此时上距《阁帖》刊刻恰值百年），而《大观帖》刻于大观三年（1109）。

另据刘次庄《法帖释文》最后记载曰："欧阳修云，往时禁中火灾焚其板，或云尚在，但不赐。"按水赉佑考证，宋宫火灾共有四次，殃及秘阁御书院者，唯大中祥符八年（1015）最有可能。但曹士冕《法帖谱系》载元祐（1086—1094）中宋英宗子尚从宫中借得祖本板子拓制，说明祖板并未完全被焚毁，只因属百年故物，已秘不示人，非等闲之辈可随意得到并外借拓制而已。上述情况与敝馆最善本出现大面积坏板实情正相吻合。换言之，最善本卷七出现整板拼配或即为此次火焚致残，遂累及《皇象帖》等诸多刻帖无从拓制，只得以此前该部分完好时拓本或以这部分拓本为底本翻刻拓制予以拼配。

考前人记载有银锭纹者方属宋刻宋拓，说明抵今无银锭纹之原板完好早拓本世间久已无存，有银锭纹表明原板屡经拓制业已开裂。最善本既有银锭

纹，又有残缺坏板，结合上述宫火在《阁帖》刊刻廿三年后，原板出现横裂纹而加银锭并遭部分焚毁是顺理成章自然之事，故最善本断代或正在此时此际，即可相对宽泛地划定在公元1015年后到1094年之间。

至于最善本间拼配《皇象帖》等时代，用前及独一无二"勿忘"二字为断代依据，似有理由大胆推论其系北宋大中祥符宫火前《阁帖》卷七尚未出现大面积坏板时的拓本，或以此为据翻刻本作拼配。此后"火前"原板完本无存，如最善本之"火后"原板加拼配本也愈发珍贵，更多是以此为据转相翻刻本；而翻刻需写、勒、刻、拓等四道工续，其间难免出现纰漏走样情况，少写刻或多写刻现象时有发生。从目前所见宋拓《绛帖》和刘次庄《法帖释文》可知，至迟元祐七年（1092）刘见《皇象帖》已非"勿忘"而系"勿三"，说明当年他所得吕金部和卿《阁帖·皇象帖》已现误刻，此或是目前所知北宋最早出现"勿三"二字本。稍后陈与义（1090—1138）《法帖音释刊误》"将刘次庄所释仔细寻究，其误者改之，阙者补之"，但就"勿三"问题未著一字，并不见修改。或其就"有次庄妄以意释，臣虽疑之而不能晓其何字者，皆存之不敢妄改"。由此更说明"勿三"现象自北宋末年刘次庄之际起就由来已久。

而最善本当年或被深藏若虚束之高阁，或未被引起足够重视，故而凡两宋本"勿三"现象一统天下《阁帖》，举凡南宋刻拓绍兴国子监本、明潘祖纯题跋南宋本等等皆然。据此反证这些宋拓本并非依据"火前"完整原拓本为底本，而是以"火后"翻刻本为之；唯独最善本《皇象帖》虽属拼配本，却保留了"火前本"未损原拓风貌，堪称绝无仅有，亦愈见弥足珍贵，尽管有关拼配部分考据仅此孤证。但以《皇象帖》类推，想所有拼配刻帖应当均可作如是观，即同属"火前本"或以"火前本"翻刻善本拼配。因乍观之下，从不少字体书法大抵已能窥斑知豹，端倪可察。再结合钤印考证，更可见此本属北宋官拓本证据确凿。凡此均乃最善本众望所归之难能可贵之处，因为它名实相副，善莫大焉。谨此口占一绝云："'皇'遭斩首'忘'幸存，'白'不翼飞'心'独剩。《皇象帖》真奇制胜，素心人识最善本。"

现在问题是，相传以北宋祖本翻刻的明肃府本和清乾隆本何以"勿忘"之"忘"字犹作"三"？其今佚翻刻依据"原拓本"是否真正北宋祖本？还是最善本方是现存独领风骚、一马当先真正北宋刻拓善本？这些显系有待今后做更进一步深入研究的未解之谜。

南宋"修内司"刻《淳熙阁帖》探析

一、引言

庚子冬至前夕,晚清著名政治家翁同龢五世孙、社会活动家、旅美文物鉴藏家、华美协进社前主席翁万戈先生(1918—2020),以百又四岁仙龄在美东莱溪寓所翩然驾鹤,遽归道山,我遵上海博物馆领导嘱起草的唁电中,有"感恩遥念,追思如缕;此间学人咸轸,缅怀同深"等语;代拟挽联一副谨表哀忱则云:"虞岭泖峰并峙,见证鉴藏伟业。莱溪黄浦同波,述说贡献恩泽。"借此追悼翁丈将家传文物海归奉献桑梓的无量功德,包括秘不示人却割爱"上博"绝世孤本南宋"修内司"刻全帙《淳熙阁帖》的慷慨豪举。

翁老廿年前将上海图书馆视为自家隐秘海外半个多世纪的善本古籍转为公藏的理想归宿;2018年百岁寿辰之际,又将珍藏的明沈周《临戴进谢安东山图》、清"四王"之一王原祁《杜甫诗意图》两轴捐赠上海博物馆。次年9月,此间为此专门举办"莱溪华宝——翁氏家族旧藏绘画展"以致敬翁老,展出上述两幅高头立轴及2016年所承让的南宋梁楷《白描道君像图》卷共三件翁氏藏品,此事众所周知。唯征集其南宋"修内司本"《淳熙阁帖》,向未公之于世而鲜为人知,特别耐人寻味。因该帖系2003年"最善本"花落上博后,次年6月22日遵汪庆正副馆长嘱,笔者作为行文落实入藏手续的当事人与稍后爬梳整理者[1],兹将先睹为快独具南宋"皇家血统"该善本法帖披露以飨同好。

二、"修内史"还是"修内司"

翁氏旧藏淳熙十二年(1185)奉旨摹刻修内司本《阁帖》(图1),每卷尾款(图2)跟南宋曹士冕《法帖谱系》最早记载"淳熙间,奉旨刻石禁中,卷帙规模悉同'淳化阁本',而卷尾乃楷书题云'淳熙十二年乙巳岁二月

---

[1] 见2004年6月22日笔者《关于建议购置南宋〈淳化阁帖〉修内司本的请示报告》,上海博物馆长期永久卷档案。

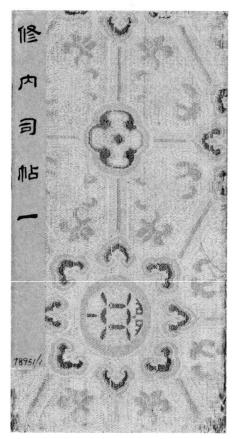

图1　美国翁万戈先生旧藏南宋淳熙十二年
（1185）奉旨摹刻修内司本《淳熙阁帖》

十五日，修内司恭奉圣旨，摹勒上石'"完全一致[2]，堪称继北宋淳化年间内府刊刻《阁帖》后，唯一明确南宋淳熙年间奉旨摹勒上石的南宋御刻《阁帖》。

1987年，"朵云轩"碑帖行家王壮弘《帖学举要》提及《淳熙"修内史本"》，"亦名《淳熙秘阁前帖》，十卷。淳熙间奉旨以《淳化》原本翻刻（个别字略有改动），置禁中。卷尾楷书题'淳熙十二年乙巳岁二月廿五日修内史恭奉圣旨摹勒上石'，行次、卷数与《淳化》皆同，见坊间伪刻本作'九月'"[3]。2003年，"上图"碑帖专家仲威等撰著《古墨新研：〈淳化阁帖〉纵横谈》，介绍《淳熙"修内史本"》，观点几同。

2002年，北京刻帖专家王靖宪发表于《中国法帖全集》1宋《淳化阁帖》上的《〈淳化阁帖〉概述》，在《〈淳化阁帖〉的翻刻》一文中的"一、宋代《淳熙"修内司本"》"章节，引录《法帖谱系》记述后云："（按清孙承泽《闲者轩帖考》、清王澍《古今法帖考》）均云未见刻本。民国间上海有正书局出版《宋拓淳化阁帖》十卷，此帖为清李宗瀚收藏，有万历丙午（1606）河阳潘祖纯跋，谓'此帖当是《修内司本》'。但此帖卷后无楷书淳熙修内司题记，非修内司刻本可知。"[4]由此表明后世学者多无缘

[2]　（清）倪涛《六艺之一录》卷一百三十四《淳熙修内司本》、（清）孙岳颁《佩文斋书画谱》卷八十九《书辨证》下《淳熙修内司本》、（清）王澍《淳化秘阁法帖考正》卷第十一《淳熙修内司帖》、（清）张玉书《佩文韵府》卷四十三之一《修内司本》、（清）沈嘉辙《南宋杂事诗》卷一，均援引（南宋）曹士冕《法帖谱系》，口径记载几同。（明）项元汴《蕉窗九录》和（明）屠隆《考槃余事》卷一《淳熙修内司本》均载："卷帙规模同阁本，而卷尾题字乃楷书非篆书也。"
[3]　王壮弘《帖学举要》之《宋淳化阁帖》，上海书画出版社，1987年1月，第10—11页。
[4]　王靖宪《〈淳化阁帖〉概述》：《中国法帖全集》1宋，湖北美术出版社，2002年3月，第12—13页。

图2　南宋《淳熙阁帖》每卷帖尾楷书题："淳熙十二年乙巳岁二月十五日修内司恭奉圣旨摹勒上石。"

目鉴翁氏旧藏修内司本《阁帖》。

　　因尾款除《法帖谱系》著录在先，翁氏藏拓分明显示"二月十五日"而非"二月廿五日"。而"修内司"系宋室掌管皇宫、太庙修缮事务官署，真、伪本均不曾作"修内史"。据此反映作为南宋皇家刊刻《阁帖》，淳熙修内司本史上传拓流播相当有限，非等闲之辈有幸品鉴，更非轻而易举能够获取收藏，因而造成历代刻帖研究者多只闻其声而不得要领，庐山真面目渺不可识。像晚近岭南著名帖学家容庚先生编著帖学史著作《丛帖目》就未载录修内司本；北京琉璃厂"庆云堂"碑帖铺主人、碑帖研究名家张彦生先生经验之谈的《善本碑帖录》第四卷《宋元明刻丛帖》，道及"在上海许翰卿家藏《淳化》全帖十卷，有明万历丙午（三十四年，1606）六月潘祖纯题跋，为'修内司本'。……此本现或藏上海博物馆"[5]则明显有误。因盘点考索不难判别今"上博"原李宗瀚、许翰卿递藏《阁帖》十卷本归属另一南宋翻刻系统，即故宫博物院藏"懋勤殿本"体系。该系统另立，跟修内司本浑然无关。最明显的鉴别区分征候，是懋勤殿本（即"上博"许翰卿旧藏"潘祖纯跋本"）每卷尾款一仍北宋《淳化阁帖》作篆书：淳化三年壬辰岁（992）十一月六日奉圣旨摹勒上石，并非上述修内司本尾款楷书南宋年号。据此足以断言张彦生也未曾鉴赏过翁氏束之高阁的修内司本。

三、疑似承善启"肃"的南宋"修内司本"《淳熙阁帖》

这其实也可以理解。传世修内司本为晚清帝师翁同龢入藏，家传为其嗣裔翁万戈先生继承，并于1948年携往海外，[6]深藏若虚，不为世人所晓。直到2003年最善本翩然海归"上博"，引发《阁帖》研究热潮后，修内司本这一藏之域外的孤本，才重新进入研究者的视野。率先将其起底打捞出水的，是原朵云轩碑帖专家马成名先生，他在2002年香港中文大学文物馆举办"秘阁皇风：《淳化阁帖》刊刻1010年学术研讨会"的论文集上，发表《有关〈淳化阁帖〉点滴》，指正《善本碑帖录》张冠李戴谬误后透露："至于'修内司本'，所知目前传世有一套全十册，为美国'莱溪居'主人翁万戈先生收藏，该帖乃明邵僧弥所藏，后归铁保。有无锡华云补庵、长洲文从简、大兴翁方纲、梅庵铁保和翁同龢等人题跋。"[7]

不仅如此，马先生2014年6月出版《海外所见善本碑帖录》，对翁氏旧藏修内司本呈现的所有信息，又做了近乎"地毯式"核实、全面搜罗和铺陈介绍，包括南宋末年奸臣贾似道（1213—1275），元初鉴藏家王芝（生卒年不详）[8]，明中期"吴门四家"之一文徵明（1470—1559）、官至南京刑部郎中的华云（1488—1560），明末清初"画中九友"之一邵弥（生卒年不详），

[5] 张彦生《善本碑帖录》第四卷《宋元明刻丛帖·宋淳化阁帖》，考古学专刊乙种第十九号，中华书局，1984年2月，第169页。

[6] 郑重《莱溪诗翁翁万戈》，《新民晚报》2019年10月13日第14版"星期天夜光杯"。

[7] 马成名《有关〈淳化阁帖〉点滴》，《秘阁皇风：〈淳化阁帖〉刊刻1010年纪念论文集》，文物馆专刊之十一，香港中文大学文物馆，2003年，第200—201页。

[8] 王芝约元赵孟頫同时期人，参看［明］汪砢玉《珊瑚网》卷一《法书题跋》之《王右军〈思想帖〉真迹》载："大德二年（1298）二月廿三日，霍肃清臣、周密公谨、郭天锡佑之、张伯淳师道、廉希贡端甫、马昫德昌、乔簣成仲山、杨肯堂子构、李衎仲实、王芝子庆、赵孟頫子昂、邓文原善之，集鲜于伯机池上，佑之出右军《思想帖》真迹，有龙跳天门，虎卧凤阙之势，观者无不咨嗟叹赏：神物之难遇也。孟頫书。（小楷）"

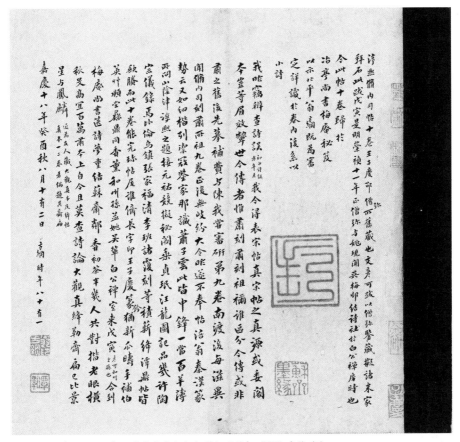

图3　南宋《淳熙阁帖》间有南宋末年奸相贾似道钤押"封"字鉴藏印

清中期工书的两江总督铁保（1752—1824）、金石学家翁方纲（1733—1818），清晚期同光两朝帝师、书法家翁同龢（1830—1904），何天衢（生平事迹与生卒年不详）和现当代翁万戈（1918—2020）诸鉴藏印；翁方纲三跋，翁同龢补录翁方纲题诗、题跋[9]共两则；华云与明末清初书画家、文徵明曾孙文从简（1574—1648）、铁保各一跋，均被一网打尽，如数过录在案[10]，为帖学界报告了修内司本尚存世间学术佳音[11]，彻底揭开了其与世暌

[9]　此题跋见（清）翁方纲《复初斋文集》卷二十八《跋淳熙修内司帖》；沈津辑《翁方纲题跋手札集录·丛帖》注：见《文集》石印本第二十八卷第10页，广西师范大学出版社，2002年4月，第217页。

[10]　参看马成名《宋拓〈淳化阁帖〉淳熙修内司本十册》，恕不一一引录，《海外所见善本碑帖录》，上海书画出版社，2014年6月，第194—201页。

[11]　而从马成名先生《海外所见善本碑帖录》目录将该《宋拓〈淳化阁帖〉淳熙修内司本十册》位列《宋拓〈淳化阁帖〉潘祖纯藏本十册》之后，而居《宋拓〈淳化阁帖〉绍兴国子监本十册》和《宋拓〈淳化阁帖〉泉州本卷六、七、八残本合册》，乃至《北宋拓孤本〈淳化阁帖〉最善本第四、六、七、八卷四册》之前，足见此帖在他心目中地位之高，不言而喻。

违的神秘面纱[12]，由此有关该帖进一步梳理研究被提上学术探讨议程。

首先，从该本南宋贾似道、元王芝和明中期文徵明、华云，明晚期邵弥等留存鉴藏印记，尤其南宋末年奸相贾似道钤押"封"字鉴藏印[13]时代性认证分析（图3），该帖刊刻的真实性由原先仅见文本载录虚空层面，顿时上升到拓本实物与同时代人鉴藏见证双重印证高度。换言之，种种迹象汇集充分证实翁氏旧藏修内司本完全具备出自南宋中期淳熙年间官刻本的可能性。

其次，咀嚼存见修内司本间明清藏家和帖学家题跋，特别清金石刻帖研究大家翁方纲多则题跋能够发现，他经过长期系统校勘传世《阁帖》版本得出的印象，相当倾向于修内司本乃明末万历四十三年（1615）第八代肃藩王，谥封肃宪王的朱绅尧及其嫡长子，也是末代肃王朱识𬭤先后历时七年刊刻于甘肃兰州《阁帖》"肃府本"[14]的底本。且看下列翁方纲就此论断详尽解析，以及通过比对考查后就此探索新发现发表的不无自得的自题诗。

此第九卷《昨遂不奉帖》，山谷（书坛北宋"四家"之一黄庭坚）谓有秦汉篆意，正取其用笔之圆浑。即如首廿字之右直，亦以半缺处想象古意，而《肃本》已不可见矣。《锡大佳帖》柳下惠语，本《淮南子》。"六"是"下"字，其上一笔微带弯意，而《肃本》意作"六"字矣。又卷末《诸舍帖》"塞仰"下与前行相连是一帖，《肃本》脱失之。王若林（清代书法家王澍）遂谓前后是二帖，亦因执《肃刻》而误。此"修内司本"有之，正与内府所藏《淳化》初拓本及《大观》本相合。此《修内司帖》十卷，足订正《肃本》非一处，而此卷尤为有益，不特气味淳古胜之也。

淳熙《修内司帖》十卷。王子庆（元王芝）、邵僧弥所旧藏也。……今此帖十卷，归于冶亭尚书梅庵（清代书法家铁保）秘笈，以示北平翁方纲，既为审定，详识于卷内，复系以小诗。……世今传者惟《肃刻》，《肃刻》祖祢谁区分。今传或非肃之旧，后先摹补费与陈。我尝审研第九卷，南渡后每滋异闻。《修内司刻》肃所祖，九卷正复无歧纷。大令《昨遂不奉帖》，涪翁秦汉篆势云。又如细楷列御寇，鉴家那识萧子云。此皆中锋一当百，羊薄所向山阴津。……帖尾谁侪"长"字印，王子庆篆钤犹新。……高宜百万

---

[12]　如果按已知翁同龢清光绪五年（1879）二月题跋，系鉴藏家就该帖最后观摩考识时间计，则该帖被携往海外封存，直至海归抵今解密探索，差不多相距已有一百四十载之遥了。

[13]　关于南宋贾似道鉴藏印该释为"封"还是"长"字，参看赵利光《南宋贾似道"封"字鉴藏印考索》，《书法》2015年第8期，第148—150页。

[14]　林健《明代肃王研究》，甘肃人民出版社，2005年9月，第33—34页。

《肃本》上，自今且莫查诗论。……嘉庆十八年（1813）癸酉秋八月十有二日，方纲时年八十有一。

此十卷，是邵僧弥藏本，有无锡华云跋，长洲文从简跋，有贾似道"长"字印，王芝子庆印，纸墨亦出宋拓，无可疑者。然此本实与明肃藩所刻相同，惟第九卷出入较多，则以《肃刻》第九卷之别是一本耳。……盖其所自出之本，即是《肃刻》所自出之本。而此刻丰腴古厚，十倍胜之，则南宋刻工与明朝刻工，悬绝可知也。且又因以见肃刻本之可信，然而《肃刻》虽远逊此，抑又尚有一二笔胜此者，善鉴者其可忽诸。[15]

准以肃州初拓卷，讶似一石同摹然。……淳熙甫追枣木刻，旧闻已近二百年。（淳熙壬辰上溯淳化乙巳一百九十三年。）……箸林苦泥第九卷，赖此祖本居其前。（《肃帖》所刻第九卷别一本也，此足正之。）自余摹勒互同异，重儓谁与评差肩。一艺问津艰若此，何况传注承拘牵。取冠吾斋《肃帖》考，俨若钟律笋簴悬。……[16]

非但如此，翁方纲在其《苏斋题跋》中，还针对《肃府刻〈淳化阁帖〉初拓本》（南海叶氏藏帖凡十册，肃府原跋刻本一册），撰有更为严谨的校帖随笔。这一工作始于乾隆四十七年（1782）七月，历经四十九年（1784）八月、十月，五十一年（1786）三月，嘉庆五年（1800）十一月，前后差不多耗时十八年之久，经反复互校多种《阁帖》版本的不懈努力[17]，又积十三年时间沉淀思考，到嘉庆十八年（1813）八月再"以邵瓜畴（邵弥）旧藏淳熙'修内司帖'十卷，细对'肃刻本'"，展开了更为认真细致，近乎严丝合缝、纤毫不爽式的谛审比较，终于就修内司本疑似肃府本祖本定论，有了全新认知与清晰界定。

进入21世纪初，随着"上博"购置《阁帖》最善本并举办展览、研讨等系列活动整体打包推介，本鲜为人追究验证《阁帖》版本比勘考订，进入史上崭新深层次发掘探讨时期，相关最新研究成果纷纷面世而推陈出新。尤其所有研究均采取从传世《阁帖》书法具体笔画、行次等细微个案着手，进行由形式到内容微妙异同变化的图像罗列对比，为继其严格排比互校，有幸为进入翁氏

---

[15]　（清）翁方纲《复初斋文集》卷二十八《跋淳熙修内司帖》；沈津辑《翁方纲题跋手札集录·丛帖》注：见《文集》石印本第二十八卷，第10页，第217页。

[16]　（清）翁方纲《复初斋诗集》卷六十六《石画轩草九》癸酉八月至甲戌五月《淳熙修内司帖》。

[17]　据清翁方纲题跋称："宋《淳化阁帖》至南宋绍兴间，初翻刻为国子监，其本无传。至是淳熙时，始以淳化原本，重刊于修内司。"表明他不曾鉴赏过国子监本。

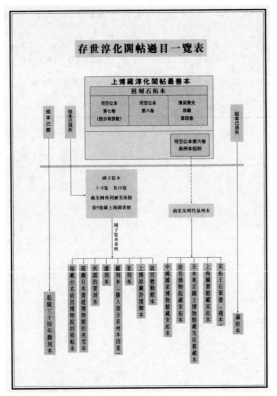

图4　汪庆正先生编排"存世《淳化阁帖》过目一览表"

旧藏修内司本整理研究工作打开方便之门，开启捷径通道。笔者相关爬梳厘定，也相应变得有案可循而畅通便捷许多。

综上校帖，笔者原则同意翁方纲学术裁决，即修内司本可视为明末肃府本取法蓝本之一。事实上，汪庆正先生当年推敲《阁帖》版本系统时，在"存世《淳化阁帖》过目一览表"最右边（图4），曾列出肃府本上溯源头：祖本已消失[18]，而把明其他翻刻《阁帖》源头归纳为"国子监本"和"泉州本"系统这两大类。那么，综合以上排比，是否能将汪先生当年尚不及深入对标的翁氏旧藏修内司本，就确认为明末肃府本重点取法的底本呢？笔者认同此裁判结果。这除了有翁方纲考订题跋、题诗在前佐证，此间继诸家后再提供一重之前学人不曾留意校帖心得收获，即第七卷王羲之《皇象帖》间"勿三（实系"忘"字）"的"三"字笔画，国子监本、泉州本、肃府本跟修内司本最为神似，而与其他版本则均相去甚远，一望而知。[19]

另外，《诸家古法帖五》卷首起"苍颉书《戊己帖》""夏禹书《出令帖》""鲁司寇仲尼书《延陵帖》""史籀书《敚州帖》"到"秦丞相李斯书《田畴帖》"篆书每字出锋，特别竖笔末尾出锋，国子监本、修内司本、泉州本和肃府本均为圆润钝笔（图5）；唯懋勤殿本（即潘祖纯跋本）则呈尖

[18]　见汪庆正《〈淳化阁帖〉存世最善本考》，《淳化阁帖最善本》（第一册），第34页。
[19]　陶喻之《〈阁帖〉最善本〈皇象帖〉"忘"字未损本考》，《上海博物馆集刊》第十期，上海书画出版社，2005年12月，第42—45页。

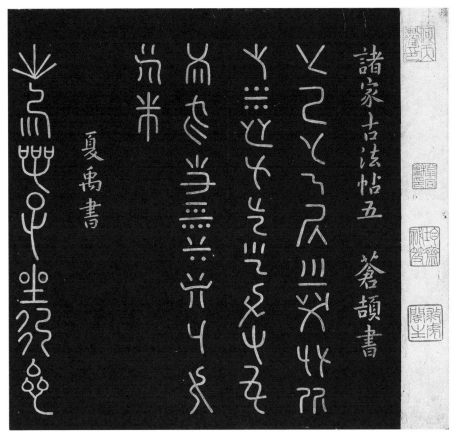

图5　《淳化阁帖·诸家古法帖五》卷首起"苍颉书《戊已帖》""夏禹书《出令帖》""鲁司寇仲尼书《延陵帖》""史籀书《驳州帖》"到"秦丞相李斯书《田畴帖》"篆书每字出锋，特别竖笔末尾出锋，国子监本、修内司本、泉州本和肃府本均为圆润钝笔

锐状笔锋，苍颉、夏禹、史籀书三帖尤为明显（图6）。这些鉴定考据要点，均可被视作彼此隶属关系归类的旁证依据。

据仲威等《古墨新研：〈淳化阁帖〉纵横谈》附录《〈淳化阁帖〉版本异同汇要》[20]，尹一梅主编《懋勤殿本〈淳化阁帖〉》（下）所附《不同版本〈淳化阁帖〉文字对比》[21]等[22]，笔者主张翁氏旧藏修内司本，应被认定为继北宋最善本后南宋皇室刊刻最善本和传世孤本，它和北宋最善本[23]、

[20]　仲威、沈传凤《古墨新研：〈淳化阁帖〉纵横谈》，第98—113页。
[21]　尹一梅主编《懋勤殿本〈淳化阁帖〉》（下），第309—313页。
[22]　还包括汪庆正、顾音海先生等专家就帖文书法笔画异同的举例比较。
[23]　肃府本中的版号、卷号悉同最善本，当是彼此继承关系之一的证据。

图6　图5所见特征，唯故宫懋勤殿本（即上博潘祖纯跋本）则呈尖锐状笔锋，苍颉、夏禹、史籀书三帖尤为明显

南宋国子监本[24]和泉州本一起，共同构成明末肃府本刊刻主持者——肃藩王参考借鉴的底本之一。由于"上博"藏海归祖刻最善本传世仅见四本，故已不尽完备完整。国子监本虽"上图"存有第九卷一册，不过，另外九卷均孤悬美国佛利尔美术馆，基本成为海外遗珠。而故宫博物院藏懋勤殿本与"上博"藏潘祖纯跋本，在就《阁帖》内容和书法取舍订正上自我发挥成分较多，虽主持者或刻工善书，或能理解书法运笔，但其大刀阔斧地从形式到内容斧正古帖，已失去追摹古刻翻刻意义，效果完美理想与否，仁智互见。就行草书传习而言，或许不无示范积极意义，但从版本价值上评估，却未免失之"进步"而走样偏颇了。

四、题外话：《阁帖》"泉州本"探索

至于"上图"藏宋拓《阁帖》泉州本，同样不无摹刻笔画脱漏、数字误衍、刻工溢刀和第八卷卷首标题不严格按照行楷书通行本位置而擅以草书移位等粗枝大叶的失误；[25]而香港中文大学文物馆藏《宋刻〈淳化阁帖〉泉州本》卷六至八集王书（陆恭旧藏本）仅残存三卷，且存帖量仅约占三卷总数

[24]　清翁方纲显然不曾观摩鉴赏到"国子监本"，因而他题跋中认为："宋《淳化阁帖》至南宋绍兴间初翻刻于国子监，其本无传。至是淳熙十卷始以淳化原本重刊于修内司。此十卷……今为冶亭尚书梅庵所藏。方纲详识于后。"见马成名《宋拓〈淳化阁帖〉淳熙修内司本十册》第九卷翁方纲跋，《海外所见善本碑帖录》，第196页。
[25]　仲威《宋拓〈淳化阁帖〉（泉州本）导言》，《宋拓〈淳化阁帖〉（泉州本）》，上海古籍出版社，2016年11月，第3、第5、第6页。

四成多，三卷卷首标题、卷尾署款均失无存，包括卷七《皇象帖》等约六成多刻帖缺失，残缺情况严重，几乎仅有原本总数零头[26]，已不具备跟其他版本完整比对的对等基础、条件与资格。

其实《阁帖》北宋祖刻因系初创，从选取内容、谋篇布局到上石刻工等均非尽善尽美，因而常为后世帖学界诟病，这由其选择上古伪帖、编辑接续错误、刊刻笔画遗漏乃至一帖重复两刻[27]等谬误可见一斑，不一而足。但这些弊病与不足，恰恰体现出问世之初早期《阁帖》版本体系的真实性。而继祖本后各翻刻本主持者，显然或多或少陆续注意到上述疏漏问题，有的采取一仍古刻追摹之道，而有的则试图予以微调、修订和改正。这些不同举措，取决于主持者是本着严格遵循复制古帖纹丝不动，尽还旧观意愿，还是在保持尊重古刻面貌基础上，对不尽合理形式与内容加以一定程度乃至全方位的修正。后者不光需具备帖学专业知识素养，还要有相当深的书法尤其行草书功底，才敢于不因技痒就对之前版本中存在差错讹误进行毫不留情的修缮和改订，难度可想而知。懋勤殿本和泉州本主持人或刻工无疑进行过这方面尝试。前者明显用功甚勤，技艺高超，不露斧凿痕迹，改订得天衣无缝；而后者仿佛也花费不少心思，但在考订补阙方面力度不及前者，甚至反而酿成不少新失误，如卷六《月半帖》"王羲之再拜""拜"字左下部溢刀，卷九《诸舍帖》脱漏后三行，这些现象均始见于泉州本。

当然，《诸舍帖》脱落三行情况实际上并非泉州本仅见，之后肃府本亦然。因此，笔者主张后者很可能就第九卷选取是以泉州本为底本的，否则，不应当在《诸舍帖》缺失面目上何其相似乃尔。因为修内司本《诸舍帖》内容分明保持完整无缺，并无遗漏后三行；加之卷首帖目仅为"晋王献之"四字，非通行本"晋王献之一"五字，遂不为肃府本选作底本。而审视彼此《诸舍帖》缺后三行高度一致性，肃府本卷九背后的泉州本底色，未免就有端倪可查起来了；启功先生就明确认为是用《泉帖》补配的[28]。也因此，笔

---

[26]　参看李润桓《〈宋拓王右军书〉——〈淳化阁帖〉泉州本卷六、卷七、卷八残本研究》按语："阁帖卷六原本59帖，残本24帖。阁帖卷七原本55帖，残本存11帖。阁帖卷八原本45帖，残本34帖。阁帖卷六、七、八合本共69帖，泉州本残本69帖，原册帖目编次紊乱，残存情况如上。"游学华、陈娟安编《中国碑帖与书法国际研讨会论文集》，香港中文大学文物馆，2001年12月，第207—208页。

[27]　参看陶喻之《由"一帖两刻"论〈淳化阁帖〉稿本说》，《秘阁皇风：〈淳化阁帖〉刊刻1010年纪念论文集》，香港中文大学文物馆，2003年10月，第139—160页。

[28]　参看林健《明代肃王研究》第五章《肃王府的珍宝》第一节肃府本《淳化阁帖》，第73页。另见王靖宪《〈淳化阁帖〉概述》之《〈淳化阁帖〉的翻刻》，《中国法帖全集》1宋《淳化阁帖》："前八卷摹自北宋拓祖本，卷九、十摹自《阁帖》别本（或谓泉州本）。"第16页。

者主张肃府本不仅仅如翁方纲所认为的以修内司本为蓝本，它显然还参考了包括泉州本在内的其他两宋善本《阁帖》。

泉州本一般被视为南宋庄夏摹刻，明陈懋仁[29]《泉南杂志》卷上载：

《淳化阁帖》十卷，宋季南狩，遗于泉州。已而石刻湮地中，久之时出光怪，枥马惊怖，发之，即是帖也，故泉人名其帖曰马蹄真迹。余按沈源释文序云：是帖纳郡庠，岁远剥蚀，其后庄少师氏，复摹以传。则今帖非马蹄真迹，乃庄氏摹刻也。其石先属张氏，后以其半质钱于族，秘匿不返，至于构讼。于是各翻木刻足之，分为两部，今所传者，既非宋遗，而庄模亦皆割裂，递更递失矣。惟蔡沙塘宪副家所藏七块，完好不剥。蔡其宝之，甚为难得，欲得庄刻之全，与蔡之所藏，必求数家而合之，然不易也。又按沈源所云，庄少师者，不知何名，考泉郡志，有庄夏者，登淳熙八年进士，历官侍郎，封永春县开国男，卒赠少师，有文名，他庄无仕少师者，故知是帖复摹，乃庄夏也。

关于庄夏其人其事，《宋史》卷三百九十五《列传》第一百五十四有传可稽。

庄夏，字子礼，泉州人。淳熙八年进士。庆元六年，大旱，诏求言。夏时知赣州兴国县，上封事曰："君者，阳也。臣者，君之阴也。今威福下移，此阴胜也。积阴之极，阳气散乱而不收，其弊为火灾，为旱蝗。愿陛下体阳刚之德。使后宫戚里、内省黄门，思不出位，此抑阴助阳之术也。"

召为太学博士，言："比年分藩持节，诏墨未干而改除，坐席未温而易地，一人而岁三易节，一岁而郡四易守，民力何由裕？"迁国子博士。召除吏部员外郎，迁军器监、太府少卿。出知漳州，为宗正少卿兼国史院编修官，寻权直学士院兼太子侍读。时流民来归，夏言："荆襄、两淮多不耕之田，计口授地，贷以屋庐、牛具，吾乘其始至，可以得其欲；彼幸其不死，可以忘其劳。兵民可合，屯田可成，此万世一时也。"

试中书舍人兼太子右庶子、左谕德言："今战守不成，而规模不定，则和好之说，得以乘间而入。今日之患，莫大于兵冗。乞行下将帅，令老弱自陈，得以子若弟侄若婿强壮及等者收刺之，代其名粮。"上曰："兵卒子弟与召募百姓不同，卿言是也。"除兵部侍郎、焕章阁待制，与祠归。嘉定十

---

[29] 陈懋仁，生卒年不详，仅知表字无功，浙江嘉兴人，曾官泉州府。

年卒。

据上《本传》叙述可知有关泉州本刊自庄夏说，也无非后人推测而并无实证。当然，综合庄夏史迹生平，他因诏为太学博士，迁国子博士，又迁军器监太府少卿等职，似乎职位跟国子监和修内司事务或多或少都有一些牵扯，也不无存在他利用职务之便，获取外人无法获取的南渡后分别两度刊刻的国子监本或修内司本可能。鉴于庄夏嘉定十年（1217）卒前除兵部侍郎、焕章阁待制与祠归，因而他如果回泉州后，以之前觅得的国子监本或修内司本翻刻为泉州本的时间，应当在他去世的嘉定十年前，这跟元末明初松江曹昭编撰、景泰（1450—1456）间江西吉水王佐增补的《新增格古要论》卷三《泉帖》（后增）所云的时间大抵前后衔接吻合：

以淳化法帖，翻刻于泉州郡庠。（王）佐生也后，无以考究模手。洪武四年辛亥（1371），知府古任常性，以刘次庄释文，序而刻之。我仁宗皇帝，命取入秘府，人不可得而见矣。[30]

不过，如上推论成立，泉州本在南宋后期似乎并不如人们想象的影响那么出名，至少曹士冕《法帖谱系》和曾宏父《石刻铺叙》都不曾记录在案。按，曹士冕乃曹彦约（1157—1228）[31]之子，生卒年不详。曾宏父，生卒年亦不详，理宗淳祐（1241—1252）间在江西吉安创设凤山书院。所以，如若泉州本真是庄夏刻于他生前的泉州，就算去世那年（1217），那么，到距曹、曾二人分别编写《法帖谱系》和《石刻铺叙》的约二十多年后，即大约淳祐年间，泉州本尚不为人所晓，证明当初它在外界影响事实上非常有限而并不为人所重视。泉州本引起世间关注，该是明初洪武以后的事。这跟启功先生1975年作《明拓泉州本〈阁帖〉跋》时的观点颇为接近。他指出："北宋时泉州有《阁帖》摹本，殆出市舶司所刻，[32]其石南宋时在郡庠中，嘉定间，庄夏以旧石残损而重摹之。明初洪武间，常性增刻释文，此后翻本益多，有四十二泉之目，以其底本得真，故虽一再翻摹，而笔势风神，依稀尚

[30]　（明）汪砢玉《珊瑚网》卷二十一《法书题跋》之《宋拓阁帖泉本第六卷》、清陈元龙《格致镜原》卷三十九《字帖》、清倪涛《六艺之一录》卷一百四十五《宋拓泉本阁帖第六卷》均同。
[31]　昌彼得、王德毅等编《宋人传记资料索引》第三册，台湾鼎文书局，1978年12月再版，第2211页。
[32]　启功先生此说，疑似受晚近学者沈曾植《海日楼题跋》卷二《泉帖跋》的影响："《阁帖》传本，自潘、顾、肃藩以及北方别本，上至天府《三希堂》，同出一源，惟'泉本'别为一家。虽新旧刻各不同，大体要各自相合。度其祖刻分源衍派，必在南渡以前。……宋季泉州，海琛所聚，雄盛冠西南。此岂市舶司刻，抑南外宗正司，挟'二王府本'，传之海上耶？"辽宁教育出版社，1998年3月，第426页。

在。"[33]而启老将宋刻泉州本几乎提升到海上丝绸之路的高度，虽也不过大胆假设推测，却不无见地与启发。只是泉州本是否有北宋摹本，恐怕早已渺不可寻，同样不具备追根究底小心求证基础了。

至于上述陈懋仁《泉南杂志》谓泉州本系"宋季南狩，遗于泉州"说，则相当可疑且带有强烈不确定性。清倪涛《六艺之一录》卷一百六十六援引明赵灵均《寒山金石林》之《何庄淳化帖记闻》载：

……昔宋季南迁，金人追迫厄于泉州，舟车狼籍，所负而趋者，珠玉缯帛，所委而溺者，研材碑板耳。厥后识者，间取镌摹，不下千万，即世所称"泉州本"是也。此以真赝最多，鱼目夜光，说如聚讼，由此而胜国湮没莫显……

咀嚼以上两说语境，出自道听途说而与历史事实严重不符显而易见，不言而喻。如上所述，南宋皇室官刻《阁帖》，有案可查者唯修内司本一种，国子监本恐怕只能算半官方本。倘若泉州本真如上所云也为宋内府帖石，并为宋端宗赵昰因受蒙古人所迫南逃[34]时携来泉州，应该必为这两本具有官方色彩刻石之一无疑；但泉州本跟该两本体系明显不合，只可能是以此两本为据的翻刻本。何况宋帝南狩，乃元兵临城下使然，跟金兵毫无瓜葛，况且携带跟抵御元军毫无关联的如此规模的帖石辎重负担南奔的可能性也根本不存在。

历史真相是，德祐元年（1275）二月，元初名臣伯颜（1236—1295）攻克南宋都城临安，"封府库，收史馆、礼寺图书及百司符印、告敕，罢官府及侍卫军"[35]。三月，伯颜虏宋全太后、谢太后和宋恭帝赵㬎等北归。此前，"大元兵迫临安……乃徙封昰为益王、判福州、福建安抚大使，昺为广王、判泉州兼判南外宗正"[36]。五月，益王赵昰在福州即位，改元景炎，时在1276年，是为宋端宗。但播迁入闽小朝廷立足未稳，十一月，元军逼近福州，宋室被迫起驾继续流亡。"乙巳，昰入海。癸丑，大军至福安府，知府王刚中以城降。昰欲入泉州，招抚蒲寿庚有异志。初，寿庚提举泉州舶司，擅蕃舶利者三十年。昰舟至泉，寿庚来谒，请驻跸，张世杰不可。或劝世杰留寿庚，则凡海舶不令自随，世杰不从，纵之归。继而舟不足，乃掠其舟并没其赀，寿庚乃怒杀诸宗室及士大夫与淮兵之在泉者。昰移潮州。……十二

---

[33] 启功《明拓泉州本〈阁帖〉跋》，《启功丛稿·题跋卷》，中华书局，2000年8月第2次印刷，第306页。
[34] 宋端宗并非受金源威胁南下。金源于南宋理宗端平元年（1234），即金哀宗（后由金末帝即位）天兴三年为蒙古人剿灭而亡国，其时南宋王朝尚苟延残喘，一息尚存。
[35] 《宋史》卷四十七《本纪》第四十七《瀛国公》。
[36] 《宋史》卷四十七《本纪》第四十七《瀛国公》。

月戊辰，蒲寿庚及知泉州田真子以城降。"[37]同月，南宋内府原藏经籍图书书画等物被运往元大都秘书监入藏。

据上史实可知，南宋末年赵宋王朝气数已尽，大势已去，小皇帝漂泊闽广时期充满血雨腥风，根本没有可能顾及《阁帖》刻石可想而知。景炎三年（1278）四月，宋端宗在数度逃难的惊恐万状中得病而亡，文臣陆秀夫等拥立卫王昺，年八岁，是为宋末帝。五月，改元祥兴。六月，迁居崖山（今广东新会）。次年（1279）二月，元军压境，南宋朝野寡不敌众，大敌当前，陆秀夫抱幼帝昺投海，南宋江山被元军彻底覆亡。由此王朝兴替动态走向辨析，泉州本为庄夏翻刻于泉州的可能性最大。而所谓随宋端宗自临安南奔时携出，最终丢弃遗留帖石于泉州，遂为泉州本的可能性几乎为零。

五、结论

综上所述，"上博"翁氏旧藏南宋淳熙修内司本《阁帖》，系隶属于北宋以来宫廷刊刻系统之真正嫡传正脉。它既保持帖宗本色，又硕果仅存，流传有绪，堪称海内唯一，举世无双。[38]特别是其每卷后保留相当于唯一效法北宋祖本尾款，署明南宋官署奉圣旨摹刻上石的款署"验证码"，是为其"皇家血统"官刻帖的不二标签。而根据上述论证得出的结论，足以就传世宋代《阁帖》体系拓本，按传承时代早晚做出如下排列：时代最早名列第一为"上博"藏北宋祖刻最善本第六、第七、第八共三卷；第二为美国佛利尔美术馆藏九册和"上图"藏第九卷的南宋绍兴年间官方依照御府珍藏北宋祖本翻刻的全套国子监本；第三即为本文重点讨论的"上博"翁氏旧藏南宋淳熙年间皇室宫廷依照御府珍藏北宋祖本翻刻的全套修内司本，它一定程度上是基于其时以假银锭纹冒充祖刻的以上国子监本充斥市场以假乱真、混淆视听惑人[39]，而为杜绝后患，以正视听，拨乱反正刊刻，因仅供内部流通，故

---

[37] 《宋史》卷四十七《本纪》第四十七《瀛国公》。
[38] 翁氏旧藏修内司本卷二有若干刻帖脱落无存，卷三有少许刻帖系出补配。但白璧微瑕，瑕不掩瑜。目前上海博物馆仅将其列为三级藏品，这一定位明显严重低估了其学术价值与崇高地位。通过本文上述初步研究，现在应该是到替它重新评价而提升到上品高度的时候了。
[39] 关于绍兴国子监本的弊病与不足，南宋曹士冕《法帖谱系·杂说上》曾深刻揭露道："绍兴中，以御府所藏淳化阁帖，刻板寘之国子监，其首尾与淳化阁本，略无少异。当时御府拓者，多用匿纸，盖打金银箔也。字画精神，极有可观。今都下亦时有旧拓者，元板尚存。迩来碑工，往往作蝉翼本，且以厚纸覆板上，隐然为银锭口痕以惑人，第损剥非复旧拓本之遒劲矣。"

而世间存量极少，相当罕见珍贵；第四为疑似南宋民间高手修订翻刻全套，后入藏清宫，由故宫博物院递藏的懋勤殿本和"上博"藏潘祖纯跋本；第五是"上图""国博""上博"和香港中文大学文物馆藏或全帙或零散相传刊刻于南宋后期的泉州本。泉州本许是刻于国运衰微又远离偏安都城杭州的海滨贸易商都泉州，虽底本精良，但刻工拙劣，因而差错舛误难免。而明代翻刻《阁帖》，以肃藩王翻刻于兰州的肃府本最得各宋刻本精髓，这无疑跟明肃藩王具备收藏多种传世善本《阁帖》的优厚条件有关，加之得吴门良工温如玉、张应召助一臂之力，前后历时七年才完工，因而成为明代上佳的《阁帖》翻刻本。

遥想十多年前，汪庆正先生为北宋《淳化阁帖》最善本回归呕心沥血在先，翁万戈先生则为其家藏南宋孤本《淳熙阁帖》修内司本回归慷慨无私随后。如今两先生先后回归天国，特别2021年系汪先生九十冥诞，故谨以这篇粗浅研究心得，聊寄在下对两位前辈学者无尽缅怀之情，同时也希望重新唤起帖学界对《淳熙阁帖》的瞩目、兴趣与重视！

再论上海博物馆藏南宋"修内司本"《淳熙阁帖》

一、引言

南宋御命刊刻"修内司本"《淳熙阁帖》，系美国知名华裔收藏家翁万戈先生（1918—2020）旧藏，2004年价让上海博物馆，是具有典型南宋皇家血统面貌的唯一传世善本《阁帖》。2020年底，为轸念翁丈以百又四岁高龄仙逝，兼以缅怀其慷慨无私向上海博物馆捐赠书画文物等的高谊隆情，笔者曾于《书法研究》第4期和澎湃新闻《古代艺术》专栏，分别发表《上海博物馆藏〈淳熙阁帖〉"修内司本"探析——兼论〈淳化阁帖〉"泉州本"与"肃府本"》[1]和《关于翁氏旧藏孤本南宋修内司刻〈淳熙阁帖〉》[2]，就该南宋淳熙十二年（1185）二月十五日修内司奉旨摹勒上石[3]的《阁帖》珍本予以推介。欣闻2023年金秋，故宫博物院将举办"宋拓视野：碑帖珍本的鉴藏、审美与传播"学术研讨会，同时也为纪念清代对包括"修内司本"《阁帖》等深有研究的北京大兴籍著名金石学家翁方纲（1733—1818）二百九十周年诞辰，笔者谨就该问世于南宋皇都的《淳熙阁帖》探索未竟议题再作补充如下。

二、北南宋"修内司"职能分工与南宋"修内司本""修内司刻"

"修内司"为宋代政治体制中执掌朝廷内部事务的一个官署单位。关于"修内司"的起始、职能等，元代史学家脱脱《宋史》卷一百六十五《职官志》第一百一十八《职官五·将作监》载："修内司，掌宫城、太庙缮修之事。"清代浙江嘉兴人周城约雍正九年（1731）撰《宋东京考》卷三载同。它向人们表明：北宋定都开封后，就曾设立过这样一个从属于"将作监"

[1] 《书法研究》2020年第4期，第62—86页。
[2] 澎湃新闻网·古代艺术，2021年2月3日。
[3] 南宋"修内司本"《淳熙阁帖》尾款，刻有别于北宋《淳化阁帖》篆书"淳化三年壬辰岁十一／月六日奉／圣旨模勒上石"的楷书结款题记："淳熙十二年乙巳岁二月／十五日修内司恭奉／圣旨摹勒上石"字样。明项元汴《蕉窗九录》之《淳熙修内本》载："卷帙、规模同阁本，而卷尾题字，乃楷书，非篆书也。"清倪涛《六艺之一录》卷一百三十四《淳熙修内本》载："淳熙间，奉旨刻石禁中。卷帙、规模，悉同淳化阁本，而卷尾乃楷书题云：淳熙十二年乙巳岁二月十五日，修内司恭奉圣旨模勒上石。"

下的皇宫工程建筑部门。南宋名臣、学者、宋太宗八世孙赵汝愚（1140—1196）汇编《国朝诸臣奏议》卷一百二十八《方域门》中，北宋官吏、宰相吕端的嫡孙吕海（1014—1071）奏折《上英宗论修内司乞添文臣一员》可证，文曰："修内司，自来系中官二人管干。伏乞减省一员，以武官代之，仍添文官一员，委自三司，保举所贵拘辖官物，不致枉有费用，实为利便。治平二年（1065）上。"

宋室南渡后，"修内司"职掌范围有所扩大，举凡皇家御用文房器具等，也纳入其负责监制督造权限；特别是皇家御用书籍、刻帖的雕版工作等，往往多付诸"修内司"督办制作。南宋藏书、目录学家陈振孙（1179—约1261）著《直斋书录解题》卷十三《绍兴校定本草》二十二卷载："医官王继先（1098—1181）等奉诏撰，绍兴二十九年（1159）上之，刻板修内司，每药为数语，辩说浅俚，无高论。"这反映出南宋时期甚至连皇家需要了解通俗易懂的草药知识，也曾通过信任的"修内司"去秘密制版印刷。由建炎（1127—1130）初以医术得幸，后逐渐贵宠，乃至奸黠善佞、姻党盘踞要津，[4]世称"王医师"的开封籍御医王继先撰著的科普读物以供御览，估计印刷数量极其有限；如若传之今日，势必属于善本古籍无疑。[5]南宋知名文学家，书画鉴赏、鉴藏家周密（1232—1298）著《齐东野语》卷十《混成集》所载略同："《混成集》，修内司所刊本，巨帙百余，古今歌词之谱，靡不备具。"

又，南宋中期词臣领袖周必大（1126—1204）《文忠集》卷一百四《淳熙五年选德殿记》曰："此记，淳熙戊戌（五年，1178）闰六月十四日，进呈于倚桂殿。至九月五日，上遣中使李裕文，携至所居，宣旨令写进，欲刻之石。盖留禁中八十日，往往粘置屏间，其迹尚存，臣某谨记。寻命修内司石工张隽刻石，[6]十一月十日立于殿上。"此记透露出淳熙初年"修内司"官署中，果然配备有制作碑石而写刻手法应属一流的刻工张隽。[7]南宋学者王应麟（1223—1296）《玉海》卷第九十六郊祀所记内容略同："淳熙六年

---

[4]　《中国历史大辞典·宋史卷》，上海辞书出版社，1984年12月，第55页。

[5]　（宋）王继先校定《证类本草》，即《绍兴本草》卅一卷，今仅日本有传抄残本。

[6]　此淳熙五年（1178）修内司石工张隽，是否镌刻淳熙十二年（1185）《阁帖》的石工？抑或更是绍兴十一年（1141）奉命镌刻"国子监本"《阁帖》的石工之一张通后裔？均存疑待考。

[7]　（清）瞿镛《铁琴铜剑楼藏书目录》卷十九集部一《朱庆余诗集》一卷宋刊本载："此南宋书棚本，卷末有临安府睦亲坊陈宅经籍铺印一。"注："卷首有'张隽之印'字、'文通季振宜藏书''乾学徐健庵'诸朱记……"此同名张隽不知是否即石工张隽。

（1179）七月二十八日，御书'明堂''明堂之门'六字，并嗣天子臣御名恭书六字，令修内司制碑。"[8]元浮云山圣寿万年宫道士赵道一（生卒年不详）修撰《历世真仙体道通鉴》续编卷五所记亦然："嘉泰四年（1204），宁皇亲洒'钦天瑞庆之宫'六字，敕修内司锓梓，改'观'为'宫'，赐赉骈渥。"

而既然本文论述主体冠名为"修内司本"《淳熙阁帖》，从字面咬文嚼字理解，顾名思义，南宋内勤官署"修内司"，是一个不对整个封建官僚体制负责，而只向其至高无上的核心——"上"服务，即保证宫廷内苑暨皇室"内部"后勤保障供给、供养的特殊专制权力机构，因此，"修内司本"《阁帖》，则是"修内司"于淳熙十二年领旨制作的一部专属于皇家内部使用、传阅、鉴赏的刻帖。并且从已知"绍兴国子监本""文澜阁本"[9]、"泉州本"这三种传世明确为南宋刻拓《淳化阁帖》，均存在复本和后世翻刻本情况考察，《淳熙阁帖》于坊间绝无量化流传，[10]更无复本、翻本见诸著录，其珍稀神秘程度、高度可想而知，不言而喻，它显然是由其出自服务于较之科举、教化体系和目的的"国子监本"等更为机要的特供单位——"修内司"的特殊性与专属性所决定的。

由于刻之内府，深藏若虚，严格保密，拓制又极受限控，从未流散出范围宫墙范围，因而世间多只闻其名而无缘一睹颜色，或多猜测成分而不得要领，不明真相就里，这自然根本不存在翻刻、仿刻本可能性了。因为私下伪造皇家御用品，不光会被追究刑事责任；鉴于拓制数量被严格控制，也绝不存在对外泄露渠道。纵然重赏之下有匹夫之勇好事者蠢蠢欲动，怕也以无参考物作为伪仿道具而一筹莫展，无济于事，无从轻举妄动。总之，评价该传世硕果仅存南宋孤本"修内司本"《淳熙阁帖》价值连城，委实一点也不过分！

---

[8] （元）马端临《文献通考》卷七十五《郊社考八》载："御书'明堂''明堂之门'六字，并嗣天子臣御名恭书七字，令修内司制造牌二面。将来明堂大礼，其明堂牌，于行礼殿上安挂；其明堂之门牌，于行礼殿西门新置便门上安挂。"

[9] 即浙江省图书馆"文澜阁"再现南宋帖石体系传本，简称"文澜阁本"，也即故宫博物院藏南宋刻拓"懋勤殿本"《阁帖》和上海博物馆许氏旧藏明潘祖纯题跋本《阁帖》。参看施安昌《浙江图书馆藏宋刻〈淳化阁帖〉石考》《淳化阁帖懋勤殿本、潘祖纯本和孤山阁帖相关资料辑注》，《善本碑帖论稿》，上海书画出版社，2017年6月第2次印刷，第81—105页。

[10] 南宋后期帖学家曾宏父《石刻铺叙》卷下："惟修内司新翻阁之前帖（即《淳熙阁帖》）暨续刊后帖，及长沙、清江、武冈、武陵四郡所存之本，世可得也。"同时帖学家曹士冕《法帖谱系》之《谱系杂说上》《淳熙修内司本》道及《淳熙阁帖》尾款特征。元学者陶宗仪《书史会要》卷九《古学法》援引元代学者陈绎曾观点"武冈、修内司、福州诸帖，皆有可观"云云，似乎意味着南宋后期直到元代中期，修内司本《淳熙阁帖》尚有途径可致。

鉴于南宋"修内司"职权扩张，滋生腐败，为迎奉皇家意愿往往不惜工本精工细作；对民间则有恃无恐，巧取豪夺盘剥，从而酿成极大民怨。宋末元初理学家黄震（1213—1280）《黄氏日钞·卷九十六行状》曾借着《安抚显谟少卿孙公行状》，紧急呼吁南宋度宗设法阻止"修内司"恶行霸道以平息民愤："而民困修内司夺田伐木，控持讼诉，无问法理；而民困私欲薰染，所在贪官暴吏，以推剥为常；而民困斯民习见盗贼之行，怨入骨髓，而有司之势，尚足以刀锯斧钺之，则俯首以待；卒有变故，谁为国家出死力哉？亟虑而亟图之，是在陛下，又奏祖宗……"南宋末年爱国忠臣文天祥（1236—1283）《文山先生全集》卷之三《文集·己未上皇帝书》又为文劝谏："陛下神明，英武之德，则必不妄籍民财，以入修内司；必不豪夺民产，以实御庄；必不谐价西园，以布中外贪酣之宠；必不交通南牙，以开朝廷污浊之门。"也属于揭露、控诉和历数"修内司"为非作歹、欺压百姓、贪赃枉法而希望加强整治的逆耳忠言。

至于清初重臣纳兰明珠次子纳兰揆叙（1674—1717）《隙光亭杂识》卷二载："南渡后，惟《修内司帖》最精。贾平章（即贾似道，1213—1275）沉酣湖山，廖莹中（？—1275）辈逢迎蛊惑，遂亡其国，固非君子所取。若其翻刻阁帖，则精妙不可言，而不知出于兹帖，功独多也。"他认为"修内司本"《淳熙阁帖》出于奸臣贾似道及其死党廖莹中一手所为，目前除了帖间确见有钤押贾似道屈脚"长"字印外，无确凿证据表明此帖系他俩共同领衔主持开发的。其实，《淳熙阁帖》上石之时，贾似道、廖莹中尚未呱呱坠地，自无缘与此相关。所以，相关结论有待再推敲。

三、"修内司本"《淳熙阁帖》特征与元钱唐鉴藏家王芝的承宋启明引领作用

关于"修内司本"《淳熙阁帖》的最早记录，始见于南宋末年曹士冕（生卒年不详）的《法帖谱系·杂说上·淳熙修内司本》。

这说明当初注重南宋法帖研究的帖学家曹士冕[11]可能间接了解到"修内司本"《淳熙阁帖》信息，因而作为有心人将它记录在案。只不过限于该帖刻于皇家内苑，收藏并非普通官吏能得手，等闲之辈多不识庐山真面目。达官贵

---

[11] 曹士冕，字端可，号陶斋，南宋后期由幕僚仕至州郡。参看昌彼得等编著《宋人传记资料索引》（第三册），鼎文书局，1978年12月，第2205页。

胄或皇亲国戚则秘不示人，鉴赏观览绝非易事。因此，他掌握的资料也很有限，《法帖谱系》仅录名载款，如此而已，并未就此一一展开详尽铺陈。

南宋后期另一位帖学家曾宏父（生卒年不详），于淳祐八年（1248）著《石刻铺叙》卷下《淳熙秘阁前帖》表述情况大抵相同："十卷，即淳化秘阁前帖翻本。十二年乙巳二月，修内司被旨翻刊。首卷仿佛犹存古本淳化岁月，后乃磨去。"同卷下另有题记曰："太宗削平僭伪，四方图籍，悉输御府；江南文物，素盛藏蓄，前代遗墨虽富，然杂以仿帖。淳化三年（992），诏侍书王著，编次为十

图1　北宋刻拓《淳化阁帖》最善本尾款

卷，刻之石。既藏禁中，非命赐近臣，无自印拓。……南渡续《阁帖》，虽与前帖同，镌于淳熙十二年，却皆续得唐朝遗墨，与诸帖亦异。《群玉堂帖》则前代与本朝遗墨相杂；《凤墅帖》则尽本朝书翰。今阁日本前后帖，暨《汝》与《绛》，沦隔敌境；《庐陵帖》又散坠遗失，不复可得。惟修内司新翻阁之前帖，暨续刊后帖，及长沙、清江、武冈、武陵四郡所存之本，世可得也。"

尽管曹、曾两位南宋帖学家就"修内司本"记述点到为止，并未进一步校帖细述，或如后者著述冠名般"铺叙"具体而微特征，但就鉴别《淳熙阁帖》业已划定出一个初步目鉴标准，即唯十卷尾款均为楷书题作"淳熙十二年乙巳岁二月十五日修内司恭奉圣旨模勒上石"者，方入真正"修内司本"《淳熙阁帖》门槛。并且此举相当于系继北宋淳化三年内府刊刻《淳化阁帖》之后，唯一明确为南宋淳熙年间"修内司"奉旨摹勒上石的南宋御刻《淳熙阁帖》，断非"绍兴国子监本"等其他南宋官方机构刻本，或"文澜阁本"等南宋私家摹刻本，依然遵照北宋祖刻《淳化阁帖》款式面目而一脉相袭。（图1）今上海博物馆翁氏旧藏本，每卷尾款与上述特征完全吻合而纤

图2　南宋修内司刻拓《淳熙阁帖》尾款暨明清文徵明、邵弥、华云等印鉴

毫不爽（图2），完全有理由相信的确符合宋人反复强调"修内司本"《淳熙阁帖》的基本要点而的真无疑。

　　此外，当然还别有更为深入的其他鉴定选择途径可视作旁证加以佐证；但这有赖于目睹乃至认真细致谛审此帖，甚至长期以此跟其他版本进行严格比对探讨者，方能总结归纳出相关鉴证征候。从本帖间南宋末年贾似道、元代初期王芝和明中期文徵明、华云，明晚期邵弥等留存鉴藏印记，尤其南宋奸相贾似道钤押"封"字鉴藏印[12]时代性认证分析（图3），该帖刊刻真实性已然由原先仅见于南宋帖学家文本载录表述的虚无性，充分上升到拓本实物与同时代人鉴藏见证双重印证的无懈可击的高度。换言之，种种迹象汇集，

[12]　关于南宋贾似道鉴藏印该释为"封"还是"长"字，参看赵利光《南宋贾似道"封"字鉴藏印考索》，《书法》2015年第8期，第148—150页。

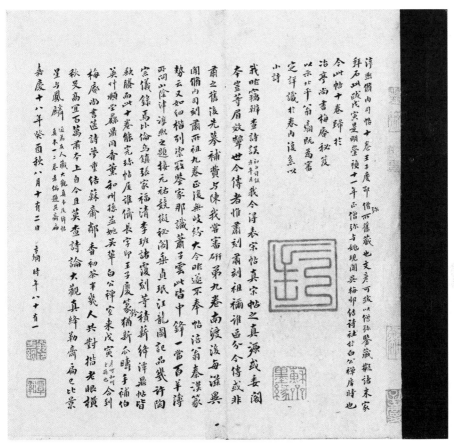

图3 南宋贾似道、元王芝印鉴并清翁方纲跋

分明证实翁氏旧藏"修内司本"，完全具备出自南宋中期淳熙年间御刻本的真切性。同时也反映出生于"修内司本"《淳熙阁帖》刊刻近卅年后的嘉定六年（1213），于官场善于投机钻营并挖空心思网罗天下善本碑帖的奸相贾似道，最初也未必获赐该"修内司本"初拓本；觊觎良久的他无非是在该本问世八十年前后，即自己死于非命前十年左右，因元兵大举压境兵荒马乱国事岌岌可危的局势之下，乘朝局动荡、皇室俨若惊弓之鸟而管理混乱之际，才胆敢以权谋私，勾结、伙同"修内司"或内府作奸犯科者私相授受盗取窃得、攫为己有的。

按"修内司本"《淳熙阁帖》刻拓背景与传承程度局限情形估计，其刻制依照"修内司"提取宫廷内府深藏北宋祖传善本《淳化阁帖》为底本上石摹勒的帖石，或许一如浙江省图书馆"文澜阁本"南宋刊刻《淳化阁帖》尚现存帖石同理，依然掩映藏身于杭州凤凰山南麓与当初"大内"一墙之隔的内司东库、内司南库；或者"修内司"官署所在地如"大内"东北"修内司营"的某碑刻制作工场遗址[13]也未可知。有鉴于这种可能性相当之大之高，非常期待文物部门进一步引经据典，按图索骥，根据南宋皇室文献提供的蛛丝马迹线索开展文物调查；同时也鼓励文史爱好者访古揽胜之余寻寻觅觅，重大考古新发现破土而出，水落石出也许近在眼前，值得人们翘首以待！[14]

　　"修内司本"《淳熙阁帖》递传至元代，几只见记录名目而已完全不见藏家推介。元末书画学问家陶宗仪（1329—1412）《南村辍耕录》卷之十五曰："《淳化阁帖》，非精于鉴赏者，莫能辨其真伪；非博于讨论者，不可得其源流。"但谈及"修内司本"仅一语带过道："又有淳熙修内司本、北方印成本、乌镇张氏、福清李氏本，若此之类，大抵皆法帖一再之翻摹，殊失笔意，无足观者。"估计他也未必有眼福真正领略过此"修内司本"《淳熙阁帖》。同样，元初大书画家赵孟頫（1254—1322）《阁帖跋》虽然也洋洋洒洒道："自太宗刻此帖（《淳化阁帖》），转相传刻，遂遍天下，有二王府帖、大观太清楼帖、绍兴监帖、淳熙修内司帖、临江戏鱼堂帖、利州帖卷……又数十家，不可悉记……要皆本此帖，书法之不丧，此帖之泽也。因予记得帖之由，遂撮其本末，著于篇。"但他是否鉴赏过"修内司本"也无明确答案。[15]

　　不过，需要指出的是，元朝有一名身份地位或许不及上述陶、赵两位艺术家，却因目力如炬而与赵等文人雅士多有交往[16]的古书画装裱名匠，非但鉴赏过本"修内司本"《淳熙阁帖》，甚至还在其上钤有鉴藏印鉴，他就是至大（1308—1311）初去世，表字子庆、别号井西的钱塘人王芝。[17]清朝中期碑帖鉴定翘楚翁方纲，在其《复初斋文集》卷二十九作《跋淳熙修内司帖》，重点着墨隆重推介本帖的同时，就特地指出其上除了有南宋奸相贾似

[13]　（南宋）（《咸淳》临安志）卷十四《行在所录》载："修内司营，在孝仁坊内石头桥、万松岭、铁冶岭、榷货务东。修内司纲兵营，在平籴仓北、天水院桥东。"

[14]　南宋理宗绍定年间在世的文人雅士赵希鹄著《洞天清录》之《古今石刻辨》曰："高宗圣学天成，奎文焕发，肆笔成书，垂法万世。寿皇重规叠矩，宸画尤妙，两朝访遗书，多得晋唐旧迹。至淳熙间，奉旨以御府珍储，模勒入石，名《淳熙秘阁续帖》，置秘书省。宝庆火灾，其石不存。"由此表明《淳熙秘阁续帖》载体已于南宋宝庆年间因火灾而毁灭无存。

[15]　（元）汤垕《画鉴》之《唐画》载："王芝子庆家收阎立本画西域图，为唐画第一，赵集贤子昂题其后……"似乎表明赵孟頫跟王芝曾有交往。

[16]　（元）赵孟頫《松雪斋文集》卷五《次韵子敬怀王子子庆往吴中（自注：王力购晋帖）》《题王子庆所藏大年墨雁》《送王子庆沿檄浙东收郡县图籍》。元初文人墨客结交王之庆遗留唱酬诗文甚夥，不及一一。

[17]　王德毅等编著《元人传记资料索引》第一册，台湾新文丰出版公司，1979年11月，第91页。

道印外，还有这位断非等闲好事之徒的特殊人物"王芝子庆"印鉴。

淳熙《修内司帖》十卷。《淳化阁法帖》，宋时翻刻非一。此则其翻自官刊者也，每卷末楷书三行书：淳熙十二年乙巳岁二月十五日，修内司恭奉圣旨摹勒上石。曾宏父《石刻铺叙》、曹士冕《法帖谱系》并同。而近时查初白诗，乃执所见伪本作九月，以执正之。不思此乃淳熙秘阁之前帖，其《淳熙秘阁续帖》刻于三月，岂有前帖转在九月者？此必伪作者妄写年月，而初白弗考耳。初白又援汪逵语，谓详见《辍耕录》，不知《辍耕录》汪逵语是通论《淳化阁帖》，非专论《修内司帖》也。而陶宗仪以《修内司帖》与乌镇张氏、福清李氏诸本并论，则此帖虽官刊之翻本，而实非淳化原刻之比，明矣。又，近日王箬林《阁帖考正》于唐太宗书《八柱承天帖》川岳下灵之字，援《修内司帖》有下一波画，不知《修内司帖》是翻刻之本，非考定之本，其于淳化原刻，未尝有所增损，箬林所见修内司者，亦非其真也。此十卷，是邵僧弥藏本，有无锡华云、长洲文从简跋；有贾似道"长"字印，王芝子庆印；纸墨亦出宋拓无可疑者。然此本，实与明肃藩所刻相同，惟第九卷出入较多。则以肃刻第九卷之别是一本耳。详校此十卷，然后知淳化阁原本，黄长睿以为疏拙者，实亦非《大观（帖）》之重加订正者比矣。而此内亦间或有一二处，足与《大观》真本相资核证者。盖其所自出之本，即是肃刻所自出之本，而此刻丰腴古厚十倍胜之。则南宋刻工与明朝刻工，悬绝可知也。且又因以见肃刻本之可信，然而肃刻虽远逊此，抑又尚有一二笔胜此者，善鉴者其可忽诸。

关于王芝子庆的裱工身份，笔者最初援引自现代美术教育家潘天寿先生（1897—1971）著《中国绘画史》第四章《元代之绘画》：

元崛起漠北，以武力入主中原，自不知文艺为何物，故内府之收藏鉴别，远不如唐宋之淹博；亦无画录记载，以为流传。唯大德四年（1300），藏于秘书监之画，选其佳者，驰驿杭州，命裱工王芝，呈以古玉象牙为轴，以鸾鹊木锦天碧绫为装裱，并精制漆匣，藏于秘书库，计有画幅六百四十六件。[18]

验之元初文献学家王士点（？—1359）《秘书监志》卷三《工匠》，果然。

大德五年（1301）八月初六日，秘书监据知书画支分裱褙人王芝呈：近蒙都省钦奉圣旨裱褙书画，差官前到杭州，取发芝并匠人陆德祥等共五名，

---

[18] 潘天寿《中国绘画史》第四章《元代之绘画》，商务印书馆，1926年9月初版，第136—137页。

驰驿前来秘书监，裱褙书画勾当。所据芝等夏衣，已蒙关支所有；冬衣合行开坐，具呈乞赐，依例放支。总计五名，知书画支分裱褙人一名：王芝。裱褙匠三名：陆德祥、冯斌、尤诚。接手从人一名：陈德。

不但如此，从被称为"东南文章大家"的宋末元初文学家戴表元（1244—1310）《剡源集》卷十三《送王子庆序》的"钱塘王子庆多闻而博览，以公卿之荐，乘轺诣郡，遂将汗竹群玉之堂，雌黄五云之阁，平生知交，贺饯满道，余为备古今难逢之会以劝之。"赵孟頫《松雪斋集》卷五《送王子庆沿檄浙东收郡县图籍》诗的"木落江南天地秋，西风吹子过东州。试开图籍寻佳处，便命舟车作胜游。""爱古探奇亦可怜，锦囊玉轴不论钱。拟须跋马江头路，日日望君书画船。"以及宋末元初周密《云烟过眼录》卷一《王子庆号所藏》，《志雅堂杂钞》卷上《图画碑帖》《宝器》、卷下《图画碑帖》诸多揭秘、著录来看，王子庆不光是一个手上功夫了得的装裱名师，还是一位鉴定眼光犀利独到的文物鉴赏家。他凭借眼力珍藏的至宝重器不胜枚举，因而博得宋末元初不少书画大家青睐赏识而愿与之游。由此判断王子庆在公私兼顾的搜访民间书画期间，意外收获，继而递藏贾似道失势后流散到社会上的"修内司本"《淳熙阁帖》，把玩鉴赏、钤印，甚至透露给赵孟頫鉴赏，就完全存在这种可能性了。所以，今"修内司本"《淳熙阁帖》上王子庆区区不足六字钤印背后，恐怕蕴藏着宋末元初诸多相当耐人寻味而石破天惊般的连环鉴藏、鉴赏故事。这里姑且按下不考不表，留待今后分解吧！

四、清碑帖金石学泰斗翁方纲就递藏有绪"修内司本"《淳熙阁帖》不吝好评

已知"修内司本"《淳熙阁帖》，于明代出现在环太湖地区经济实力雄厚、文化艺术鼎盛的苏锡等地江南书画碑帖收藏家譬如"（书画）明四家""吴中四才子"之一文徵明（1470—1559）、嘉靖廿年（1541）进士华云（1488—1560）等视野中，此有其题跋、印鉴为证，不赘。到明末清初，这部重要《阁帖》改由人称"画中九友"之一的吴门隐逸书画家邵弥（生卒年不详）收藏。邵工诗文而善书法，性迂僻而不谐俗，加之英年早逝，因而对于他居然私下奉藏着这么重要名贵的法帖剧迹，显然知者甚鲜，以致时人无动于衷，几乎根本未予记录。况且当时坊间仿佛陆续开始出现以上翁方

纲提及的伪刻本尝试，可普通人就《淳化阁帖》版本系统梳理，多以其错综复杂，剪不断理还乱遂望而生畏，多所不别，自然不敢轻易论断，唯恐腾笑于方家而谬种流传。更何况稍后另一位诗坛名家、"清初六家"之一查慎行（1650—1727，别称初白先生），对自己有幸入藏伪本所谓"修内司本"《淳熙阁帖》虽有所觉察却依旧固执己见，不依不饶，乃至大张旗鼓赋诗歌咏并作题跋将错就错云：

> 淳化祖帖绝难得，南渡摹勒传淳熙。其详载在《辍耕录》，官本旧推"修内司"。临江太媚绛潭瘦，字体特取丰而肥（宋汪逵《阁帖辨记》云：其字精明而丰腴，比诸刻为肥）。曾经翻刻凡几手，亥豕帝虎辨者谁。形模粗具木偶尔，神理了不关须眉。近来此本亦不易，世代渐远宋拓稀。《大观》之后此其亚，仅与《阁帖》争毫□。有如虞夏祖颛顼，要是嫡派非横枝。昨从庙中见且骇，尤物乃落驵侩儿。装褙仍用球路锦，十卷首尾完无亏。叩之高索钱五万，而我囊乏三钱锥。少需便恐被豪夺，一计猛出居巢奇。乌驴克货价相直，快挟墨宝徒行归。入门嬛妇告米罄，一笑那顾朝来饥。明窗小几风日亮，尘垢不敢侵吾帏。古香透纸辟蟫蠹，元气入骨腾蛟螭。熊熊异光黑点漆，滑滑腻理肤凝脂。试临只愁鬼掣腕，旁睨幸免食朵颐。嗟嗟世俗惯传误，目所未睹公谩欺。曹家谱系格古论，岁月舛缪余可知。
>
> 曹士冕《法帖谱系》云：淳熙十二年乙巳二月十五日摹勒上石。曹昭《格古要论》云：淳熙二年乙巳岁二月十五日修内司摹刻上石。[19]按今拓本乃十二年乙巳九月十一日，当以拓本为正。偶凭一端为驳证，食古以耳皆如斯。[20]

殊不知，<u>查慎行引以为自得而其实显示为错误红色验证码的款识"十二年乙巳九月十一日"拓本，恰好是为今帖学界普遍达成共识公认的伪本</u>；因此，以上查氏的载歌题咏，实则空欢喜一场，邵弥藏本在清代依旧被视为真正传世稀罕的南宋"修内司本"《淳熙阁帖》。就此，查氏之后清代乾隆、嘉庆年间金石学鼎盛时期就碑帖鉴定、鉴别几有一言九鼎望重威信的翁方纲，就当时已由邵弥转而为漕运和两江总督的"清代四大书法家"之一铁保（1752—1824，字冶亭，号梅庵）接手纳入囊中带往北国的该"修内司本"《淳熙阁帖》（图4），继上述其《复初斋文集》卷二十九作《跋淳熙修内司帖》之余，又作金石诗《冶亭札来属为详考〈修内司帖〉因书初白诗后》，

---

[19]　（明）曹昭《新增格古要论》将"淳熙十二年"作"淳熙二年"疑似笔误所致，或刊刻遗漏"十"字所致。

[20]　（清）查慎行《敬业堂诗集》卷三十九《自题淳熙修内司官帖后》。

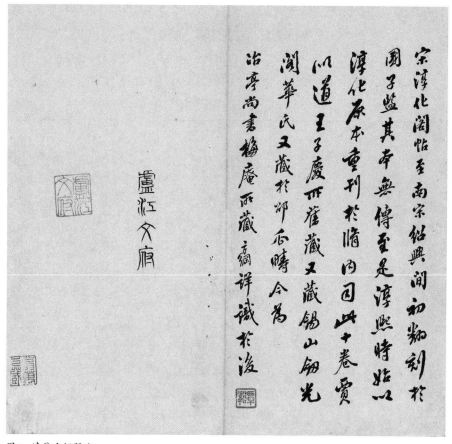

图4　清翁方纲题跋

再度跟恐怕早墓木已拱的查慎行隔空叫起板，唱起对台戏来；同时充分肯定铁保接续递藏自宋以降传承有绪的"乙巳二月"款"修内司本"《淳熙阁帖》道：

　　淳熙官帖覆淳化，前后刻皆乙巳春。松南南村盎底录，何如凤墅能鉴真。《秘阁》续余复有续，得共羊薄江东论。我宝兰亭与乐毅，元祐迹并元符新。淳熙之续又其次，南渡屡屡追前尘。独其前刻近存古，偶磨月日非赝珉。昨见元常《还示帖》，已嗟疏瘦艰问津。古香漫诩大观亚，己丑又上跻壬辰。梅庵诗老惠我问，初白斋集歌重陈。君藏当压初白笈，九秋月误敢比伦？绛潭而下罕全帙，香光所感几积薪。官合摩挲鉴又跋，期我细楷劳谆谆。何当对床理旧梦，香初茶半邀比邻（自注：冶亭藏帖处，自题曰：茶半香初之室）。肯援三衢汪学士，吴李点漆评□银。自注：淳熙秘阁前帖，在

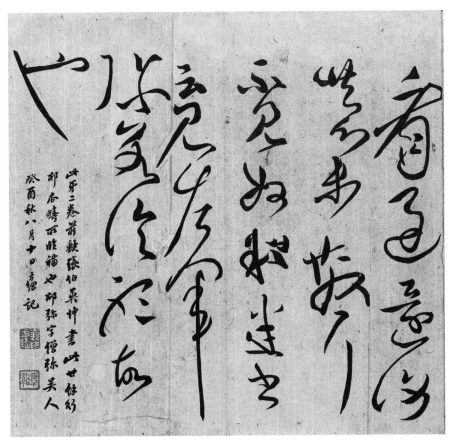

图5　清邵弥临摹补全帖

乙巳二月，即修内司刻也。淳熙续帖，在乙巳三月，即西廊史库本也。初白
诗，乃误作九月，不知其后刻在三月，岂有前帖在九月之理。又，汪逵辨记
一条，亦非《修内司帖》，初白误读《辍耕录》耳。[21]

《复初斋诗集》卷六十二石画轩草九《淳熙修内司帖》又云：

修内司帖邵弥本，补临粗及十卷全。（图5）既殊初白偶失考，亦非箬林
所误传。准以肃州初拓卷，讶似一石同摹然。云林疏拙果善品，研山朴气真
忘筌。绍兴虽有胄监石，银锭楦久非初镌。淳熙甫追枣木刻，旧闻已近二百

---

[21]　（清）翁方纲《复初斋诗集》卷六十二石画轩草五。翁方纲之后清人徐康《前尘梦影录》卷上记述，显然
不曾观摩披览过"修内司本"《阁帖》，他依旧维护查慎行藏本道："淳熙修内司官帖，尾行：淳熙十二年乙
巳九月十一日。初白老人得此帖，有诗见集中。按曹士冕《法帖谱系》云：十二年乙巳二月十五日摹刻上石。
又，曹昭《格古要论》云：二年乙巳岁二月十五日修内司摹刻上石。皆误。"按，明曹昭《新增格古要论》卷
三《宋孝宗淳熙秘阁续帖后增》录漏"十二年"之"十"字，明潘之淙《书法离钩》卷八、清查慎行《敬业堂
诗集》卷三十九、清倪涛《六艺之一录》卷一百四十四《法帖论述十四》等皆误为"淳熙二年"。

年（自注：淳化壬辰至淳熙乙巳，一百九十三年）。尚余开国淳质意，等量屋厔油素笺。兰陵侍中具钟体，梁摹法想官奴沿。独此诸家拓所让，萧斋一字神犹圆。气凌肃摹工什倍，远跂毕赐膏流涎。一波一策怅今古，十步百步劳眼穿。长洲诸孙目论耳，故家门阀乔木椽。明贤学古不考核，但取气格凌星躔。箸林苦泥第九卷，赖此祖本居其前。（自注：肃帖所刻第九卷，别一本也，此足正之）自余摹勒互同异，重儓谁与评差肩。一艺问津艰若此，何况传注承拘牵。取冠吾斋肃帖考，俨若钟律笋簴悬。皱痕惊倒石友拜，净名异气来米颠。（自注：此米家第一石，文从简跋语）

因翁方纲题咏点评"修内司本"《淳熙阁帖》持续多年，几乎一波未平而一波又起，特此将之前拙稿不曾援引诗文移录于此，作为本文续考增订之助。而就之前拙文引用翁方纲论证本"修内司本"《淳熙阁帖》，近乎逐条逐字校勘比对的严谨为学精神，更令晚辈后学如笔者肃然而生敬意。因为值得尊敬的是，正是得益于前辈尊长掌眼考校研讨，做了大量奇帖共赏析的学术先导前置预案工作而嘉惠学林，吾辈后进才得以大树底下好乘凉，对此《阁帖》学术脉络动线走向略知大概而领悟一二。所以，在特别注重讲究鉴定细节方面，我们尤其应当感恩言必有据，锱铢必较的覃溪翁等乾嘉学者，他们才是先知先觉的碑帖金石学研究先驱先行者啊！

更值得重视者，翁方纲不但将此"修内司本"《淳熙阁帖》跟明代"肃府本"《阁帖》详加考证，而且还与今藏上海博物馆宋拓《阁帖》"最善本"予以比对。今附于"最善本"第四卷前他去世前五年的嘉庆十八年（1813）中秋作于笺纸上题记曰：

以冶亭所得"修内司本"校之，此本更见神采，惟萧侍中小楷，逊其圆浑耳。此内萧（思话）、褚、欧帖，皆隐有银锭檩痕（自注：与后人伪作银锭纹迥别），似即曹士冕云：碑工所作"绍兴国子监本"。姑记于此，以俟详考。癸酉中秋。方纲。（钤朱文方印：苏斋）[22]（图6）

诚哉！斯言！由此足证翁丈法眼洞若观火。因为原本清代精鉴金石帖学书法家吴荣光（1773—1843）旧藏"最善本"第四卷，前经上海博物馆汪

---

[22] 参看《中国法帖全集》第1册宋《淳化阁帖》，湖北美术出版社，2002年3月，第5页。清翁方纲《苏斋题跋》《肃府刻〈淳化阁帖〉初拓本（南海叶氏藏帖，凡十册肃府，原跋刻本一册）》载："此第四卷萧子云小楷书《列子》，修内司本圆浑古劲胜口吴荷屋得此卷宋拓〔萧思话帖诸帖、欧阳帖，并隐有银锭檩痕，疑即碑工所作《绍兴国子监帖》〕，而《列子》小楷，拙滞尚不逮此肃刻也。肃刻虽多，失于僵滞犹想见，原本相去不甚远。今以所校，略记于内，规以圆浑，即古拓俨在前矣。"

庆正先生（1931—2005）细致比勘，
业已认定系目前存世仅见《阁贴》北
宋祖刻枣木原拓之一，[23]几与洞察秋
毫翁丈所谓"更见神采"意见一致。
当然，智者千虑，难免一失。翁方纲
以第四卷有银锭纹而研判"最善本"
疑似"绍兴国子监本"则未必尽然。
这显然跟他无缘观摩真正"绍兴国子
监本"有关。倘若有缘有幸将"最善
本"跟真正的"绍兴国子监本"卷
四，从书法、刻工到银锭纹等都做过
认真比对，想必谁也不会说出这样的
外行话来，独具法眼如翁翁更不至于
如此的吧？

　　也因此，以上作为金石学局外
人的清初诗人查慎行，并不了解宋刻
宋拓《阁帖》版本系统的复杂性，不
曾寓目真正"修内司本"《淳熙阁
帖》，就涉足踩雷，被学界普遍认知
的伪款伪本忽悠而一叶障目，形同认
贼作父，却犹固执己见，强词夺理，
贸然判断自我收藏伪帖为善本，所谓

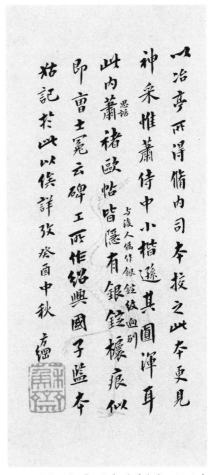

图6　北宋刻拓《阁帖》最善本卷四间附清
翁方纲校帖跋纸

"当以拓本为正，偶凭一端为驳证，食古以耳皆如斯"云云，也就不足为怪
了。可问题是这种见猎心喜，不予举证就妄加揣测，张冠李戴，癫痢头儿子
自家好的粗放表态学风，其实在古人金石学研判时还真屡见不鲜。譬如再
以"修内司本"《阁帖》为例，上海博物馆藏另一部宋刻宋拓传世善本《阁
帖》，即明潘祖纯题跋本，就也曾毫无根据，先入为主，莫名其妙地被明后
期藏家潘祖纯在题跋时指认为"此帖当是修内司本"[24]。总之，凡此种种，
都提醒、警示当今帖学研究者务必严肃细致认真校帖，乃至于逐词逐句咬文

[23]　汪庆正《〈淳化阁帖〉存世最善本考》，《淳化阁帖"最善本"》，上海书画出版社，2003年8月。
[24]　上海博物馆藏南宋刻拓《阁帖》间明潘祖纯万历三十四年（1606年）六月题跋。

嚼字，直至一笔一画，锱铢必较的重要性和必要性。而随着善本《阁帖》收归国有并高质量出版，蛛丝马迹透视纤毫不爽，无从回避，《阁帖》谱系彻底理顺理清的日子，已为期不远了。

五、结语

传世宋刻宋拓《淳化阁帖》乃帖学研究重要文物，海内外传本有限几屈指可数。而上海博物馆系为数不多，甚至可以说是海内外庋藏北南宋刻拓《淳化阁帖》数量最多的重镇。此间不仅有廿几年前的2003年海归北宋皇家祖刻"最善本"（卷四、卷六、卷七、卷八）共四卷，而且还有南宋"文澜阁本"系十卷本，其他零散宋拓残本两种。特别是本文集中研究论证的南宋皇家御刻"修内司本"《淳熙阁帖》十卷本，帖学界久闻其名而不知其详，尤因其向未公之于众，故多不知其归宿何在。真所谓神龙见首不见尾。

承蒙富有爱国热忱与情怀的晚清著名学人翁同龢（1830—1904）嗣裔，同样知名的鉴藏家翁万戈先生慷慨出让该唯一具备南宋皇家血统而硕果仅存的善本、孤本《阁帖》，海归江南之上海博物馆近廿年。此可谓：前清校帖幸亏翁方纲费神，当代奉帖荷蒙翁万戈承让。值《淳化阁帖》刊刻1030周年之际，笔者特此把该刊刻于南宋皇都临安，同样不失北宋汴京祖刻本神采而一脉相承的御刻《阁帖》，再度鹦鹉学舌，补充转述推介给大家，但愿能够重新唤起金石学术界对它的瞩目、兴趣与关注！这真是：学术论争转头空。《阁帖》今犹存，几度夕照红。一壶香片故宫逢。金石多少事，俱付研讨中。

南宋《姑孰帖》刻拓研索补苴

一、南宋刻《姑孰帖》清残拓本大体概貌

"姑孰"乃今皖东南马鞍山古称，故《姑孰帖》顾名思义是一部跟马鞍山相关的古代刻帖。不过，因《姑孰帖》全帖历来未见有详尽帖目著录，今存拓本几乎都只有卷第三北宋书画家苏轼（1037—1101），和卷第八、卷第九南宋诗人陆游（1125—1210），以及不明卷次北宋诗人苏舜钦（1008—1048）共三家诗文刻帖，由此表明后世捶拓时亦仅剩此三家帖石了。所以今存《姑孰帖》拓本应当是一部残剩刻帖的真实写照，而非其整体全貌可知。

紧接苏舜钦七言残诗后有刻跋曰："子美，天下士也；文章字画，百世不朽。予来当涂（今属马鞍山），于连蓬州处见此诗，把玩不能去手，因摹刻郡州，与好事者共之。淳熙戊戌（五年，1178）仲秋旦日代郡杨俊题。"而在苏轼诗文后同样有刻跋曰："右东坡先生所书诗文十篇，鄱阳洪迈得之，淳熙十六年（1189）刻石于当涂郡斋。十二月十一日识。"陆游诗后则无跋文。据此我们判断《姑孰帖》最初本来面目，可能跟南宋著有《石刻铺叙》的曾宏父历时七年，于嘉熙（1237—1240）、淳祐（1241—1252）年间汇刻两宋名贤墨迹的《凤墅帖》体例大体相当，同为南宋淳熙（1174—1189）年间学者杨俊（？—1181）和洪迈（1123—1202）等人，先后集刻于当涂的一部汇帖。

关于此刻帖帖石损佚情况向来语焉不详，唯民国年间苏北铜山籍帖学家张伯英（1871—1949）[1]，在为其"小来禽馆"藏《姑孰帖》（即今《中国法帖全集》12故宫博物院藏《姑孰帖》）拓本作题跋时，提到了"乾隆时残石犹存，而墨本不恒见"，说明乾隆年间即使拓本也很稀有，因为"不全之石，不为世重，碑匠不之顾"。不过，张伯英还是认为："岂知宋人佳刻，虽残可贵，视近世足拓为远胜耶！"可见他对于《姑孰帖》的评价还是很高的。

清乾隆年间金石学家钱大昕（1728—1804），至少是得到过乾隆年间

---

[1] 张伯英生卒年有两说，一为（1871—1949），见《点校〈张伯英碑帖论稿〉记文》，载《张伯英碑帖论稿·释文卷》，河北教育出版社，2007年1月，第370页。另一为（1869—1934在世），载陈玉堂编著《中国近现代人物名号大辞典》，浙江古籍出版社，1996年5月第2次印刷，第446页。

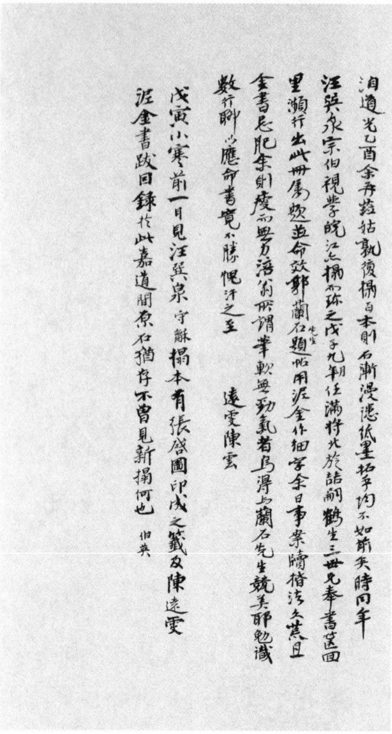

图1　故宫博物院藏张伯英"小来禽馆本"《姑孰帖》后民国廿七年（1938）张伯英题跋

《姑孰帖》拓本的，因此他作《潜研堂金石文跋尾》十七曰："右《姑孰帖》。宋人所刻，石已散亡，今存太平府学（今属马鞍山）者，惟卷第三、第八、第九数石而已。第三为东坡先生书，洪容斋所刻。其跋云：'东坡先生所书诗文十篇，迈得之，刻于当涂郡斋。'今合计诗、偈、表、词止六篇，则已失其四矣。第八、第九皆放翁书，而第八卷首题云'放翁先生帖三'，第九卷首题云'放翁先生帖四'。可知放翁之帖，散佚更多，即其存者亦多不全，竟未审何人所刻。又有一石，乃苏子美书，淳熙戊戌（五年，1178），知州杨俊刻，前半亦阙，不知其卷第也。俊和王沂中之子王十朋绍兴二十七年（1157）榜进士，见《咸淳临安志》。"钱大昕题跋道及其所见《姑孰帖》面貌，与今存《姑孰帖》拓本几无二致，从中反映《姑孰帖》从整体帖石到个人刻帖的残缺现象由来已久。

另据故宫博物院藏张伯英"小来禽馆本"《姑孰帖》，紧接张伯英以上题跋后其书录清代张启图和陈远雯两段题跋分别曰："嘉庆二十四年（1819），当涂邑人重修郡学，搜寻碑刻，宝藏诸尊经阁东西壁。"[2]"余幼时见此帖，心窃爱之。嘉庆丁卯（十二年，1807）来守太平，乃知石在文庙，因拓百本。癸酉（十八年，1813）卓荐携以入都，翁覃溪（即翁方纲，1733—1818）先生闻而索观，以为宋刻佳本，无过此者，跋志其末，归而泐附石后。洎道光乙酉（五年，1825），余再莅姑孰，复拓百本，则石渐漫漶，纸墨、拓手，均不如前矣。时同年汪巽泉宗伯视学皖江，亦拓而珍之。戊子（八年，1828）九月，任满将北旋，哲嗣鹤生三世兄奉书箧回里。濒

[2]　据水赉佑《〈姑孰帖〉考》曰，此张启图题签本存浙江省图书馆。载《宋代帖学研究》，上海人民美术出版社，2001年8月，第134页。

图2 上海博物馆"韭花馆"藏本旧拓《姑孰帖》清嘉庆十八年（1813）翁方纲题跋

行，出此册属题……勉识数行，聊以应命，书竟，不胜愧汗之至。"张伯英再跋云："戊寅（民国廿七年，1938）小寒前一日，见汪巽泉守龢拓本，有张启图印、成之签及陈远雯泥金书跋，因录于此。嘉、道间原石犹存，不曾见新拓，何也？伯英。"[3]（图1）

　　按，上海博物馆藏"韭花馆"旧拓《姑孰帖》间，有上述附石之后翁方纲题跋，恰好跟张伯英书录陈远雯跋文遥相呼应，对号入座，因过录于此曰："《姑孰帖》前段杨刻，'意甚勤'云云以下大字九行，是苏子美《和欧阳永叔琅邪庶子泉阳冰石篆诗》，今仅存此末数行耳。诗作于庆历丁亥（1047），在此淳熙戊戌（1178）勒石之前百三十二年也。嘉庆癸酉夏，北平翁方纲为远雯郡伯书此，附诸石后，俾来者有考焉。"（图2）

　　又，道光廿五年刻本《复初斋诗集》卷十八，另有翁方纲作《题〈姑孰帖〉后即和帖中见存十一诗韵》，当系翁氏作上述题跋后的即兴之作。水赉佑先生认为：当时翁氏所见拓本仅存十一诗，比明拓《姑孰帖》少。[4]其实，翁氏说得很清楚，他是仅和帖间见存十一首诗歌而不及其余，故而苏轼的《黄州谢表帖》《送寿圣聪长老偈》《归去来并引》，陆游的《鹊桥仙》词，自然不在他个人的和诗之列。可见翁氏当年所见，并不比今存《姑孰

[3]　《中国法帖全集》12宋《姑孰帖》，湖北美术出版社，2002年3月，第62—63页。
[4]　水赉佑《〈姑孰帖〉考》，载《宋代帖学研究》，第134页。

帖》拓本内容为少。而且整合、梳理故宫博物院藏《姑孰帖》后张伯英书录陈远雯跋文，可知翁氏作跋作诗的时间关系是：替陈远雯呈送嘉庆十二年拓本题跋在先，作《题〈姑孰帖〉后即和帖中见存十一诗韵》随后。总之，他是嘉庆十八年夏先后就同一部拓本作的跋与诗。

综合以上记载，可见清代乾隆、嘉庆、道光年间残存的《姑孰帖》帖石变化不大，只不过越往后字迹越加漫漶而已。按，今马鞍山地区上述清代残存《姑孰帖》第三、第八、第九数石已悉数散佚，[5]故张伯英《碑帖论稿·说帖》认为："宋帖原石至今存者，惟《汝帖》及此刻，《汝帖》已漫。此三贤遗迹犹清朗可读。或言石毁于洪杨之劫，然则自今以后，有日减，无日增，其可贵更何如耶！"[6]几一语成谶。

以上就是今存《姑孰帖》拓本及其依据的帖石基本概貌。从中我们可知南宋淳熙十六年洪迈刻苏轼诗文为十篇，清乾隆年间钱大昕作《潜研堂金石文跋尾》时尚有六篇。一说钱大昕搞错，误将《师慈云老师五古》篇首"吕梦得承事"跋文当作了"吕梦得诗"，因而一帖变成两帖；实际上，清代苏帖是五篇[7]，即今《中国法帖全集》12故宫博物院藏张伯英"小来禽馆本"《姑孰帖》卷第三的《黄州谢表》《与柳子玉五古》《示慈云老师偈》《杨雄老无子五古》《归去来并引》。尽管阙佚了将近一半苏轼诗文刻帖，但并不足以否定今存《姑孰帖》为宋刻。不过，以此与水赉佑先生所见《姑孰帖》残石明拓本[8]，以及寓港帖学家王壮弘所见上海文徵明研究学者周道振藏、原文明书局主人俞复长物的清嘉道年间纸墨旧拓《姑孰帖》相对照[9]，三者规模、面目乃至石花完全吻合。据此可以得出这样的结论：即当下传本《姑孰帖》尽为宋际残石清代摈拓居多，或无出陈远雯嘉庆十二年摈拓百部和道光五年续拓百部之右。至于嘉庆与道光拓本的区别，陈远雯跋文提及后者因"石渐漫漶，纸墨、拓手，均不如前"，料足以甄辨。无翁跋者应为嘉庆十二年拓本，有翁跋者当为嘉庆十八年后拓本。

---

[5] 马鞍山市地方志办公室编《马鞍山名胜古迹》五《碑碣石刻》、七《湮没古迹》均无《姑孰帖》刻石内容记载，估计帖石湮没已久。黄山书社，1992年12月。

[6] 张伯英《张伯英碑帖论稿·释文卷·说帖·姑孰帖宋残石本》，第47页。原见容庚《丛帖目》卷二历代二宋二（中华书局香港分公司，1980年，第126页）引录，施安昌先生《今存〈姑孰帖〉说》（载《中国法帖全集》12，第1页）已指出引录句读讹误，所言极是。

[7] 水赉佑《〈姑孰帖〉考》，载《宋代帖学研究》，第135页。

[8] 水赉佑《〈姑孰帖〉考》，载《宋代帖学研究》，第135页。

[9] 王壮弘《崇善楼笔记——香港所见善本碑帖及法书》，载《中国碑帖与书法国际研讨会论文集》，香港中文大学文物馆文物馆专刊之十，2001年12月，第84页。

事实上，今存《姑孰帖》多系南宋刻石、清代嘉道年间捶拓残本，已没更早更全拓本。《中国法帖全集》第12册封面勒口简介，及凡例六均已有言在先，表明故宫博物院藏张伯英"小来禽馆本"亦概莫能外。可是目录与图版标题又作"《姑孰帖》宋拓　故宫博物院"而自相矛盾，令人费解。凡此，料系编辑失校误导所致，白璧微瑕，端倪可察，再版改订作"宋刻清拓"可也。

二、由录选陆游诗歌创作时间推敲《姑孰帖》集刻于皖南当涂的年代

现在问题是，已知《姑孰帖》间苏轼、苏舜钦诗刻虽残存到清代且不尽完整，但同时并存洪迈、杨倓各自刻帖时代记录的题跋刻石，为后世留下可资考镜集刻者和刻石时间线索信息；唯独陆游诗帖无刊刻时间和刊刻人，因而就此议题当犹有探讨、论证空间。

按，《中国法帖全集》12中故宫博物馆藏《姑孰帖》卷第八、第九共有陆游诗八首，分别为《玉京行》《醉歌》《得张季长书追怀南郑幕府》《读刘伯伦传》《南窗》《春晚》《初夏》《纸阁》。其实，《得张季长书追怀南郑幕府》《初夏》二诗已形残缺，《初夏》现存二句半的"燕低去"后紧接为另一首陆游词《鹊桥仙》，此词于帖间也不完整，仅存上半阙二十五字。所以，今存《姑孰帖》卷第八、第九应保留陆游诗词共计九首，这与上述张伯英《碑帖论稿》、容庚《丛帖目》等著录基本相同。但按以上杨倓、洪迈淳熙年间刻二苏帖时间，类推陆游诗帖也大抵出于同时，则是很值得推敲和商榷的。

因为刻入《姑孰帖》的这九首陆游诗词，除了《南窗》和《春晚》系今见陆游佚诗之外，其余诗词全收入在他自己的《剑南诗稿》和《渭南文集》当中。而诗稿和文集基本按编年排定，有较为可靠的系年研究结论可资对号入座。因此，只要将这七首诗词创作年代一一罗列，即可推知它们可能被后人入选刻帖的大致年代。按，《玉京行》作于淳熙三年（1176），《鹊桥仙》作于淳熙十三年（1186）至淳熙十五年（1188）间，故而照前说其诗词淳熙十六年被摹入帖不无可能。但接下去各诗全作于淳熙十六年以后，如《醉歌》作于绍熙三年（1192），《纸阁》作于绍熙五年（1194），《得张季长书追怀南郑幕府》和《初夏》均作于庆元元年（1195），《读刘伯伦传》作于嘉定二年（1209），其时甚至连洪迈也差不多已故世七年多了，显

然不可能是他替尚健在的陆游摹刻入帖。难怪就此困惑，连编纂过《陆放翁先生年谱》的钱大昕，在其《潜研堂金石文跋尾》中话及《姑孰帖》时也不得要领，因而无可奉告。

由此看来，陆游诗词被摹入《姑孰帖》，应当另有其人。他是陆游身后的某位有识之士，有感于陆游诗书俱佳，才续将其书帖摹刻入《姑孰帖》的可能性居其大半。这也同时表明全帖从未见诸著录的《姑孰帖》，并非一时一人一手所为，至少通过残存《姑孰帖》间苏舜钦、苏轼和陆游三人诗帖，可推知曾分别历经杨倓淳熙五年、洪迈淳熙十六年和另一位暂不可考者至早嘉定二年共三次刊刻，《姑孰帖》可能属于南宋中后期一部由多人多次集刻于当涂的大型集帖，显然不止已知的第三、第八、第九卷苏轼、苏舜钦和陆游三人，应当还有其他两宋名人书翰被摹刻入帖，只不过我们已无从猜测刊刻者和被摹刻者究竟是谁和各有哪些诗词文章了。

至于《姑孰帖》帖目很少见诸宋元的系统完整著录，很可能跟帖石所在的当涂，地处宋金乃至后来宋元交战兵家必争之地而毁于战火有关。按，当涂采石（当涂北长江边）早在绍兴三十一年（1161）底，就爆发过宋金战争的一场重要战役——采石大战。当时文臣虞允文（1110—1174）至采石犒师，召统制时俊、王琪等聚议，激励诸军，凭借水战长技，以车船、霹雳炮等大战金军。金兵不得渡江，不久又发生内讧，金主完颜亮（1122—1161）被杀，南宋遂转危为安。嗣后，宋金、宋元拉锯战于此频繁发生可想而知。所以，帖石的被毁及无从记录在所难免。明清时期残存的苏轼、苏舜钦和陆游三家诗文帖石，当属幸免于难，劫后余存者。抵今，残剩帖石也已彻底毁灭了，从这个意义上讲，今存《姑孰帖》拓本虽非宋拓，但其保存了三位两宋名贤书翰，自然弥足珍贵。

帖学视野下东汉宗资墓兽刻字归属

一、两宋金石学名家名著中的东汉宗资墓兽刻字

北宋大观三年（1109），江西敷阳（今德安）人王寀（字辅道，1078—1118）出守河南汝州时，以《淳化阁帖》为楷模，摹勒大型丛帖——《汝帖》"秦汉三国刻书十五种汝刻二"，有冠以"宗资石兽"（目作"宋资石兽"）一行四字篆书拓本作：天禄辟邪（图1）。

就此刻字时代归属，《汝帖》本题甚明，当系东汉名臣、汝南太守宗资（生卒年不详，东汉桓帝时人）[1]墓前石兽，今迁南阳汉画馆序厅，膊间刻字宛然可辨。（图2）且《后汉书》卷八《孝灵帝纪》第八"复修玉堂殿，铸铜人四、黄钟四，及天禄、虾蟆"，唐李贤（655—684，即章怀太子）注曰：

天禄，兽也。时使掖廷令毕岚铸铜人，列于仓龙、玄武阙外，钟悬于玉堂及云台殿前，天禄、虾蟆吐水于平门外。事具《宦者传》。案：今邓州南阳县北有宗资碑，旁有两石兽，镌其膊一曰天禄，一曰辟邪。据此，即天禄、辟邪并兽名也。汉有天禄阁，亦因兽以立名。

由此表明唐代早期，东汉宗资墓石兽四刻字，就已被唐初史学家李贤明文记录在案，也即史称有较高史学价值的"章怀注"。

又，北宋金石学开山祖欧阳修（1007—1072）《集古录跋尾》卷第三《后汉天禄、辟邪字》载：

右汉"天禄、辟邪"四字，在宗资墓前石兽膊上。按《后汉书》，宗资，南阳安众人也，今墓在邓州南阳界中。墓前

图1　北宋徽宗大观三年（1109）《汝帖》"秦汉三国刻书十五种汝刻二""宗资石兽"篆书：天禄辟邪

---

[1]　（东汉）刘珍等《东观汉纪》和南朝宋代史学家范晔等撰《后汉书》无宗资传。

图2　河南南阳汉画馆序厅展示东汉宗资墓石兽

有二石兽，刻其膊上，一曰天禄，一曰辟邪。余自天圣（1023—1031）中举进士，往来穰（一作襄）、邓间，见之道侧，迨今三十余年矣。其后集录古文，思得此字，屡求于人不能致。尚书职方员外郎谢景初（1020—1084）家于邓，为余摹得之，然字画讹缺，不若余见时完也。按《党锢传》云：资祖均自有传。今《后汉书》有《宋均传》云南阳安众人，而无宗均传，疑《党锢传》转写"宋"为"宗"尔。《蜀志》有宗预，南阳安众人，岂安众当汉时有"宗""宋"二族而字与音皆相近，遂至讹谬邪？史之失传如此者多矣。嘉祐八年（1063）腊日书。（右真迹）

就此，欧阳修更以亲历者的身份，描述了自己卅多年前途经宗资墓访古考察情形，和后来为编纂《集古录》特意委托当地人谢景初返乡探亲时替他搜集资料等诸多信息。只是目前已不清楚欧阳修笔下"摹得之，然字画讹缺，不若余见时完也"云云，究竟指的是依样画葫芦描摹，还是谢提供的拓本？按文末自注"右真迹"分析判断当为拓本。况且欧阳修必然向委托对象交代务求原拓的金石学意义[2]；而据他事后追忆，原本记忆犹新石兽刻字笔画，居然潜移默化发生悄然变化讹缺。就此，欧阳修没给出明确原因，估计应该是他当初驻足道边宗资墓踏勘后卅多年时光岁月沧桑使然。

稍后北宋沈括（1031—1095）《梦溪笔谈》卷二十一《异事》还有如下载曰：

至和（1054—1055）中，交趾（今越南）献麟，如牛而大，通身皆大鳞，首有一角。考之记传，与麟不类。当时有谓之山犀者，然犀不言有鳞，

---

[2]　（北宋）欧阳修《集古录跋尾》卷第二《后汉张平子墓铭》（永和四年）有载："其刻石为二本，一在南阳，一在向城。……其在向城者，今尚书屯田员外郎谢景初得其半于向城之野。……"可见欧阳修所委托者谢景初，应该也是一位雅好金石的内行。

天禄　　　　　　　　　　　　　　　　辟邪

莫知其的。诏欲谓之麟，则虑夷獠见欺；不谓之麟，未有以质之，止谓之"异兽"，最为慎重有体。今以予观之，殆天禄也。按《汉书》灵帝中平三年（185），铸天禄、虾蟆于平津门外。注云：天禄，兽名。今邓州南阳县北宗资碑旁两兽，镌其膊，一曰"天禄"，一曰"辟邪"。元丰（1078—1085）中，予过邓境，闻此石兽尚在，使人墨其所刻"天禄""辟邪"字观之，似篆似隶。其兽有角鬣，大鳞如手掌。南丰曾阜[3]为南阳令，题宗资碑阴云："二兽膊之所刻独在，制作精巧，高七八尺，尾鬣皆鳞甲，莫知何象而名此也。"今详其形，甚类交趾所献异兽，知其必天禄也。

沈括此记说明继欧阳修和谢景初之后近廿年里，他也曾路过宗资墓，因闻听该石兽尚存，遂派人前往捶拓观摩，足以辨认"似篆似隶"，反映漫漶程度并不像之前欧阳修危言耸听般严重，欧阳可能对原先自己的记性过于自信了。

另外，北南宋之交金石学家赵明诚（1081—1129）编著《金石录》卷十八《汉宗资墓天禄辟邪字》载：

右汉天禄、辟邪字，在南阳宗资墓前石兽膊上，欧阳公《集古录》按《党锢传》云：资祖均自有传（自注：见章怀太子注）……此说非是。余按《后汉书》均族子意传云，意孙俱灵帝时为司空。而《灵帝纪》建宁四年书

[3]　参看（北宋）刘攽《彭城集》卷二十二《通判陇州曾阜可通判邠州制》。

太常宗俱为司空，注云：俱字伯俪，南阳安众人，延熹二年（159）书司空宗俱薨。又，《姓苑》载：南阳安众宗氏，云后汉五官中郎将伯，伯子司隶校尉，河内太守均，均族兄辽东太守京，京子司隶校尉意，意孙司空俱，《元和姓纂》所书亦同。则均姓为"宗"无可疑者，当章怀太子为注及林宝撰《姓纂》时尚未差谬，至后来始转写为"宋"尔。余既援据详审，遂于家藏《后汉书》均列传，用此说改定云。

再者，南宋史学家郑樵（1104—1162）《金石略》卷上载："天禄、辟邪字，篆书，邓州南阳宗资墓前石兽。"又，南宋绍定年间（1228—1232）临安（今杭州）陈思纂辑《宝刻丛编》卷第三援引欧阳修《集古录》后曰："篆书四字，后汉宗资墓前有二石兽，刻其膊上各二字，在邓州南阳县界中。"

二、清代金石学家视野中的东汉宗资墓兽刻字

总之，举凡上述唐宋历史文献、金石学著录，道及宗资墓前石兽有"天禄、辟邪"四字记载甚明，渊源有自，并不有异。唯独清代金石学翘楚翁方纲（1733—1818）作《两汉金石记》时，就"天禄辟邪"乃宗资墓前石兽体间刻字这一基本达共识的学术定论持有不同见解。翁氏《两汉金石记》卷十六"天禄、辟邪字"这样主张：

"天禄、辟邪"四篆书，今所见拓本，每字高广各四寸许，贾人持售，必诧为汉人原石本，且题之曰：宗资石兽。予所见凡数本，皆同一石所拓，似其石至今存者。今考之而知其不然也。赵明诚《金石录》云："州辅墓石兽膊字，郦道元《水经注》云：州君墓有两石兽已沦没，人有掘出一兽，犹不全破，甚高壮，头去地丈许，制作甚工，左膊上刻作'辟邪'字。余初得州君墓碑，又览《水经》所载，意此字犹存。会故人董之明守官汝、颍间，因托访求之。逾年，持以见寄。其一辟邪，道元所见也；其一乃天禄，字差大，皆完好，可喜之。明又云：天禄，近岁为村民所毁；辟邪虽存，然字画已残缺难辨，此盖十年前邑人所藏，今不可复得矣。"赵氏此条在《吉成侯州辅碑》之后。以《隶续》证之，即所谓《汝帖》目为蔡中郎书者也。今《汝帖》第二卷蔡邕隶书"定册帷幕有安社稷之勋"十字，即州辅碑也。此四字即在此段之前，题曰"宗资石兽"。盖州辅墓在汝州，王寀（即《汝帖》主持者）弗深考，因汉碑中有宗资墓兽刻字而牵附之。题曰"宗资"，

图3　北宋徽宗大观三年（1109）《汝帖》"秦汉三国刻书十五种汝刻二""宗资石兽"目作"宋资石兽"

其目又作"宋资石兽"（图3），皆误也，其实即是赵明诚所见州辅墓石兽膊上字耳。赵云"天禄"字差大，所以今《汝帖》所摹此四字尚具参差斜缀之势，"天禄"二字果视"辟邪"二字稍大。盖《汝帖》是从真本摹得，故能存其真。如此今日所传拓本，则四字板配整齐，无复笔意，即以《汝帖》校之，已见其谬矣。"邪"字左"牙"右"邑"，《汝帖》笔法甚具，惟《汝帖》石泐已久，今日虽稍旧之汝本，其"邪"之左"牙"内中竟有似于"冈"字，而新拓之汝本，更不可辨矣。予所藏《汝帖》乃宋时拓本，又以数十年前稍旧之拓对之，始知其作"冈"字者，由于汝石半泐之故。是则今日所传此篆拓本，从已泐之《汝帖》所摹取者可知矣。夫赵明诚当北宋时，已云其石为村民所毁，所以洪氏当南宋时已不得见此字矣。王宷刻石于汝州，必当见此拓本。今犹赖有《汝帖》摹本，略存古意。而近人好事者，不加深考，妄为穿凿，好古之士，往往收藏以为旧拓，不可不明辨也。或曰欧阳、赵氏录中皆言有宗资墓"天禄、辟邪"字，安知此非宗资墓者，况《汝帖》明题以宗资墓也。予应之曰：《汝帖》之题，不足据者多矣；欧、赵所录，则必可信者也。然欧阳、赵氏所云南阳宗资墓前石兽膊字者，不著其详。而赵氏所云州辅墓石兽髆字，则云"天禄"字差大，且又近在汝州也。以其地，以其字，皆与州辅合，而宗资云者无一可合焉，是以定为州辅非宗资也。至于《汝帖》之题其他处且勿论，即以此卷同录于一页之州辅碑残字，亦且弗著其为州辅，乃但题云蔡邕而已，则所题宗资者，其又可信邪？予是以据其字与其地之合而断之。

继翁方纲之后清中期校勘学家顾广圻（1766—1835）《思适斋集》卷十六碑跋《跋重镌天禄、辟邪字》的观点是：

嘉庆癸酉（十八年，1813），予作客冶城（南京）山馆，偶游骨董铺，获天禄、辟邪字拓本数通，分一赠居停孙渊翁（藏书家、目录学家孙星衍，1753—1818）。然考其果属何刻，则不得也。他日又见其铺中，有明嘉靖七年（1528）知南阳府事杨应奎《重镌汉汝南太守宗资墓前石兽记》一纸，复买归读之，始知杨守郡于北郭三里许土人所谓汉宗资墓石兽，细寻其字无有，乃以《汝帖》旧文模而镌之。因言于渊翁，相与恍然。今年长夏无事，偶读大兴翁氏《两汉金石记》所考，以为此本州辅墓石兽髆字，王寀《汝帖》误题宗资；今日所传从《汝帖》所摹取。深叹覃溪鉴别甚精，但惜未见杨记文，故不能畅言委曲耳。且宗资墓兽自有刻字，既细寻无之，恐其为他墓物。而遽信土人语，又不辨王寀误题；重镌以实之，则杨之孟浪矣。计杨记刊石，必尚在南阳，故举以为谈古刻者告。

稍后清道光、咸丰年间帖学家程文荣《南邨帖考》遂因袭上述清代碑帖研究界一言九鼎之翁方纲观点道：

此字（天禄、辟邪）本刻州辅墓前石兽髆上，《金石录》称："天禄近岁为村民所毁，其辟邪，不知失于何时？"明杨应奎取《汝帖》重刻于宗资石兽上，殊非。

又，当代帖学家王壮弘《帖学举要》论及宋《汝帖》之宗资墓石兽"天禄、辟邪"，也认为："此实吉成侯州辅石兽字。"

三、东汉宗资墓兽刻字归属考察

那么，"天禄、辟邪"四字究竟属于宗资墓还是州辅墓前石兽刻字，或者两者墓前石兽刻字兼而有之呢？

考宗资墓前有"天禄、辟邪"石兽及其上刻字见诸唐宋记载，而州辅墓前有"天禄、辟邪"石兽及其刻字更早。北魏郦道元（466或472—527）《水经注》卷三十一详载曰：

（滍）水南有汉中常侍、长乐太仆吉成侯州苞（应"州辅"，误作"州苞"）冢。冢前有碑，墓西枕冈，城开四门，门有两石兽，坟倾墓毁，碑兽沦移。人有掘出一兽，犹全不破，甚高壮，头去地或一丈许，作制甚工，左膊上刻作"辟邪"字。

此州辅墓石兽于后魏唯出土"辟邪"一石，"天禄"尚"沦移"在地。北宋欧阳修《集古录》就州辅墓前石兽虽未予记录，但据此后赵明诚《金石录》卷十五"汉州辅墓石兽膊字"记载，州辅墓前两兽均已出土。其委托友人曾得距字毁十年前两兽完好时刻字旧拓本，而他著录州辅墓兽前十年"天禄"即为村民所毁；"辟邪"虽劫后余存，却面目全非，"字画已残缺难辨"，完本已"不可复得"。故迨郑樵作《金石略》卷上只著录宗资墓"天禄辟邪字"和"吉成侯州辅碑有碑阴"，已并未如赵明诚般再著录"汉州辅墓石兽膊字"了。而《宝刻丛编》卷五虽有"汉州辅墓石兽膊字"条目，也仅照录《金石录》徒有其名而已。

又，清道光《宝丰县志》卷十五《艺文志》援引李绿园《辟邪歌》云：

滍水南岸犨城北，巨冢突兀列三四。蒙茸青草供牧刍，墓门哪觅碑版字。桑《经》郦《注》说吉苞，太长秋官汉阉寺。《书画谱》传州辅吉，吉成难辨爵与谥。……四冢各蹲辟邪一，风雨剥蚀野火燹。吁嗟乎，辟邪之兽产何宇？村人不识奇兽状，翼者称鸡股称虎。金马铜驼尚无存，赖是石兮有此土。……

反映清代州辅墓及其石兽虽然残存，但州辅墓碑已毁。另检今《河南文物地图集》平顶山市已无州辅墓，唯曹镇乡宋寨村有鱼陵山（一说鱼齿山）[4]汉墓群，并有头部残损、大半掩于地下的石辟邪，据史料记载与地望分析，此地正是当年州辅墓址所在。

但宗资墓前石兽"天禄、辟邪"刻字保存情况则基本完好，其最早见诸唐章怀太子李贤注《后汉书》，说明它也久为人所瞩目。其次，欧阳修于北宋天圣年间道经南阳亲眼"见之道侧"，三十余年后的嘉祐八年他为著《集古录》而托谢景初摹拓所见字画稍泐，但两石兽刻字并不如州辅墓前石兽刻

---

[4]　潘民中《平顶山境域著名古碑刻撷谈》《鱼齿山汉墓碑刻考》，《平顶山历史文化论丛》，中州古籍出版社，2002年1月，第165—177页。

图4　陕西汉中城固西汉张骞墓前石兽

字笔画"已残缺难辨"而影响释读，仅有局部石花出现漫漶"讹缺"而已，这与今见上海博物馆藏《汝帖》元拓本间"宗资石兽"唯"邪"字笔画稍见泐痕情形相符。因此，此后元丰年间沈括过南阳时尚得见四字基本完整拓本，南阳令曾阜于宗资墓碑阴还题有"二兽膊之所刻独在"字样为证。也因此，其后二十余年王寀搜罗拓本摹刻于《汝帖》期间所得宗资墓前石兽刻字大体保持完好。再后赵明诚、郑樵、陈思提及宗资墓前石兽刻字，也未言及其受任何损坏，更不见赵明诚所说以及翁方纲援引其说的所谓（州辅墓前）天禄与辟邪刻字字体大小变化有非常明显的"差大"现象。由此可见《汝帖》摹刻者必为宗资墓前石兽刻字而与州辅墓石兽刻字无关。

　　另外，王寀摹刻《汝帖》广搜博采各地精彩刻字拓本，料并不限于汝州本地。又，据政和七年（1117）九月河间刘跂替赵明诚《金石录》作后序时间推定，当年《金石录》三十卷业已编就，即以其"汉州辅墓石兽膊字"作于政和七年之前计，由此上溯十年为崇宁、大观之间（1102—1110）。按赵明诚友人董之明说法，此时州辅墓前石兽刻字尚好，而州辅墓前石兽被毁岁月似跟王寀摹刻《汝帖》时间相近，同在崇宁、大观之后。所以，大观三年（1109）王寀编《汝帖》时或经比较两处石兽刻字拓本而舍近求远，以邓州南阳宗资墓石兽完好刻字摹刻入帖，亦顺理成章之事。

　　再者，墓前刊立天禄辟邪石兽风习由来已久，早在西汉张骞（前164—前114）墓（陕西城固）前即有带翼石兽（图4），至今尚存，尽管张骞被封为"博望侯"封地正在今南阳方城县，去宗资墓不远。或许身为东汉名臣、一门仕宦卿相多达卅余人的东汉朝中绝无仅有的汝南太守宗资墓前置"天禄、辟邪"石兽，正是受西汉博望侯墓葬规制影响也未可知。另外，几乎与宗资同时的东汉忠臣太尉李固（94—147）墓（亦在陕西城固）前，也置有跟宗资墓前约落成于延熹九年（166）后的石兽类似但规模较小的石兽一对。因此，宗资墓、州辅墓前分别有天禄、辟邪石兽及其刻字并不奇怪。何况李贤、欧、赵、沈括等唐宋史学家、金石学家就两墓石兽均作分别介绍，并未合二为一或互为混乱置换。赵明诚厘清宗氏家族谱系，又援引章怀太子注《后汉书》，更不致倒置宗资与州辅墓前石兽。

四、《汝帖》辑刻东汉碑刻入帖的可取之处

诚然，《汝帖》确有截取碑刻片言只语而妄加题名哗众取宠现象，诸如节录、颠倒、强名等，谬误不胜枚举。如前及州辅墓碑"定册帷幕有安社稷之勋"十字被冠以《定册帖》列为东汉蔡邕书（图5），扑朔迷离的诸葛亮《玄莫帖》[5]等皆然，料均辑选或集字拼配而出。就此，前人多所诟病，除北宋晚期书学理论家黄伯思（1079—1118）《东观余论》提出尖锐批评之外，元末明初曹昭（生卒年不详）《格古要论》上卷《古碑法帖》"《汝帖》十二卷，摘诸帖字，合而为之"，清杨宾（1650—1720）《铁函斋书跋》卷四"《汝帖》不免割裂之病"，清徐用锡（1657—？）《圭美堂集》卷二十谓"《汝帖》所刻，文多不全，又伪帖最多"，等等，不一而足。不过，翁方纲据此怀疑《汝帖》属张冠李戴则不尽然，失之牵强，尤其是在宗资墓石兽刻字问题上，他其实犯了不追本溯源、因噎废食的导向性错误。对于史上堪称"一代龙门"的金石学大家而言，翁方纲就东汉宗资墓兽刻字归属言论，将他之前诸多金石学前辈，包括北南宋金石学鼻祖等分明有言在先实地访碑和拓本著录等金石学原著，全然抛于脑后熟视无睹而大发议论，既漠视开罪于前辈，也形同腾笑于晚辈，暴露出自己的短视，这一现象相当反常，令人匪夷所思。

因为州辅墓碑、石兽抵今几已荡然无存，而宗资墓兽及刻字大抵完好并置于大庭广众前即为明证。否则，以"宗资石兽"刻字与"蔡邕"《定册帖》（即《州辅碑》残剩刻字）并列，就误以为刻字应同出自州辅墓前石兽；那么，"诸葛孔明"《玄莫帖》是否也因《汝帖》取舍大多系中原古近

---

[5]　参看陶喻之《诸葛亮碑帖汇考》，《书法研究》2003年第1期，第82—109页；《清岭南法帖考略四题》，《岭南书学研究论文集》，广东人民出版社，2004年1月，第41—57页；《刻帖所见诸葛亮法书新论》，《全国首届碑帖学术研讨会论文集》，文物出版社，2005年6月，第131—148页。

图5　《汝帖·定册帖》辑刻东汉州辅墓碑残存隶书碑文

石刻而同在中原地区呢？事实显然并非如此，据南朝梁代陶弘景《真诰》卷
十四记载，《玄莫帖》本出自诸葛亮替西汉游学长安卜医司马季主在蜀郡成
都升盘山之南墓碑所撰铭辞，可见《汝帖》石刻取舍并不限于一地。

　　而明嘉靖七年南阳知府杨应奎，因感于自北宋以降到明嘉靖年间近五百
年岁月，再加之此前自东汉伊始的千余年光景，前后共计千五百载历史风霜
洗礼，地处野外自然环境下宗资墓兽刻字，从北宋尚且能目测考释铭文，到
明代后期业已严重剥蚀风化，斑驳难识了，遂决计利用收藏北宋摹入《汝
帖》宗资墓石兽刻字拓本优势为取法范本底本，重将"天禄、辟邪"字样复
刻于石兽膊上。这一修旧如旧的文物保护意识、举措与理念，可谓取之于
旧，用之于旧而顿还旧观，毫无好事者流之生搬硬套，亦无张冠李戴嫌疑，
非但不该予以非议责难，反而应加以充分首肯。

　　另据清人黄叔璥《中州金石考》卷八曰：

　　《集古录》云：天禄、辟邪四字，在宗资墓前石兽膊上。沈存中《笔
谈》云：南阳县北宗资碑旁二兽，镌其膊，一曰天禄，一曰辟邪。《明一统
志》：宋均墓，南阳东北古城内二兽，右刻天禄，左刻辟邪。左刻为雷所
轰。杨应奎《石兽记》云：北郭外三里许，有冢巍然，面阳隔路，有石兽；
左者欹侧卧，去其四足；右则折缺，中半埋之土中。问之土人，曰：汉宗资
墓前兽也。启而筑之，细寻其字，无有也。因以《汝帖》旧文，模（摹）而
镌之。今墓在城东北三里许。

　　千载石兽字泐，明代复以北宋时摹刻宗资墓前石兽"天禄、辟邪"刻字

的《汝帖》为复刻依据，《汝帖》保存古迹之功，实在功莫大焉。难怪现代帖学家林志钧（1878—1961）《帖考》之《〈汝帖〉考》给予高度评价道：

（《汝帖》）虽有割裂窜乱之失，为前人所议；而古刻犹存，究属可宝。其所收文字，有莫知所自来，则原文已佚，东鳞西爪，乃赖此帖而获传。又如封比干墓铜盘、宗资石兽，后人皆据《汝帖》重刻。刘有定注《衍极》，引诸葛武侯书，张天如辑《王右军集》，亦有采自《汝帖》者。……他书征引，皆据此帖。……古刻之可贵如此。

总之，东汉"天禄、辟邪"刻字，本分别见于宗资和州辅墓前石兽，而《汝帖》间"天禄、辟邪"刻字，必以宗资墓前石兽膊间拓本为底本而与州辅墓石兽刻字无关。明嘉靖初期，宗资墓石兽刻字漫漶，郡守杨氏复以《汝帖》为据予以复刻。翁方纲论证，或以"贾人持售"工拙翻刻本为凭，遂致失察而考据偏颇，断不应以其驳论为据。

又，翁方纲《复初斋文集》卷二十八道及鉴定《汝帖》拓本先后曰："《汝帖》之评，前人已详，不具赘矣。今姑以二事言之：其第二卷'天禄、辟邪'，'邪'字今《汝帖》泐后拓本左半中间误成'冈'形，以致南阳墓道石刻依之，竟成'冈'字矣。此明嘉靖七年戊子（1528）南阳郡守杨应奎所摹刻，即从《汝帖》既泐之本翻出者，则《汝帖》'邪'字左半将泐之本，在明嘉靖以前所拓之一证也。"翁氏此鉴定碑帖拓本早晚经验之谈则殊有见地。

按，宗资与州辅，《后汉书》均无传，事迹散见于《后汉书》卷七十八《宦者列传》第六十八和卷七《孝桓帝纪》第七、卷三十八《张法滕冯度杨列传》第二十八、卷六十五《皇甫张段列传》第五十五、卷六十七《党锢列传》第五十七以及卷八十二下《方术列传》第七十二下。三国东吴谢承《后汉书》辑本载宗资小传曰：

宗资字叔都，南阳安众人也。家代为汉将相名臣。祖父均，自有传。资少在京师，学《孟氏易》《欧阳尚书》。举孝廉，拜议郎，补御史中丞、汝南太守。署范滂（137—169）为功曹，委任政事，推功于滂，不伐其美。任善之名，闻于海内。

按，唐李贤注宗资墓有碑，今佚，唯墓前石兽及"天禄辟邪"翻刻字尚存，今移置南阳汉画馆。而州辅墓碑已毁，幸有释文存南宋洪适《隶释》卷十七和明梅鼎祚《东汉文纪》卷三、卷廿八。据《汉故中常侍长乐太仆吉

图6 北魏永平二年（509）《石门铭》文字："壮矣！自非思埒班尔，筹等张蔡，忠公忘私，何能成其事哉！"

成侯州君之铭》无碑额"永寿二年"以及碑文"建和二年（148）七月己巳名册……年六十有二，永寿二年（156）十二月丙子薨，中外咨悼"等内容综合研判，州辅系一名曾经随同东汉蔡伦（？—121）在洛阳宫廷侍奉自汉和帝、安帝起，直到顺、冲、质、桓帝止的宦官。生于汉和帝永元六年（94），卒于汉桓帝永寿二年。他应该是一位资格比蔡伦还老，并见证过蔡伦成功发明造纸术的目击者。至于碑文道及"往者，郑众（？—114）[6]、蔡伦行事科比，其封辅为叶吉成侯"云云，既表明了州辅系与蔡伦同朝为官而获得蔡伦赏识提拔，又是汉碑中唯一出现蔡伦姓名者。北魏永平二年（509）摩崖石刻——《石门铭》间接论及蔡伦，仅"筹等张（衡）蔡（伦）"姓氏而已。（图6）

由于州辅碑刻今已荡然，就其书法特征认知，原本只能就其同时期汉隶——建和二年（148）《石门颂》和延熹元年（158）《刘平国刻石》，作介于其间如是观的猜想而已。所幸《汝帖》既保留了宗资墓石兽刻字，又摭拾了《汉故中常侍长乐大仆吉成侯州君之铭》（即州辅墓碑）间残剩"定册帷幕（援立圣主）有安社稷之勋"十字隶书摹刻入帖（即《汝帖》谬作东汉蔡邕《定册帖》），令人得以窥斑知豹。此亦《汝帖》辑存古碑法书可取之处，读者自可以此三地几乎同时石刻书风而见仁见智。

---

[6] 与蔡伦同时的宦官，受和帝宠信，东汉宦官弄权干政和养子世袭爵位，均由其而开先例。

下篇
诸葛亮法书刻帖专论

导　语

古代圣贤法书得以传承，无外乎经由书迹、碑刻和法帖三种途径。

书帖真迹传世难得，多借重后世书家摹写或临仿得以保全；碑刻则易断残损伤乃至彻底毁坏无存，故以纸拓转翻刻入帖，往往成为古代名家法书存世并广为传播殊途同归的不二法门和唯一途径，三国著名政治家、军事家诸葛亮传之今日罕见的法帖——草书《远涉帖》和隶书《玄莫帖》即然。本篇集中论述其辗转流传抵今复杂演变历程与不同版本、真伪优劣等学术议案。虽属两帖专题研究，但题目各异，独立成篇。

首篇事关北宋《汝帖》主持者王寀征集诸葛亮隶书残碑拓本入帖功绩，和舍命迎合宋徽宗喜好的一命呜呼的政治投机失策。

第二篇通过《玄莫帖》文本主旨，探讨诸葛亮意识形态和隶书传习取向。

第三篇系统揭示为北宋内府《宣和书谱》著录在案的诸葛亮《远涉帖》书帖流传始末。

其四篇列举《远涉帖》书札语境可能呈现多维度迥异系年的史实，并从中提炼出最接近历史真相时地人物归属见解。

第五篇发掘已知辑刻《远涉帖》的清道光年间《耕霞溪馆法帖》前，嘉庆年间录选《远涉帖》辑刻的《小清秘阁帖》及其流变动向。

第六篇系针对网络上质疑《远涉帖》伪帖说的辩难回应，当属以全新资料解惑释疑答辩驳论。

尾篇是就史上真正伪作诸葛亮法帖的查核检讨。

《汝帖》主持者王寀征选诸葛亮《玄莫帖》得失谈

一、引言

北宋大观三年（1109），汝州知州王寀（1078—1118）集此前《淳化阁帖》《元祐秘阁续帖》和先秦金石铭文，以及秦汉至隋唐五代等名家法书共百零九帖，汇刻《汝帖》十二卷，是为北宋后期承前启后一部大型丛帖。就此，有学者曾中肯指出其学术意义道："由于《汝帖》刊于北宋，其刊刻年代较早，此后出现的《兰亭续帖》（北宋政和年间）、《鼎帖》（绍兴十一年）、《钟鼎彝器谱录》（绍兴十四年）或多或少都承袭了《汝帖》的内容，在书迹的流传、同帖异文的校勘方面，《汝帖》都有一定的价值，我们不应该因为它的编辑体例谬陋和刊刻粗劣，而忽略它应有的书法历史地位和研究价值。至于《汝帖》帖文是否真的'摹拓粗漫而传神'，则很见仁见智了。"[1]

《汝帖》研究，古今不乏学人，其重要性早见一斑，毋庸赘述。本文谨就当年王寀编辑入选古代智慧化身，三国著名政治家、军事家诸葛亮传世隶书仅见法帖——《玄莫帖》原因，跟他最后惨遭杀身之祸的人生悲剧关系等议题，做一些尝试性探索。

二、从王寀好延道流谈炼丹修仙事败致英年死罪说起

《汝帖》主持者王寀生于元丰元年（1078）[2]，刊刻《汝帖》时年仅卅二岁，可谓年轻有为，才气逼人。讵料不足十年后政和八年（1118）刚年过不惑，竟因迷信仙事并被蛊惑而走火入魔，执迷不悟，终于一失足成千古恨，沦为讨好宋徽宗，却被好问吉凶祸福的徽宗无情抛弃并大开杀戒的统治集团内部矛盾斗争的牺牲品。类似他这般因卜得祸的血腥个案，在漫漫历史长河中也是相当罕见却又触目惊心的孤例，且看相关历史文献对他获罪始末的披露。

---

[1] 林业强《〈淳化阁帖〉的流衍——〈汝帖〉四题·王寀行实》，《书海观澜二：楹联·帖学·书艺国际研讨会论文集》，香港中文大学艺术系、香港中文大学文物馆，2008年3月，第319—323页。
[2] 王兆鹏、王可喜《北宋词人王寀行年考》，载《江西社会科学》2006年第1期。

清《钦定续通志》卷三百四十八载："寀，字辅道，好学，工词章。登第至校书郎，后以左道诛。"南宋史学家李心传《建炎以来系年要录》卷九十六载："寀，江州人，尝为亲卫中郎，政和末，坐诈为天神示现，诛死。"南宋吴曾《能改斋漫录》卷十七记述更多细节。

王在徽宗朝，尝奏天神降其家。徽宗欲出幸，左右奏恐有不测，宜有以审其真伪。既中使至其家，无有也，因坐诬以死。世谓辅道乃晓人，不应尔。盖辅道，韶之子，韶熙河用兵，其滥杀者多，故冤以致其祸耳。

而《宋史》卷三百二十八《王寀传》的记载最为详尽：

寀字辅道，好学，工词章，登第至校书郎，忽若有所睹，遂感心疾，唯好延道流，谈丹砂神仙事。得郑州书生，托左道，自言天神可祈而下，下则声容与人接，因习行，其术才能什七八，须两人共为乃验，外间灌传，浸淫彻禁庭。徽宗方崇道教，侍臣林灵素自度技不如，愿与之游，拒弗许。户部尚书刘昺，寀外兄也，久以争进绝还往。神降寀家，使因昺以达，寀言其故，神曰："第往与之言，汝某年月日在蔡京后堂谈某事，有之否？"昺惊骇汗浃，不能对，盖所言皆阴中伤人者。乃言之帝，即召。寀风仪既高，又善谈论，应对合上指。帝大喜，约某日即内殿致天神。灵素求与共事，又弗许。或谓灵素，但勿令郑书生偕，寀当立败。即白帝曰："寀父兄昔在西边，密与夏人谋反国。迟至尊神，且图不轨。"帝疑焉。及是日，寀与书生至东华门，灵素戒阍卒独听寀入。帝斋洁敬待，越三夕无所闻，乃下寀大理，狱成，弃市，昺窜琼州。

关于上述王寀被害史实，尽管南宋王明清《挥麈录》持有不同意见，他在前录卷四《王知府自跋》中认为："王寀之枉，盛章（开封尹）繇父子欲害刘炳（昺）兄弟，世皆亡其事迹，明清不量其愚，为冥搜伦类，凡二十余条，撷据依本末告之……"遂于后录卷三备陈王寀得罪冤枉原委。兹因文长恕不赘录。概括而言，诚如清汪琬《尧峰文钞》卷二十五《〈东都事略〉跋序》一言蔽之："王寀之狱，则欲借以倾刘昺，此皆当国者深文罗织，不足为据。"

然而不管怎样，王寀当初潜意识中投机取巧因素使其胆敢孤注一掷，铤而走险，拟以特异功能装神弄鬼博取徽宗青睐而一举搏出位。不成想以身试神不啻引火烧身，不自量力势必弄巧成拙，祸起萧墙当然身败名裂，最终机关算尽太聪明，反误了自家性命。其实，诸葛亮登坛"借东风"无非《三国演义》小说家言，欲对天神召之即来谈何容易！故王寀呼风唤雨登龙术无法显灵乃不争事实。聪明反被聪明误，不但个人仕途走向终点，生命戛然而止踏上人生不归路，并且还由此点燃当时官场、社会一系列文字狱的导火索，诸多跟他有交往唱和的文人士大夫，也都遭连累被罢官。如"初，（范）致虚在讲议司，延康殿学士刘昺，尝乘蔡京怒挤之。后王寀坐妖言系狱，事连昺论死，致虚争之，昺得减窜，士论贤之"[3]，"（刘昺）与王寀交通事败，开封尹盛章议以死刑，部尚书范致虚为请，乃长流琼州，死年五十七"[4]。

另据宋代邓椿《画继》卷三分别记载："初，持约（颜博文字持约）与王寀厚善，寀败，持约方退朝，闻之即驰马还家，闭关拒人，尽焚与寀平生往来笺记、诗文之类，于是独免。""周纯，字忘机，成都华阳人，后依解潜，久留荆楚，故亦自称楚人。少为浮屠，弱冠游京师，以诗画为佛事，都下翕然知名，士大夫多与之游，而王寀辅道最与相亲。后坐累编管惠州，不许生还。"当时与王寀过从甚密却未受牵连的，只有曾荐举王、刘而深得宋徽宗信赖的权臣蔡京，和与刘交好并受徽宗宠信的词人周邦彦得以幸免。[5]足见王寀在徽宗心目中的地位早岌岌可危而欲除之后快，只可惜他自我感觉良好，竟对此浑然不晓，由此充分反映王寀政治上的幼稚与不成熟。

王寀伏诛案发于政和八年六月二十八日，此有清代汇集两宋官方文书的《宋会要辑稿·刑法六》记载为凭："诏曰：……王寀儒馆通籍，勋阀之后，而议论交通踪迹，往复诗歌酬唱，辞所连逮者三十人。悖逆不道，谤讪妖讹，载籍所未尝有，人臣所不忍闻。（姚）立之、（王）大年、（王）寀，诛止其身，家属悉原。昺特贷死，长流海外。……故兹诏示，可出榜朝堂，布告在位，咸使闻之。"

不过，从南宋《景定建康志》卷四著录政和八年二月刻石府学碑已刊"徽宗皇帝手诏"，道及"比年以来，怀僭乱之异谋，干殊死之极宪，如赵谂、储侔、王寀、刘昺之徒，或贤科异等，勋阀世胄；或出入禁闼，侍从之领袖，为缙绅士大夫之大辱，闾巷无知愚夫愚妇之所愤疾，武夫悍卒未尝知书者，咸羞道而喜攻之，其故何也？岂利心胜而义不足以动之欤，抑劝导率励之方有所未至欤？夫经、传所载君臣之分，忠义之训，荣辱祸福之戒，岂

---

[3]　《宋史》卷三百六十二《范致虚传》。

[4]　《宋史》卷三百五十六《刘昺传》。

[5]　参看（南宋）庄绰《鸡肋编》卷中和（南宋）王明清《挥麈录》后录卷三记载。

不深切著明？今诵其言而不能效之行事。深虑薄俗浸渍，士风陵夷，失崇养之指，害教化之原，为天下后世笑。卿当师儒之任，以学行致大官，其思所以劝励兴起，俾知尊君亲上之美，无复暴戾邪僻之行，以居德而善俗，以化天下与后世，称朕意焉。故兹诏示，奉行毋怠"。

据此说明至迟政和八年二月，王寀已因案为徽宗收押大理寺而打入天牢，到六月行刑问斩弃市，其间侦讯历时达四月之久。如所周知，古有"文王拘而演《周易》"说，可惜王寀此时以误入歧途而叫天不应，唤地不灵，只有徒叹无奈的份了。至于他与徽宗均好占卜之道却最终都摆脱不了亡命、亡国宿命，诚如他的洞察时事的前辈政治变法革新家王安石于其《汴说》一文一针见血指出的："势不盈，位不充则热中，热中则惑。势盈位充矣，则病失之，病失之则忧。惑且忧则思决，以彼为能决。"

三、关于王寀死于非命的历史教训及其辑刻诸葛亮《玄莫帖》的文化遗产《汝帖》

倒叙王寀英年早逝且死于非命的历史真相，再追溯其前编辑《汝帖》入选诸葛亮《玄莫帖》原因，似乎就迎刃而解了。《汝帖》"秦汉三国刻书十五种·汝刻二·诸葛孔明"隶书《玄莫帖》十四字作：玄莫大寂混合阴阳先生天地柔刚。（图1）

且说宋徽宗尽管治国理政昏庸无能，但于艺术鉴赏却目光独到，喜好先贤法书名帖，其宫廷珍藏法帖名录《宣和书谱》，就有东晋"书圣"王羲之临仿三国"智圣"诸葛亮传世行草书帖《远涉帖》。宋徽宗甚至于该墨迹本卷首，以其独特的瘦金书题签曰"晋王羲之临诸葛亮帖"[6]。

耐人寻味者，宣和前徽宗诏令依照《淳化阁帖》规模，重刻《大观帖》"奉圣旨模勒上石"时间，跟王寀刊刻《汝帖》同在"大观三年"，只不过官刻《大观帖》在前为"正月一日"[7]，而私刻《汝帖》于后为"八月上丁"[8]。很显然，王寀在《大观帖》问世后不足一年里，就于任上汝州推出《汝帖》，不无见风使舵，跟风追随徽宗艺术喜好节奏而亦步亦趋，步步为

---

[6]　（清）李葆恂《海王村所见书画录》，载孙殿起辑《琉璃厂小志》附录，北京出版社，1962年12月，第405—407页。

[7]　《大观帖》每卷末刻："大观三年正月一日奉圣旨模勒上石"楷书二行以区别于《淳化阁帖》篆书落款。

[8]　王寀自跋结尾作："大观三年八月上丁，敷阳王寀记。"载见于南宋陈思《宝刻丛编》卷五。

图1　北宋《汝帖》"秦汉三国刻书十五种·汝刻二·诸葛孔明"隶书《玄莫帖》

营之嫌疑。[9]尤其"王寀任汝州郡守前，曾入馆登第为校书郎，于秘书省任著作左郎，又直秘阁。秘阁中收藏图籍书迹料有所涉猎，也一定掌握《淳化阁帖》内容"[10]，抑或有幸鉴赏过秘阁珍藏徽宗题签诸葛亮《远涉帖》等也未可知。

而王寀既已知晓徽宗精神信仰上喜欢问神占卜，又深谙他的文化艺术修养造诣。因此当守汝事闲，许是受偶然获得御赐《大观帖》影响，同时也不排除他崇拜能掐会算的诸葛亮，进而受意外获得诸葛亮《玄莫帖》残迹拓本启发。总之，他必然有自跋不曾透露秘密，从而促动、开启了他不甘寂寞等闲视之，无动于衷袖手旁观而无所作为的敏感神经，迅速闻风而动，以最快速度步秘阁皇风后尘而响应尾随，在八个月内，完成了刊刻以《淳化阁帖》为基础，包括搜罗明显有意识选择性择优植入，足与内府珍藏的诸葛亮《远涉帖》媲美、传世仅见的诸葛亮隶书《玄莫帖》在内的大型文化项目工程，即以"十二石刻置坐啸堂壁"的《汝帖》。王寀此举用意显而易见，明眼人大抵心照不宣。因之前丛帖仅出现过三国东吴、曹魏书家刻帖；而《汝帖》不仅破天荒首次在刻帖中发掘出蜀汉名家法帖，而且还是一代贤相诸葛亮替西汉著名日者——史学家司马迁《史记》单独为之立传的司马季主的墓碑亲笔题赞而遗存残留隶书刻帖，如此墨宝剧迹，自然格外受人瞩目重视。

另外，宋室内府虽珍藏王羲之临书诸葛亮《远涉帖》却秘不示人，非等闲之辈能有缘一睹颜色；而《汝帖·玄莫帖》公之于众，足以化身千万，

[9]　王寀上任之前，位列北宋五大名窑之首的汝窑瓷器烧造刚刚停止，他就此替徽宗效力已无用武之地而只得另辟蹊径；《汝帖》的刊刻，似乎就成了他步《大观帖》后尘而迎奉取巧的不二选择。

[10]　林业强《〈淳化阁帖〉的流衍——〈汝帖〉四题·〈汝帖〉与〈阁帖〉》，《书海观澜二：楹联·帖学·书艺国际研讨会论文集》，香港中文大学艺术系、香港中文大学文物馆，2008年3月，第316—319页。

其教化作用不言而喻。最关键者，《汝帖·玄莫帖》事关诸葛亮为史上著名日者树碑立传，歌功颂德，而宋徽宗痴迷占卜由来已久，[11]早在作端王时就曾命人持八字去开封大相国寺遍问吉凶。时有浙籍日者陈彦算出他为"天子命"，由此宠遇优渥，被赐官至节度使。时蜀人谢石善相字，徽宗闻讯又以一"朝"字命题令解。谢石道："大家天宁节以十月十日生，此'朝'字十月十日也，岂非至尊乎？"徽宗闻此击节赞叹。此后举凡"除擢侍从以上"高官，"皆先命日者推步其五行休咎，然后出命。故一时术者谓士大夫穷达，在我可否之间"[12]。因而王寀刊刻《汝帖·玄莫帖》，貌似偶合当局者嗜好明智之举，实则一箭数雕，用心良苦啊！

四、结论

如果说王寀曾崇拜景仰的一代名相诸葛亮五十四岁死于北伐曹魏前线，鞠躬尽瘁乃积劳成疾使然；则王寀四十岁死于非命的短暂一生，令人扼腕痛惜的同时，又未免归罪于他咎由自取、玩火者必自焚了。因为正是他自己年届中年前后沉湎丹方道术不能自拔，甚至如法炮制，拟以此投好方士之术的徽宗所好，却因自身道行尚浅，于徽宗召约某日即内殿致天神失败不验；兼以徽宗宠信妖道林灵素，对之几言听计从一旁陷害，遂为下大理狱弃市。他是成于艺术却败于方术！以其人生悲剧，反观春秋末年助越王勾践完成灭吴复越大业的大夫范蠡，以大名之下难以久居，且勾践为人可与共患难而难与处安，遂易名赴齐治产经商而成巨富；还有西汉助汉高祖刘邦底定天下、功成身退好黄老辟谷之术的张良，王寀英年获罪处死，历史教训相当惨痛深刻！发人深省同时令人警醒！

耐人寻味的是，宋徽宗虽对王寀处以极刑，其著《南陔集》和《岷山百境诗》等，恐怕也因当初文字狱而被毁版未能传世，且上述王寀同侪、朋辈更是噤若寒蝉，"毁诗灭迹"，唯恐殃及自身惹来"莫须有"罪名而明哲保身，然而王寀在汝州刊刻的《汝帖》居然毫发无损，传承有绪被保全下来，

[11]　参看张邦炜、朱瑞熙、刘复生、蔡崇榜、王曾瑜《宋辽西夏金社会生活史》第十六章《巫卜》第一节《宋朝的巫卜》，中国社会科学出版社，2005年8月第2次印刷，第249页。

[12]　参看（南宋）袁褧《枫窗小牍》卷上，（南宋）周辉《清波杂志》卷三，（南宋）蔡絛《铁围山丛谈》卷三。关于谢石拆字轶闻，如（南宋）洪迈《夷坚志补》卷十九《谢石拆字》《蓬州樵夫》《朱安国相字》均有记载。

从未风闻有宋徽宗下诏摧毁王寀刊刻《汝帖》刻石的史料文献。这一看似意外的幸事，很可能跟徽宗崇尚古代书家名帖的个人兴趣爱好有关，遂朱笔轻搁，网开一面，《汝帖》终如漏网之鱼般幸运得以保留并传播至今。这应当说是传统文化艺术的魅力，令贵为"天下一人"的宋徽宗折服而不敢狂妄造次使然。哪怕在本朝臣子前大可颐指气使，肆意妄为，甚至随意操持生杀大权，可在古代先贤文化遗产前，他却不敢胡作非为而轻举妄动，只能装出心悦诚服虔诚敬畏状，以免遭到报应而沦为千古历史罪人。而这对充满悲剧人生色彩的《汝帖》主持者王寀而言，或许就是唯一足以告慰其亡灵的不幸中之大幸了。

《玄莫帖》所见诸葛亮意识形态及其隶书取法

一、由元人记载上溯南朝梁代陶弘景《真诰》的著明出处诸葛亮《玄莫帖》

中国史上智慧的化身——三国蜀汉丞相诸葛亮擅长各体书法，此说始见于北宋《宣和书谱》卷十三《草书一·草书叙论》[1]："篆、隶之作古矣。至汉章帝时，乃变而为草。骎骎至两晋，王氏羲、献父子遂进于妙。……自汉、晋、宋以还，以草书得名者为多，故以流传于今者，凡得六十五人。以其世次之，汉得张芝，蜀得诸葛亮……蜀诸葛亮，字孔明，琅邪阳都人也。……善画，亦喜作草字。虽不以书称，世得其遗迹，必珍玩之。有创物之智，出于意匠，为木牛流马，皆足以惊世绝俗；而《八阵图》咸得其要，以是心画之妙，可以不学而能，盖绪余以及于此耳。仕蜀，位至丞相。今御府所藏草书一——《远涉帖》。"

延至两百年后，元代泰定（1324—1327）年间工书善画的郑杓撰著书法史论《衍极》又曰："诸葛武侯，其知书之变矣。"与郑杓同时同郡的刘有定注解曰："武侯名亮，字孔明，为汉相。先主作三鼎，皆亮篆、隶。八分书极其工妙。今帖中有'玄莫大寂，混合阴阳'等字。"这里提及刻帖中诸葛亮书法，指的就是北宋大观三年（1109）汝州地方官王寀辑刻《汝帖》"秦汉三国刻书十五种·汝刻二·诸葛孔明"的隶书《玄莫帖》，残存十四字，作"玄莫大寂混合阴阳先生天地柔刚"。此间拟论证的，正是诸葛亮该隶书取法依据的出处。因为严格意义上说，《玄莫帖》是直接取自诸葛亮碑刻书法的拓本，且是最接近其亲笔墨迹而"下真迹一等"的传世罕见的刻帖书法。诸葛亮书法艺术成就到底如何？其隶书究竟是独具个性面目？还是有所渊源？这些学术提案，就是本文拟予以解决的探讨议题。首先让我们从《玄莫帖》反映的诸葛亮哲学思想说起。

追溯《玄莫帖》文本内容，应当说渊源有自，是较之《远涉帖》流传脉络更为久远清晰的诸葛亮书作，其原始记载最先见诸南朝梁代博通历算，隐居不仕，梁武帝礼聘不出，然朝廷大事每以咨询，时称"山中宰相"而主张

---

[1]　（北宋）《宣和书谱》作者一作"内院奉敕撰"，元明·陶宗仪《书史会要》则作"吴文贵撰"。

儒、释、道合流的陶弘景的著作《真诰》卷十四："司马季主，后入委羽山石室大有宫中，受石精金光藏景化形法于西灵子都。西灵子都者，太玄仙女也，其同时今在大有室中者，（西汉高祖刘邦时期）广宁鲍叔阳、太原王养伯、（西汉惠帝时期）颖川刘玮惠、岱郡段季正，俱受师西灵子都之道也。季主临去之际，托形枕席为代己之像，墓在蜀郡成都升盘山之南。诸葛武侯昔建碑铭，德于季主墓前，碑赞末曰：玄漠太寂，混合阴阳。天地交泮，万品滋彰。先生理著，分别柔刚。鬼神以观，六度显明。"[2]此后北宋主持校正道教经典总集《道藏》，复撮其精要编成《云笈七签》的张君房，在该书卷八十五《司马季主》，元郑杓撰、刘有定注释论古人书法之变《衍极》卷上，明王志庆编《广博物志》卷十二，明末张溥编《汉魏六朝百三家集》卷二十二《司马季主墓碑》辑录均同。由此从文字内容上分析，《玄莫帖》实属诸葛亮在成都为相时，亲自替西汉卜士司马季主撰书墓志铭而遗存到北宋初期残存的十四字拓本。[3]

　　诸葛亮出于什么原因为西汉卖卜长安东市的卜士司马季主位于成都的衣冠冢树碑立传？这牵涉到其本身价值取向、思想操守和宗教认同归属等多方面问题。就此话题，笔者曾有《关于诸葛亮的日者理念与道家倾向：兼谈诸葛亮〈玄莫帖〉本事》详尽论及此议，[4]此不赘述，仅将主要观点加以概括引证以说明跟他隶书取法关系。

二、关于史上诸葛亮的真实日者理念与道家思想

　　首先需明确者，诸葛亮的日者理念与道家倾向，并不因古来文艺作品将他神机妙算聪明才智神圣化甚至妖魔化为转移。[5]事实上，吴蜀相争时，刘备兵败后"改鱼复县曰永安"之举，就大有挽救其失败命运不致全军覆没葬送

---

[2]　《汝帖·玄莫帖》隶书十四字作"玄莫大寂混合阴阳先生天地柔刚"，疑北宋集帖者不谙铭文排列原秩，故而"先生天地柔刚"六字秩序与原文有所颠倒。看看陶喻之《孔明真帖传世否？》，载上海书画出版社，《书法》2011年第3期，第99—101页。

[3]　西汉著名史学家司马迁极为景仰西汉日者司马季主的才识，故而其《史记》卷一百二十七为此曾单独替他个人开辟"日者列传"记述其生平事迹"志而著之"。

[4]　陶喻之《关于诸葛亮的日者理念与道家倾向：兼谈诸葛亮〈玄莫帖〉本事》，载《纪念刘备入蜀1800周年：诸葛亮与三国文化》第4期，四川科技出版社，2011年8月。

[5]　譬如鲁迅先生曾经专门就明代中国四大名著之一罗贯中《三国演义》塑造诸葛亮"多智"有些过头而很不以为然，并一针见血地指出："至于写人，亦颇有失……状诸葛之多智而近妖。"载鲁迅《中国小说史略》第十四篇《元明传来之讲史》（上）。

鱼腹，遂求上苍保佑蜀国永远平安无事的心理表征与隐喻暗示，这几乎成了心照不宣的难言之隐。而在西晋史学家陈寿撰著的《三国志》中，竟然也把刘备出兵失利归结于所谓"黄气见自秭归十余里中"的超自然现象[6]，这说明观象望气、占候卜筮等追求先知先觉不同凡响感应，在古代是约定俗成的普遍社会现象，帝王、史家概莫能外。[7]而据东晋尤好神仙导引之法的葛洪《神仙传》卷三记载，刘备在准备大举讨伐东吴前夕，蜀中著名日者李意期暗示他不宜出兵[8]，但刘备自作聪明，对此并不理会，贸然决定与东吴交战，终于酿成丧师失地甚至自己也因此一命呜呼的悲剧。

　　刘备误以为蜀中日者李意期对他傲慢无礼，且不解其只可意会难以言传的旁敲侧击占卜深意，竟擅自决定发兵东吴。此时诸葛亮并不在川东鱼复，但事后想必深谙李意期之举是带有婉转劝谏的寓意的。因亮为人淡泊，宁静致远，善于明辨事理，审时度势，洞察世事，甚至一定程度上说，他跟西汉日者司马季主和蜀中日者李意期等为人处世有着惊人相似之处，诚如以上《宣和书谱》和《衍极》道及其生平所谓"躬耕南阳，高卧不仕，蜀先主三往见然后起。……其王霸之略，皆先定于胸中，卒如所期"。亦仿佛《出师表》中自我表白坦陈的："臣本布衣，躬耕于南阳，苟全性命于乱世，不求

---

[6]　（西晋）陈寿《三国志》卷三十二《蜀书·先主传》第二。

[7]　参看陈华昌《曹操与道教及其仙游诗研究》，陕西人民出版社，2002年9月。

[8]　（东晋）葛洪《神仙传》卷三载："李意期者，本蜀人。传世见之，汉文帝（前179—前157）时人也，无妻息。人欲远行速至者，意期以符与之，并丹书两腋下，则千里皆不尽日而还。或说四方国土宫观市尘，人未曾见闻，说者意不解，意期则为撮土作之，具盈寸，其中物皆是，须臾消灭。或行不知所之，一年许复还。于是乞食，得物，即度与贫人。于城都角中作土窟居之，冬夏单衣，饮少酒，食脯及枣果。刘玄德欲伐吴，报关羽之死，使迎意期，意期到，甚敬之，问其伐吴吉凶。意期不答，而求画作兵马器仗十数万，乃一一裂坏之，曰："咄！"又画作一大人掘地埋之，乃径还去。备不悦。果为吴军所败，十余万众，才数百人得还，甲器军资略尽。玄德忿怒，遂卒于永安宫。意期少言，人有所问，略不对答，蜀人有忧患往问之，凶吉自有常候，但占其颜色；若欢悦则善，惨戚则恶，后入琅邪山中，不复见出也。"以上所选版本系以汉魏丛书为底本之中华书局1991年丛书集成初编；中华书局本第四册《三国志》卷三十二《蜀书·先主传》第二援引葛洪《神仙传》版本内容甚至名字稍异作："仙人李意其，蜀人也。传世见之，云是汉文帝时人。先主伐吴，遣人迎意其。意其到，先主礼敬之，问以吉凶。意其不答而求纸笔，画作兵马器仗数十纸已，便一一以手裂坏之，又画作一大人，掘地埋之，便径去。先主大不喜。而自出军征吴，大败还，忿耻发病死，众人乃知其意。其画作大人而理之者，即是言先主死意。"又，四库全书本《神仙传》卷十"李意期"卷次、文本内容与上述丛书集成本《神仙传》卷三"李意期"也略有不同，"李意期者，蜀郡人也，传世识之，云是汉文帝时人也。无妻息，人有欲远行速至者，意期以符与之，并以丹书其人两足，则千里皆不尽日而还。人有说四方郡国宫观市井者，座中或未见，重问说者，意期即为撮土作之，所作郡国形象皆是，具盈寸耳，须臾消灭。或游行不知所之，一年许复还。于蜀中乞食，所得以与贫乏者。于成都角中作一土窟而居其中，冬夏单衣，发长剪去之，使长五寸计，啜少酒脯及枣果，或食百日不出窟则无所食也。刘玄德欲东伐吴，报关羽之怨，使迎意期，意期到，玄德敬礼之，问其伐吴。意期不答而求纸笔，玄德与之，意期画作兵马器仗十数纸，便一一以手裂坏之，曰：'咄咄！'又画一大人，掘地埋之，乃径还去。玄德不悦而出。军果大败，十余万众，才数百人得还，器仗军资一时荡尽。玄德忿耻发病而卒于永安宫。乃追念其所作大人而理之，正是玄德之死象也。意期少言语，人有所问，略不对答，蜀人有忧患往问凶吉，自有常候。但占意期颜色；若欢悦则百事吉，惨戚则百事恶。邓艾未到蜀百余日，忽失意期所在，后入琅邪山中，不复见出也。"

闻达于诸侯。先帝不以臣卑鄙，猥自枉屈，三顾臣于草庐之中，咨臣以当世之事，由是感激，遂许先帝以驱驰。"

由此我们将擅长谋略的诸葛亮跟能掐会算的司马季主、成都卜士严君平和三国日者李意期做一简单类比，不难发现一个结论：若诸葛亮没有被刘备真诚感动，不出山辅佐，继续躬耕隆中的话；刘备当初若因一顾、两顾不遇诸葛亮而没了耐心，浅尝辄止，不求贤若渴的话；或者像后来对待不善言辞的李意期般，根本不为诸葛亮鉴于他礼贤下士、三顾频频而向他和盘托出，详尽分析天下三分鼎足大势理论所折服的话，善于出谋划策的诸葛亮的人生道路，很可能跟西汉重臣宋忠、贾谊不耻下问的司马季主，西汉文学家、哲学家和语言学家扬雄的师长严君平，以及蜀汉时期不为刘备信用的李意期一样，至少会沦为差不多的日者、卜士等隐者逸士角色，因为他们的人生态度和处世哲学有着明显的趋同性。也难怪有学者这样指出："在三国之中，各为其主，有他自己的理由和原因，然而为政之术，多采黄老，其中诸葛亮是比较典型的，所以我们说诸葛亮是秦汉新道家的殿军。"[9]

尽管目前无史料能验证诸葛亮在昭烈帝逝后居丧成都时，或他准备南征北伐的成都时期，曾凭借本身道行、智慧与经验，成功预料过成败得失；或他因缺乏足够把握而向李意期或其他蜀中日者探讨过吉凶宜行与否；不过，作为平生行事谨慎而从不弄险的诸葛亮，鉴于刘备不信日者委婉曲意规劝而刚愎自用，一意孤行，大败而归，甚至自己命丧归天的惨痛教训，完全有理由相信诸葛亮南征北伐前夕，自我估量预算乃至跟蜀中日者共同协商征求过他们意见，借此周全谋划，未雨绸缪，妥善行事。尤其通过他曾在成都替司马季主树碑书铭这一举动，几已不言自明地传递并加深了这样一重印象，即诸葛亮当初是相当敬重为《史记》本传记录在案并极受西汉史家司马迁和大儒贾谊推崇的著名日者司马季主的。

至于诸葛亮撰写司马季主墓铭完整篇幅内容，今已不得其详；目前人们只有据陶弘景《真诰》著录铭文和残存《玄莫帖》隶书片言只字而观其大概的想象空间。不过，《玄莫帖》开宗明义提到的"玄"，倒是跟自先秦滥觞直到魏晋兴盛的玄学风气有一脉相袭的某些关联。据载，西汉成都著名卜士严遵（君平）弟子扬雄世界观里就相当注重"玄"字。他曾效法《易经》作《太

---

[9]　熊铁基《秦汉新道家》第六章《从吕不韦到诸葛亮》，上海人民出版社，2001年3月，第174页。

玄》，提出"玄"乃宇宙万物根源学说，强调如实认识自然现象的必要性，并认为"有生者必有死，有始者必有终"，驳斥了当时盛传的神仙方术。

而有关诸葛亮个人修行的道家思想，特别是相关理论阐述，正史上仅见零星记载，并无长篇大论而令人琢磨不透，倒是传统京剧折子戏《空城计》里，有一段表现诸葛亮独坐西城镇定自若，向大军压境的司马懿袒露心迹的自述唱词，十分坦率贴切到位地表白了他的道家风范："我本是卧龙岗散淡的人，凭（一作评）阴阳，如反掌，保定乾坤。先帝爷下南阳，御驾三请，算就了汉家的业，鼎足三分。官封到武乡侯，执掌帅印，东西战，南北剿，博古通今。周文王访姜尚，周室大振，汉诸葛怎比得，前辈的先生？"[10]

从《真诰》著录诸葛亮替司马季主撰写碑铭，反观舞台艺术上诸葛亮该唱词，应该说唱词相当符合或者贴近史上诸葛亮的性格。尽管唱词并非历史人物诸葛亮的真实独白，但在其为司马季主撰碑铭提到的"阴阳""柔刚"理论中，不难发现其道家修养博大精深。因为"阴阳"学说乃道家哲学出发点，它通过八卦形式推演自然和社会变化，主张阴阳两股势力相互作用是产生万物的根源，提出"刚柔相推，变在其中矣"等富有朴素辩证法的观点，所谓："男女相成，犹天地相生也。所以神气导养，使人不失其和。天地得交接之道，故无终竟之限；人失交接之道，故有伤残之期。能避众伤之事，得阴阳之术，则不死之道也。天地昼分而夜合，一岁三百六十交，而精气和合，故能生产万物而不穷。人能则之，可以长存；次有服气，得其道则邪气不得入。"[11]由此意义出发，诸葛亮道家思想的源头显然应该追溯到儒学重要经典之一《易经》学说；而循此思路就其《玄莫帖》书法渊源追根究底，东汉《熹平石经》隶书《周易》篇，无疑是汉魏学子共同传抄、摹写经籍书法的不二法门。[12]

三、《熹平石经》体隶书对于汉魏和后世书学传习的垂范意义

检于右任先生捐赠西安碑林、1929年出土于河南洛阳的《熹平石经·周易》残石，其碑阴有隶书"天""刚""合""阴"等字，对照《玄莫帖》相

---

[10] 参看徐世英编著《京剧唱词选注》，人民日报出版社，1992年1月，第66页；上海人民广播电台文艺台戏曲科编《京剧小戏考》，上海文艺出版社，1990年2月，第45页。

[11] （东晋）葛洪《神仙传》卷一《彭祖》。丛书集成本。

[12] 北宋黎持在为建西安碑林而立《京兆府学移石经记》碑中，曾就东汉学子竞相驱车洛阳观摩《熹平石经》盛况叹为观止道："然以洛阳蔡邕石经四十六碑观之，其始立也，观视摹写者车乘日千余辆，填塞街陌，可谓盛矣。及范蔚宗所见其存者才十有六枚，余皆毁坏磨灭。然后知不得其人以护持，虽金石之固亦难必其可久此。"

图1　上海博物馆藏东汉熹平四年（175）《熹平石经·周易》残石相关隶书文字

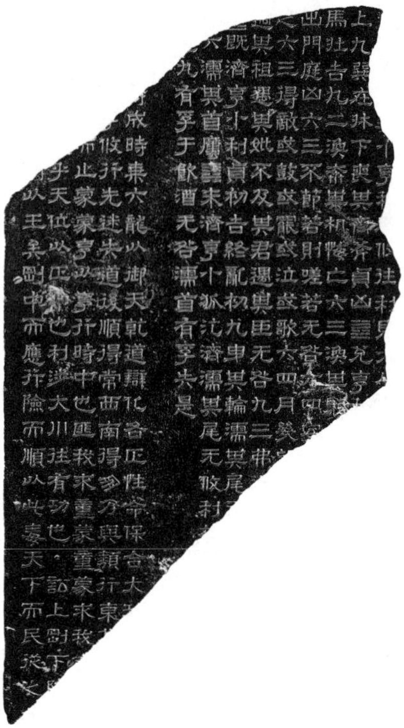

图2　上海博物馆藏东汉熹平四年（175）《熹平石经·周易》残石相关隶书文字

应的书法，果然两相仿佛，书风十分地接近。无独有偶，上海博物馆藏甲、乙两块足与西安碑林《熹平石经》拼合的、东汉熹平四年（175）刻立于河南洛阳的石经残石，内容同为隶书《周易》。[13]其中一块是长期固定陈列于"中国历代书法馆"的《周易》残石，其碑阴自右至左第五竖行正有隶书"阴阳合德而刚柔有体以体天地之撰以通神明"字迹。（图1）另外，甲石碑阴自左往右第7行有隶书"天地合"字迹，第13行有"阴""阳""柔刚""天"，第15行有"天"；乙石碑阳也可掇取"天""大""合""先""刚"各字（图2）。比照对应《玄莫帖》残存九字隶书，笔势风格如出一辙，当一手所为，可谓忠实传承了《熹平石经》体隶书精神。尽管目前尚有五字无法在《熹平石经·周易》残石中找到可资对应的书法，但我们已基本可断定诸葛亮《玄莫

[13]　范邦瑾《〈熹平石经〉的尺寸及刻字行数补证》，载《文物》1988年第1期，第58—64页；范邦瑾《西安碑林的一块〈熹平石经·周易〉残石补释》，载《上海博物馆集刊》第六期，上海古籍出版社，1992年10月，第94—98页。

帖》隶书必取法于《熹平石经》无疑了。这不管从相关文本文字还是书法艺术考察，都恰如其分，最能体现书文并茂、渊源有自的关系，想必当年诸葛亮书写碑铭时业已充分认识与考虑到了这几层深意。

《熹平石经》立于东汉晚期的中原东都，三国时地属曹魏腹地。清程文荣《南村帖考》称："此（《玄莫帖》）必集魏碑中字，然今无考。元刘有定注《衍极》引之，岂真以为武侯书耶？"按，曹魏挟天子以令诸侯而自称汉室正统，故而《南村帖考》认为《玄莫帖》出自魏碑或不为过，不过，他对诸葛亮书写《玄莫帖》这一说法存疑则显然有失偏颇。据北宋书坛对诸葛亮书法艺术成就的认可，梁陶弘景《真诰》对诸葛亮替司马季主撰墓铭的著录，北宋《汝帖》间诸葛亮隶书《玄莫帖》残本刻帖拓本翻刻的传世，再由《玄莫帖》残本及《真诰》著录铭文体现诸葛亮哲学思想为线索，追溯比对今残存世间《熹平石经·周易》篇书法，《玄莫帖》隶书崇尚、根据的出处最终水落石出。换言之，从诸葛亮道家精神和他称颂的对象司马季主的身份出发，他临摹当年士林趋之若鹜取法，几络绎不绝于途而洛阳纸贵，视作为正统的流行书风《熹平石经·周易》体隶书，非但完全可能而且无比贴切。

四、关于明清丛帖中的诸葛亮《玄莫帖》

综上所述，由传世确凿可信诸葛亮唯一亲笔隶书刻帖《汝帖·玄莫帖》，结合北宋《宣和书谱》认定诸葛亮擅长各体书法的表述，充分验明诸葛亮不愧为名垂蜀汉书法史的一位全能书法艺术大家，后世就此帖的质疑自然不攻自破。值得指出的是，针对明郭秉詹缩临、清嘉庆十八年（1813）南海叶梦龙撰集、谢青严摹勒的《贞隐园法帖》戊集中"诸葛亮书并跋"亦标为"蜀诸葛武侯孔明"《玄莫帖》（图3），晚近帖学家张伯英《法帖辨伪》曰："郭氏于临仿之工颇深，而鉴古之识殊浅，所临行草每杂用《阁帖》中伪迹，是其一失。"此言殆指包括《玄莫帖》在内者。但郭跋坚称："余少而酷嗜诸体书，篆隶更甚，惜海滨贫居，耳目殊陋，然所鉴别，自觉弗颇。每搜名迹，辄忘饥疲。尝谓群季，勒《汝帖》者，一何痴使孔明仅此十四字之留？然亦幸此帖十四字之遗也。其（诸葛亮）笔清劲平整，须腕指极有力，工夫极能，方可几此……"（图4）

另外，清代碑帖行家钱泳所著《履园丛话》提及伪刻北宋元祐四年

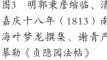

图3　明郭秉詹缩临、清嘉庆十八年（1813）南海叶梦龙撰集、谢青严摹勒《贞隐园法帖》

图4　明郭秉詹缩临、清嘉庆十八年（1813）南海叶梦龙撰集、谢青严摹勒《贞隐园法帖》戊集"蜀诸葛武侯孔明"《玄莫帖》"诸葛亮书并跋"

图5　伪刻北宋元祐四年（1089）《戏鱼堂帖》"第一"诸葛亮《玄莫帖》

图6　伪刻宋《星凤楼帖》第一卷子集"汉魏""诸葛亮《玄莫帖》"

（1089）《戏鱼堂帖》"第一"和伪刻宋《星凤楼帖》第一卷子集"汉魏"均收有"诸葛亮《玄莫帖》"。（图5、图6）张伯英《法帖辨伪》曰："《戏鱼堂帖》十卷通行本，宋刘次庄重摹《淳化法帖》，附以释文，名'戏鱼堂'。见宋以来记载，而其帖久佚不复可见，此帖亦名'戏鱼堂'。帖尾真书二行'元祐四年四月刘次庄摹于戏鱼堂上石'，既非重摹《淳化》，亦无释文，所收书以明王肯堂《郁冈斋帖》为蓝本，兼采其他诸帖，与真'戏鱼堂'显然二物且渺不相涉。由刻者并不曾见'戏鱼'，唯知有此名，遂妄刻十卷，冒其名以应求者。非惟宋时无此物，明时亦并无此物，所谓非驴非马，不古不今，供好事者插架之需而已。中有诸葛亮、曹子建（植）书，皆荒谬，不审其所从来。"

按，张伯英考述收录《玄莫帖》通行本《戏鱼堂帖》《星凤楼帖》系出后世伪造，并非真正宋刻帖，殊有见地。前已论及，已知辑录《玄莫帖》系北宋大观三年（1109）汝州知州王寀编纂的《汝帖》。《戏鱼堂帖》纵然始刻于此前廿年即元祐四年（1089），该帖也几乎全以《淳化阁帖》为蓝本，向未有集刻诸葛亮《玄莫帖》的记录。所以，目前所见收录诸《玄莫帖》通行本的《戏鱼堂帖》和《星凤楼帖》，自如张伯英所考，均属后世拼凑翻刻，系组装伪帖无疑。不过，张伯英因此怀疑明郭秉詹缩临、清叶梦龙撰集的《贞隐园法帖》，乃至北宋《汝帖》率先搜集编刻诸葛亮残剩《玄莫帖》也统属伪帖，则以偏概全了，特此指谬，祈正视听。

《宣和书谱》著录诸葛亮《远涉帖》源流考

一、北宋《宣和书谱》著录在案诸葛亮行草书《远涉帖》

三国蜀丞相诸葛亮有《远涉帖》问世传世，始见于北宋内府佚名撰著《宣和书谱》卷十三《草书叙论》：

篆隶之作古矣，至汉章帝时，乃变而为草。骎骎至两晋，王氏羲、献父子，遂进于妙。汉如蔡邕，亦一时号为子墨卿也。稽考古今法书，而独以草书为秦苦篆隶之难，不能投速，故作草书，是不知杜度倡之于汉，而张芝、皇象，皆卓卓表见于时，崔瑗、崔寔、罗晖、赵袭，各以草书得名，世号章草。至张伯英出，遂复脱落前习，以成今草。且草之所自，议者纷如。或以为稿草之草，或以为草行之草，或以为赴急之书，或以为草昧之作。然则谓之草，则非正也。孔子所谓为命裨谌草创之是也。若楚怀王使屈原造宪令，草稿未成，上官见欲夺之。董仲舒欲言灾异，草稿未成，主父偃窃而奏之。今犹以起草为稿者，其近之也，世遂以草书为一家。故自汉晋宋以还，以草书得名者为多，姑以流传于今者，凡得六十五人，以其世次之。汉得张芝，蜀得诸葛亮，晋得张华、郗愔、王谢子弟辈十九人。

紧接其后《草书一 章草附 蜀》进一步阐述：

诸葛亮，字孔明，琅邪阳都人也。少孤，依从父玄，玄卒，亮躬耕南阳，高卧不仕。蜀先主三往见然后起。先主喜而谓其臣曰：吾之得亮，犹鱼之得水也。其王霸之略，皆先定于胸中，卒如所期。尝自比管仲、乐毅，识者许之。善画，亦喜作草字；虽不以书称，世得其遗迹，必珍玩之。有创物之智，出于意匠。为木牛流马，皆足以惊世绝俗。而《八阵图》，咸得其要。以是心画之妙，可以不学而能，盖绪余以及于此耳。仕蜀，位至丞相。今御府所藏草书一。（《远涉帖》）

因此说见诸北宋宫廷珍藏著录，人们自无理由怀疑其出自伪造而多信以为真。

二、元代鉴赏家对《远涉帖》几种记录与表述

　　迨宋末元初王恽《秋涧先生大全文集》卷七十三《跋诸葛公〈远涉帖〉》又载："诸葛武侯《远涉》遗帖，余既冠时，与鲜于纯叔获观于沙麓张氏家。迨大德庚子（四年，1300）冬，诏集贤所贮书画，赐其院之官属。吕司直所得者，亦有是帖。老眼复观，焕若神明，顿还旧观。然比之向所见者，后有东坡跋语，辨其印章，王泉公家曾收。彦瞻博雅好古，可谓物得所归矣。"王恽同集四卷九十五《玉堂嘉话》卷之三又曰："《远涉帖》，予二十年前观于大名魏氏家，未敢必为孔明书。及入秘监见《宣和书谱》，乃知宋御府所收，为武侯书明矣。"

　　王恽（1227—1304），字仲谋，元卫州汲县人。授翰林学士，加通议大夫，知制诰。参与修国史，奉旨纂修《世祖实录》。"操履端方，好学善属文"，师从金文学家元好问（1190—1257）。《元史》卷一百六十七《列传》第五十四有传。其跋云元定宗二年（南宋淳祐七年，1247），他廿岁（冠时）即获观《远涉帖》于直隶大名（即沙鹿）张家。成宗大德四年（1300），其晚年七十四岁时再度获观于集贤院。再案其《玉堂嘉话》序于至元二十五年（1288），则其"二十年前观于大名魏氏家"说，当在至元五年（即南宋末年咸淳四年，1268）四十一岁时。总之，王恽曾于青年、中年和暮年三度鉴赏《远涉帖》；再加之字画品鉴水平高明[1]，可知该书帖于北宋迭经苏轼等人寓目，亦可见前及此帖确见于北宋徽宗前不谬；即其应是件信实可靠的诸葛亮传世书翰，曾经一直密藏于两宋宫苑内府。似乎直到宋元易代之际，才悄然流落到北方大名府在张、魏两家传递，入元后则仿佛又重被纳入元朝内府收藏。

　　而后，元政府体制改革，将图籍文物划归秘书监管理，唐宋两朝执掌图籍的集贤院职能性质发生转变；大德四年，包括《远涉帖》在内原先归属集贤院所藏南宋皇宫移交和征集所得历代字画，居然全被赐赠给集贤院官属，公器私用，有"吕司直"与"彦瞻"者相继接盘入藏了《远涉帖》。从上递藏记录表明：《远涉帖》自北宋起到元代有绪传承，路径过程基本清楚明晰，有具体收藏对象可资对质查证。只不过王恽初见《远涉帖》时尚无苏轼

---

[1]　（元）王恽《秋涧先生大全文集》卷七十一到七十三共计一百五十一幅古字画题跋均乃其收藏或寓目。

题跋，但到元朝"王泉公家"收藏始现苏跋。

宋末元初至元到大德年间（1264—1307），另一位以文章名世的山东东平人王旭（约1264年在世）《兰轩集》卷一《题诸葛武侯帖》诗有云："堂堂卧龙公，人物冠千古。手提虞渊日，志欲还正午。长星陨中宵，遗恨塞寰宇。谁云侪管乐？自可配伊尹。借使书不工，犹当宝遗楮。君家二十字，得之自何许。气势逸且豪，龙鸾骞以举。奇宝神所贪，堤防六丁取。相传傥非赝，千金莫轻予。原注帖云：师徒远涉，道路甚艰，自及褒斜，幸皆无恙，使回，驰此，不复一一。"[2]这是文献中首次披露当时所见并释读《远涉帖》全部墨书文本内容者。从王旭这位元代文学家的诗歌题目及其内容肯定语气综合研判，他是相当欣赏与认同这幅传为诸葛亮硕果仅存的法书墨迹的。

三、清早、晚期鉴藏家就《远涉帖》的记载与详尽著录

元代以降，《远涉帖》在清初收藏家高士奇（1645—1703）康熙四十四年（1705）六月拣定进上手卷《江村书画目》"送字号"中又见踪迹。"送字号"第一百七十作："晋王羲之临诸葛武侯尺牍一卷　进上。二两。"按，同在"送字号"中涉及诸葛亮墨迹有二，除"晋王羲之临诸葛武侯尺牍一卷"外，尚有已明确非《远涉帖》之"汉诸葛孔明《黄陵庙碑记稿》一卷"，结合晚清收藏家李葆恂《海王村所见书画录》著录《远涉帖》信息，明眼人一望而知高江村所谓"晋王羲之临诸葛武侯尺牍"，就是上述的诸葛亮《远涉帖》，而且这是首次出现该诸葛亮手札系出自王羲之临本的鉴定意见。

高士奇就此两件诸葛亮墨宝真伪，并不如对"送字号""进字壹号""进字贰号""无跋藏玩手卷""无跋收藏手卷"等其他呈送皇帝书画般径书直言作"不佳""不真""不堪""赝""假""好而不真""好赝本""新而佳者""旧而不真""旧伪物""赝中之佳者""不可进""乱真"之类鉴定评语，而是将《远涉帖》列入"进上"呈献皇帝御览名单；就《黄陵庙碑记稿》，也仅作"泰兴之物，可玩"六字结论。足见帖、稿虽同样仅值二两，但并不排除其真品可能；否则，以赝品贡奉清圣祖赏玩，似难逃欺君瞒上罪责。

---

[2]　荷蒙山东泰安泰山学院周郢教授不吝赐教，谨此深致谢忱！

晚近文物鉴赏家罗振玉（1866—1940）认为"进字号"是高士奇进献内府之物，而"送字号"供馈赠之用。高胆敢以赝品欺骗厚待他的圣祖，"心术至此，令人骇绝"。其实卷首注明"康熙四十四年拣定"云云，其时高已去世两年整，故"拣定"者当系高子孙，而非如罗所云出于高亲自"手定"，应是在高批注底账基础上子孙增删而成。进献赝品虽出于高授意，可生前并未付诸实行，他死后子孙挑选部分呈上，但留在内府少之又少。倘若"根据《书画目》中浓厚的商业色彩和'进字号'的名目就推断康熙时代的官僚收藏家敢于置眼前经济利益于帝王权威之上，未免过于简单"[3]。而据李葆恂记载分析，真正《远涉帖》原迹当初并未进宫而一直在民间辗转递藏；故高士奇所得本很可能是件貌似颇有古旧气息的高仿本。

清光绪十四年（1888），《远涉帖》真迹由北京"寄观阁"古玩店主计彬（字文卿）[4]觅自山西太谷（一说太原），旋为在京收藏家李葆恂（1859—1915）觊觎，遂诡称后人仿作，轻而易举以廿两银子"拣漏"，一举居为奇货。[5]此事一度传为琉璃厂古肆有眼不识瑰宝的笑柄，也被寄观阁古玩店掌柜计彬自视为做生意自我经验定力不足"血的教训"和奇耻大辱，每每会对新来徒弟痛诉一番罪己论以示警诫；甚至至今当年发生在寄观阁这则掌故，还被北京古玩界前辈陈重远先生撰著《古玩史话与鉴赏》《鉴赏述往事》《文物话春秋》《收藏讲史话》等系列丛书提及，引以为经营古玩走眼沉痛经验，恕不一一赘引。而李则就己巧取计赚之举颇为自得，不仅把购置原委记录在案，而且将书帖上前后题跋、印鉴悉数著录于其《海王村所见书画录》（图1、图2），姑援引其词以见本末、规模。

晋王羲之临诸葛亮帖（宣和瘦金书绫签——李葆恂原注）

师徒远涉，道路闻艰，自及褒斜，幸闻无恙，使回，记此，不复云云。亮顿首。

右书三行，硬黄纸，疑是唐人双钩廓填本也。有宣和、绍兴各小玺，双

---

[3] 邵彦《江村销夏录》说明，辽宁教育出版社，2000年1月版。

[4] 孙殿起《琉璃厂小志》第四章《贩书传薪记》附"古玩字画业寄观阁计彬，字文卿，□□人，于光绪□年开设，至二十年后，马铜柱，字瑞亭，山西□□县人，接作此业。徒刘巘（华西，宛平县人）、康□□（竹亭，涿县人）、赵福龄（鹤舫，大兴县人）、杨福旺（润芝，宛平县人）"上海世纪出版集团，上海书店出版社，2011年12月，第182页。

[5] 一说《远涉帖》是为光绪二年（1876）浙江湖州籍探花，光绪十四年（1888）兼署国子监司业、左春坊左中允、翰林院撰文、会典馆协修，工书法，笔意风流倜傥的冯文蔚（1814—1896）设计赚取，参看《龙门阵》2013年第1期《冯翰林捡漏得神品》。

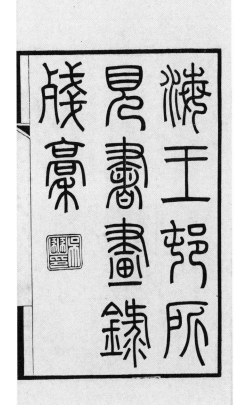

图1　清李葆恂《海王村所见书画录残稿》书名题署

海王村所見書畫錄殘稿目

晉王右軍臨諸葛君遠涉帖　顧虎頭洛神圖

唐李昇袁安卧雪圖　五代衛賢盤車圖

宋范寬重山複嶺圖卷　董北范山水大軸

梁楷放牛歸馬圖　米敷文自叙帖卷

宋元名人山水集冊　元黃公望秋山無盡圖

王叔明丹山瀛海圖　王叔明高山僊館圖

明居士貞山水軸　國朝王石谷蘇齋圖卷

王石谷山水軸　王石谷山水軸

謹按　家君舊著有海王村所見書畫錄十卷凡三易稿而成光緒己亥刻於析津未及半而拳民亂作稿本遂付刦灰此其初稿也亂時爲

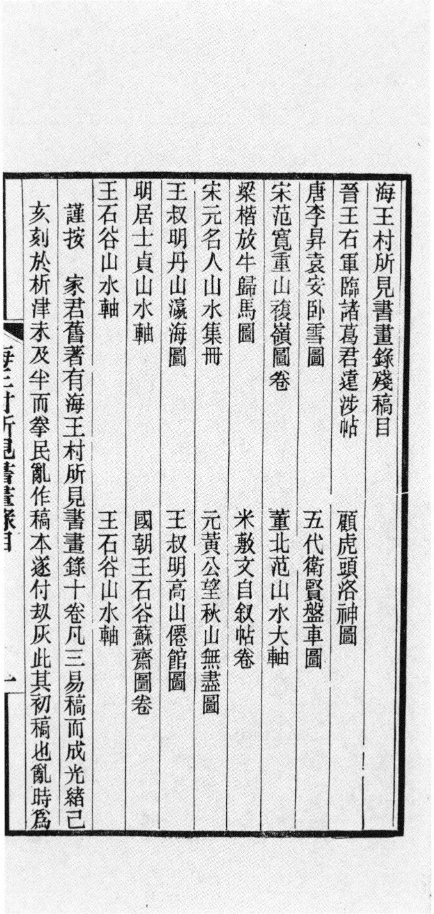

图2　《海王村所见书画录》目录

龙印，及符清所藏覃溪审定印，纸边露半印三，不可辨。

远涉帖　辛亥（乾隆五十六年，1791——笔者注）秋翁方纲据《宣和书谱》题签。（按此是外签，今裱卷内——李葆恂原注）

此帖仅见于元人破临安所得宋故宫书画目。孙退谷（孙承泽）云，曾见于大名魏氏家，然亦未详其前后题跋印记也，此卷中州汪君以赠仲节（李符清），持来京师重观，去余前在粤东借观题句时，二十有一年矣。乾隆辛亥秋八月，北平翁方纲识于石墨书楼。

右细楷书在隔水绫上。

武侯忠义，古今传颂，其文章见《出师表》，感切人心。其笔迹世所罕

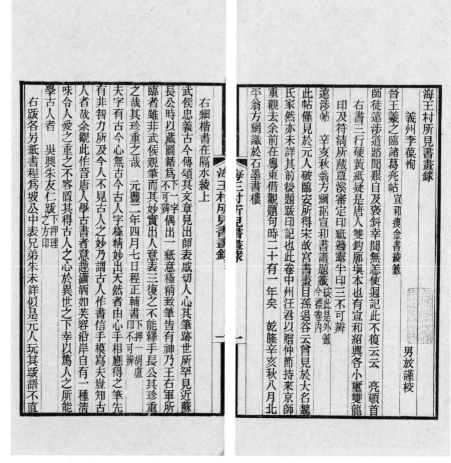

图3、图4　《海王村所见书画录》著录《远涉帖》书帖所见内容

见。近苏长公时以藏图籍为（下一字不可辨——李葆恂原注）偶出一纸，意极精致，笔皆有神，乃王右军所临者；虽非武侯亲笔，而其妙实出人意表，三复之不能释手，长公其珍重之哉！其珍重之哉！元丰二年（1079，笔者注）四月七日，程正辅书。（下押一葫芦印不可辨——李葆恂原注）

夫字有古今，心无古今。古人字极精妙出天然者，由心手相应，得之笔先，有非智力所及。今人不见古人之妙，乃谓古人作书，信手模写，夫岂知古人者哉！余观此作，晋唐人学古书者。意趣潇洒，如芙蓉沿岸，自有一种清味，令人爱之重之，不容置；其得古人之心于异世之下，幸以笃人之所能学古人者。吴兴朱友仁跋。（下押理之方印——李葆恂原注）

右跋各另纸书。程为坡公中表兄弟；朱未详，似是元人，玩其跋语，不直目为右军书，盖亦鉴及是唐人双钩本矣。按此卷，余画奇计，以廉直得于厂肆寄观阁。倪小舫光禄见之，诧曰：吾日游厂肆，购书画三十年，不意颔下之珠为君夺得。倪君精鉴别，市侩畏服之，谓为"厂魔"也；自此厂中，喧传余得瑰宝云。己丑（光绪十五年，1889）腊月八日，红螺山人识于青萝馆。（图3、图4）

四、民国二十三年就《远涉帖》最后一次报道

《远涉帖》最后一次有记载可循，系民国二十三年（1934）天津《河北第一博物院画报》第五十七期《古董录》第五十六期，福山王汉章［晚清鉴藏家王懿荣（1845—1900）之子］所作一则短讯："义州李文石丈（即李葆恂号），又有《远涉帖》，题'亮顿首'。历来著录家，均定为武乡遗墨。然又安知其为诸葛亮耶？纸墨字形，则确为汉晋间物，即谓之庾亮（289—340，东晋书家。《淳化阁帖》之"历代名臣法帖第三有其《书箱帖》），亦无不可。似应存疑耳。"其后王汉章记康熙丁卯（二十六年，1687）"万红友凤砚"又谓："今归义州李氏。……李丈于光绪甲午（二十年，1894），得于京师，今丈殁已十年（1925），公子狷厓，亦于前年物故，韩陵一片石，不知尚在临淮甲第否。古物不生足而走，又宁独此砚乎……"（图5）

上述记录似乎预示斯帖从此遗失讯号。因为如经李转卖脱手，自必昂其值从中赢得巨利；而倘已归公藏，则必为海内外博物馆奉为至宝著录在案。可斯帖竟然就此湮没无闻，至今下落不明，估计散失无存或辗转散佚于不谙其价值民间。陈重远先生《文物话春秋》曾经感叹："至于计文卿漏掉的晋《王羲之临诸葛亮帖》，由红螺山人（即李葆恂别号）巧妙得到手后，至今（1994）已有一百〇五年矣！在这一百〇五年中，流落在谁的手中，转传到何处？何人知晓这件国宝的下落？有待有志者查寻，知之者补充。"[6]笔者就

---

[6] 陈重远《文物话春秋》，《鉴定经营文物的行家里手》，北京出版社，1996年10月，第284—288页。

此自然同样翘首以待。

通过以上考察，可见就《远涉帖》的真伪议题，除了《河北第一博物院画报》上王汉章表示可疑外，其余人士多认为此系晋王羲之临仿诸葛亮书之唐人勾摹本。而王氏意见虽发表于《古董录》，但并不代表博物院的考证倾向。况且该书帖原件去向不明，今无从获观，难以仓促因袭其见贸然断言，一切本均有待帖卷重现复出之日。笔者对此，其实跟大家一样宁信其尚存世且属真品无疑。原因是此书帖迭经前朝历代书画鉴赏家著录，而鉴藏家李葆恂著录尤其详尽可考。也所幸李葆恂有心收藏兼而用心著录，言之凿凿，遂信以为据。譬如题跋提及斯帖于元朝覆灭而自宫中流散，嗣后相继在冀北、岭南等地藏家间播迁递藏，清代鉴藏家翁方纲于天各一方南北两度鉴赏、题跋等，便为当时鉴赏家及当事者如孙承泽（即翁方纲跋及孙退谷，1592—1676）《砚山斋杂记》《庚子消夏记》《闲者轩帖考》，翁方纲《粤东金石略》等著作所未及。至于王恽、程正辅所及北宋苏轼曾有藏跋，李葆恂所得时不见而未著录，料已在此前辗转递藏时为人割取了。

结合王恽、李葆恂等著录，《远涉帖》自问世（228年、233年或234年）后历代流传走向大抵可厘定如下：

相传东晋王羲之（303—361）临仿→唐人双钩廓填→北宋辗转民间→苏轼（1037—1101）寓目鉴藏题跋→王泉公？家藏→北宋元丰二年（1079）四月七日程正辅题跋→北宋末年（1119—1125）徽宗宣和内府宝藏暨《宣和书谱》明确著录在案→南宋初年临安高宗绍兴（1131—1162）内府藏→蒙古定宗二年（南宋淳祐七年，1247）大名张家藏（时帖间无苏轼跋）→蒙古世祖前至元五年（南宋咸淳四年，1268）大名魏氏家藏→元成宗大德四年（1300）大都集贤院珍藏（苏轼跋及王泉公印鉴现，至此元王恽三度品鉴）→元初至元到大德年间（1264—1307）诗人王旭寓目歌咏并首次著录《远涉帖》文本→元吴兴朱友仁跋→明代失载→明末清初孙承泽或过目而道及于此→18世纪初（康熙四十年1701年左右）著录于清高士奇《江村书画目》，同时首次提及《远涉帖》系王羲之临仿本→中州汪君藏→乾隆三十五年（1770）翁方纲任广东学政时观题于岭南→李符清庋藏→乾隆五十六年（1791）翁方纲复观题于北京石墨书楼→山西太谷（一说太原）→光绪十四年（1888）北京琉璃厂"寄观阁"购得→光绪十五年（1889）李葆恂以廉价计赚得于"寄观阁"并著录于《海王村所见书画录》→民国二十三年

（1934）《河北第一博物院画报》第五十七期《古董录》报道→失踪。

五、清道光年间《耕霞溪馆法帖》集刻《远涉帖》

《远涉帖》书帖本因李葆恂卒而不知所终，使人无缘一睹书圣临仿智圣书迹风采。幸此前道光廿七年（1847）广东南海叶应旸（字树声）撰集《耕霞溪馆法帖》卷一摹刻有《临诸葛亮〈远涉帖〉》（图6），并广东书家、鉴赏家吴荣光（1773—1843），南海知府、"粤东三子"、书家张维屏（1780—1859）跋，终于令人得以领略诸葛翰墨之一斑。但又因集帖刻石于同治年间粤海关监督晋某任满还京，舟载而返过渤海突遇风涛为船家举而沉海[7]（图7），故《远涉帖》虽堪为《耕霞溪馆法帖》仅存备份，却因石毁不存，此前世间拓本无多，亦属吉光片羽可知。

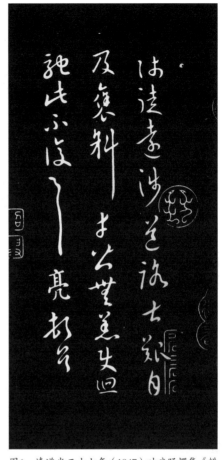

图6　清道光二十七年（1847）叶应旸撰集《耕霞溪馆法帖》卷七《临诸葛亮〈远涉帖〉》

《耕霞溪馆法帖》间吴荣光跋曰："此幅史阁部所临汉张桓侯题名。因忆在京师，于李仲节太守斋头，得观右军所临孔明《远涉帖》，同一风味。道光丙戌（六年，1826）三月吴荣光识。"张维屏跋曰："此荷屋（吴荣光）方伯跋史阁部书，蔗田（叶应旸）节取之，以为《远涉帖》之旁证。南山。"（图8）按，仲节乃广东李符清表字，乾隆四十八年（1783）进士，

---

[7]　据上海博物馆藏本、观复道人吴永（1865—1936，广东廉钦兵备道）题识此帖首册于山东之罘曰："甲寅（民国三年，1914）仲冬月，吾友顺德李之朊方谷，自羊城寄赠此帖。帖凡四册，为南海叶氏所集刻。传闻同治（1862—1874）年间，粤海关监督晋某，任满还京，购得此石，载之而北。舟过渤海，风涛大作，船几倾覆。有谓是石不利者，遂与船人举而沉之于海。世间拓本甚鲜，此帖即等视灵光矣。方谷以余嗜古，极搜求之力，仅乃得之。虽有蠹残，尚无大损。观复斋中将夜夜发发光芒矣。"

图7 清道光二十七年（1847）叶应旸撰集《耕霞溪馆法帖》册封文字记述帖石变故

图8 《耕霞溪馆法帖》间道光六年（1826）岭南学者、鉴藏家吴荣光、书法家张维屏作《远涉帖》跋

《清史列传》卷七十二谓其"性豪迈，喜交游，爱书画，所藏有杜少陵赠卫八处士诗墨迹，因署所居曰'宝杜斋'"。按李葆恂著录金石家、书法家翁方纲（1733—1818）乾隆五十六年（1791）观款，可知李藏《远涉帖》来自于中州汪氏赠送。翁初观此帖于乾隆三十五年（1770）广东学政任上；而翁之重观于京师石墨书楼时，李符清抑或吴荣光乃至喜结交文人雅士之粤籍儒贾叶应旸祖父叶廷勋或父亲叶梦龙（1775—1832，官至户部郎中）均曾在场。

叶氏父子嘉道间摹刻丛帖甚夥，叶梦龙编集有《友石斋法帖》四卷、《风满楼集帖》六卷及《贞隐园法帖》十卷。而就叶应旸撰集《耕霞溪馆法帖》四卷，近代诸家评论甚高。张伯英《法帖辨伪》曰："粤帖甚多，筠清馆（吴荣光摹刻《筠清馆法帖》）之外，当推此种（即《耕霞溪馆法帖》）。覃溪题跋多蝇头细楷，摹勒尤精，允学书之津筏矣。"冼玉清1949年出版《广东丛帖叙录》引言亦曰："嘉道之间，海内富庶，丛书、丛帖之刻，盛极一时。风气既开，吾粤亦蒙其影响，于是达官贵人从事焉，富商巨贾亦从事焉。其时潘、卢、伍、叶四姓，以营商致蔚资，于是结交文士，附庸风雅，思欲留名后世，以垂无穷，以为刻书刻帖，可期不朽。"

再论《远涉帖》刻帖行次及收藏章，墨拓宋徽宗赵佶"双龙"圆印、"宣和"印、"御书"葫芦印（以上俱存半印），宋高宗赵构"绍""兴"印，另两方印（存半印），跟此后李葆恂著录《远涉帖》墨迹书帖本行秩及其上所钤印鉴大抵一致，当为吴荣光或叶廷勋、叶梦龙据李符清斋头鉴赏而临摹，旋为叶应旸所得摹勒上石，辑入《耕霞溪馆法帖》传世。容庚《丛帖目》案曰："王羲之临诸葛亮《远涉帖》，殆亦仿书之类，安能定为羲之所临！吴荣光跋作模棱语，叶应旸节取之以为旁证，盖亦非有真知灼见者。"

容庚先生（1894—1983，中山大学教授）治学严谨，其于《远涉帖》系王羲之临诸葛亮法书结论不以为然自可理解，因叶应旸乃粤商叶梦龙子，以捐资官兵部员外郎，本身并非如吴荣光、张维屏般以书法名重于岭南。所以就其《耕霞溪馆法帖》将《远涉帖》定为王右军临诸葛亮书，似属好事者为，有哗众取宠之嫌。但其实关于《远涉帖》乃王羲之临书说由来已久，北宋程正辅即有此说，抑或还有来自苏东坡寓目的观点也未可知；而北宋徽宗更以瘦金体题书予以肯定，后世鉴藏家高江村等转相沿袭。总之，前人判断《远涉帖》出于王右军临仿当有所据所本，容庚先生以未见诸葛亮墨迹书帖本，而对叶说及其刻帖本表示怀疑慎重可佩；可是如若了解了前人诸多题跋著录，料不致断然否认《远涉帖》刻帖乃至书帖的真实可靠吧！

六、别具研究价值的《远涉帖》书帖与刻帖

当然，毋庸讳言，诸葛亮因其"智慧化身"播于人口已久，兼以明清小说、戏曲广为传播而神化，后世商贾、无聊好事者徒就所谓其文玩、秘籍作假居奇赢利伎俩花样迭出同样由来已久。譬如《古今笔记精华选》卷二十四"琐闻"之《孔明佳玩》载："明李日华《六砚斋二记》云：曹县张黄坡名庚，以孝廉授褒城令。改筑衙宇，掘地得银把杯二只，上镌'孔明佳玩'四字，系古隶，盖蜀汉物也。后其家因追捕甚急熔之，将以输官而银片片碎不受熔而罢……"此银把杯疑出自作伪。又，大约民国十年（1921）前后，上海各著名大报如《申报》《新闻报》相继刊登同样内容广告称："关中某世家子，祖先曾在陕西某县西南石壁中发现一批古代帛书，其中数卷经专家考证审定为蜀汉丞相诸葛武侯所著，乃武侯在行军途中用以占卜战事胜败的秘籍。……现因家道中落，且有重大变故，急需款项，故将该书特地从关中携来申城，待价而沽。如有兴趣者，请速来某地联系洽谈，迟则向隅矣"云云。后经披露实系两无聊文人精心设计伪托炒作的闹剧。[8]凡此，不一而足。但《远涉帖》帖目自宋以降直至清末民初流传有绪可考，无论书帖还是刻帖本身似乎都不同于上述伪托造假之迹，令人认同为诸葛亮存世书迹的临仿本。

---

[8]　参看吕振海编《珍闻集锦》之《旧上海骗术种种》，汉语大词典出版社，2001年4月版；另见《文汇报》2002年6月15日"新书摘"。

诸葛亮《远涉帖》本事新解

一、《远涉帖》本事研究回顾

《远涉帖》是自北宋内府收藏而见诸徽宗《宣和书谱》卷十三著录，此后历代流传有绪的诸葛亮传世书迹；[1]甚至直到20世纪初，硬黄纸本墨迹书帖尚被晚清鉴藏家李葆恂著录于其《海王村所见书画录》[2]。抵今有刻帖本见存于清道光二十七年（1847）岭南叶应旸撰集的《耕霞溪馆法帖》卷一，当为信实可据诸葛亮草书真迹，至少就元代已有完整释录书法文本而言，跟今见刻帖内容基本一致而无疑义。[3]

《远涉帖》撰写时间、地点和致送对象，据历代著录《远涉帖》墨迹纸本和刻帖文本内容、语境传达的信息，从时间上考察似有建兴十一年（233）冬和建兴十二年（234）春两说；撰写地点因而也相应有汉中大本营和行进于褒斜栈道中两种可能。后一可能基本获取学术界广泛认同，[4]因"自及褒斜"一语基本被认定为是诸葛亮表达亲自涉足褒斜道的明确信号和最直接证据。而梳理诸葛亮跋涉褒斜道历史记录，只有建兴十二年春他亲自率领十万大军，经褒斜道出斜谷北伐曹魏而出师未捷身先死，所以，这一时间几乎成为关系《远涉帖》本事的唯一选择。基本排除了《远涉帖》系建兴六年（228）春诸葛亮声东击西，扬言由斜谷道夺取关中，而其实只是派遣赵云、邓芝等非主力的一小股精锐部队在褒斜道中段箕谷设疑军迷惑曹魏，自己则率大军经散关攻打祁山，和本年冬复出散关围攻陈仓却没亲自经褒斜道出兵时撰写的可能。

至于《远涉帖》作于建兴十一年冬说，本也看似没可能，因《三国志》

---

[1] 陶喻之《刻帖所及诸葛亮法书新论》，载《全国首届碑帖学术研讨会论文集》，文物出版社，2005年6月，第131—148页。

[2] 1934年《河北第一博物院画报》第五十七期《古董录》第五十六期清王懿荣之子王汉章曾有短讯报道。

[3] 元至正（1341—1368）年间以文章名世的山东东平人王旭《兰轩集》卷一《题诸葛武侯帖》诗云："堂堂卧龙公，人物冠千古。手提虞渊日，志欲还正午。长星陨中宵，遗恨塞寰宇。谁云侪管乐？自可配伊尹。借使书不工，犹当宝遗楮。君家二十字，得之自何许。气势逸且豪，龙鸾骞以举。奇宝神所贪，堤防六丁取。相传傥非赝，千金莫轻予。原注帖云：师徒远涉，道路甚艰，自及褒斜，幸皆无恙，使回，驰此，不复一一。"（荷蒙山东泰安泰山学院周郢先生提供史料，谨此鸣谢！）据此足见斯帖在元代已见诸载录。

[4] 方家常译注《诸葛亮文集全译》，贵州人民出版社，1997年10月，第166页；《山东省志·诸子名家志·诸葛亮》，山东人民出版社，2001年8月，第151页。

卷三十三《蜀书·后主传》第三说得很明白："十一年冬，亮使诸军运米，集于斜谷口，治斜谷邸阁。"表明当年他坐阵汉中运筹帷幄，调兵遣将，并未亲临褒斜道督运，自有安排部队随行警戒押解。"亮使诸军运米"语间一"使"字，大有命令或委派军民运米而未亲自随行的意思几已端倪可察。而之所以认为置《远涉帖》于建兴十一年依然有其存在的理由。是鉴于晚清鉴藏家李葆恂《海王村所见书画录》最后一次明确著录传世硬黄纸墨迹本《远涉帖》全文作："师徒远涉，道路闻艰，自及褒斜，幸闻无恙，使回，记此，不复云云。亮顿首。"[5]这两个"闻"字本，跟刻帖"甚"和"皆"字本呈现的意境迥然不同。"闻"字本理解起来显然有"听说"的含义，即并非亲自身临其境，感受道路艰难，而只是听信从前方传来的汇报道路艰险，好在不久又听说他们平安无事了。照此版本演绎推论的话，《远涉帖》仿佛也可解读为是诸葛亮建兴十一年冬在汉中军营，获悉运粮部队跋山涉水幸好一切顺利的报告，才据此起草的一纸快递文书，而并非本人身临其境涉足褒斜道时在旅途中所写的感怀。

　　而从当年诸葛亮审时度势，高度重视保持跟东吴睦邻友好与联合协同作战的外交军事思想考察，特别是在兴师北伐期间连续致函其担任吴王孙权高级顾问和军事参谋的胞兄诸葛瑾等众多东吴军、政界上层要员的事实分析，《远涉帖》致送对象为诸葛亮兄长诸葛瑾的可能性居其大半。以上就是笔者曾经撰写《诸葛亮〈远涉帖〉本事考》的观点。[6]

二、《远涉帖》关乎北伐时期诸葛亮、诸葛瑾对家庭子嗣亲情关怀并系年新解

　　不过，值得提醒和注意的是，诸葛亮之所以频繁跟自己胞兄诸葛瑾书信往来，除了国家利益攸关高度责任心使然外，似乎还与家庭血脉的子嗣因素

---

[5]　根据清张澍整理《诸葛忠武侯文集》所来之《诸葛亮集》卷二援引北宋李昉等撰《太平御览》著录《师徒远涉帖》曰："师徒远涉，道里甚艰，自及褒斜，幸皆无恙，使还，驰此，不复具。"按，据北宋王辟之《渑水燕谈录》卷第六《文儒》载："太宗锐意文史，太平兴国中，诏李昉、扈蒙、徐铉、张洎等，门类群书为一千卷，赐名《太平御览》。又诏昉等撰集野史为《太平广记》五百卷，类选前代文章为一千卷，曰《文苑英华》。太宗日阅《御览》三卷，因事有阙，暇日追补之，尝曰：'开卷有益，朕不以为劳也。'"《师徒远涉帖》出自《太平御览》卷次，待考。而清严可均校辑《全三国文》卷五十九著录《远涉帖》则有一字之别，其作"道路甚艰"。元王旭《兰轩集》卷一《题诸葛武侯帖》诗注帖文与今见清刻帖本《远涉帖》文吻合。《远涉帖》不同版本系统所呈现文本大抵如上。

[6]　陶喻之《诸葛亮〈远涉帖〉本事考》，《隆中山下论孔明：全国第十七届诸葛亮研讨会论文集》，中国炎黄文化出版社，2010年3月，第315—330页。

不无关系。因此，笔者重新审视相关史实背景后得出的另一个全新结论是：《远涉帖》同样不能排除有诸葛亮撰写于建兴六年春他跟赵云、邓芝分头同时出兵时期的可能，致送对象依旧是在东吴的兄长诸葛瑾，具体理由如下。

据《三国志》卷三十五《蜀书·诸葛亮传》第五记载："乔，字伯松，亮兄瑾之第二子也，本字仲慎。与兄元逊俱有名于时，论者以为乔才不及兄，而性业过之。初，亮未有子，求乔为嗣，瑾启孙权遣乔来西，亮以乔为己适子，故易其字焉。拜为驸马都尉，随亮至汉中。年二十五，建兴六年卒。子攀，官至行护军翊武将军，亦早卒。诸葛恪见诛于吴，子孙皆尽，而亮自有胄裔，故攀还复为瑾后。"另据宋裴松之注引《诸葛亮集》中亮与胞兄瑾书载曰："乔本当还成都，今诸将子弟皆得传运，思惟宜同荣辱。今使乔督五六百兵，与诸子弟传于谷中。"此函亦未署时间，显然是作于诸葛亮北驻汉中期间，它从一个侧面反映了亮廉洁自律，对待自己子女跟其他将领子女一视同仁而无高低贵贱之分或特别偏袒溺爱的"特殊化"，反而对诸葛乔放手锻炼，让他直接投身到火热军营中去接受实战考验，跟其他年轻士兵同甘苦共命运。这种以身作则，严以律己，克己奉公，率先垂范甚至身先士卒、无私奉献的境界极其难能可贵，也无疑是诸葛亮赢得古今民众爱戴的根本原因。20世纪50年代初，抗美援朝战争爆发，当时对三国历史烂熟于胸的毛泽东将自己最喜爱的长子毛岸英送往朝鲜战场，很可能就是受了诸葛亮北伐时期送子上前线这一历史史实的影响。[7]

耐人寻味的是，诸葛亮多次致函兄长诸葛瑾，在一定程度上甚至很大程

---

[7] 据毛泽东青年时期湖南同学周世钊子女回忆毛泽东与周谈抗美援朝战争时，周曾小心地与毛探讨毛岸英去朝鲜并因此牺牲是否值得和彭德怀是否有责任问题，周问："毛岸英同志也到了朝鲜，但是他刚刚出国不久就在朝鲜战场上牺牲了，是不是和彭总没尽到责任有关？如果您不派毛岸英同志到朝鲜战场上，我看是不会牺牲的。"毛泽东想了想，说："不能这样说。岸英的牺牲，责任完全在美帝国主义身上。岸英是为保卫中国人民、朝鲜人民的利益，为保卫我们祖国的安全而出国作战的，他是为反对美帝国主义的侵略行为，为保卫世界和平事业而牺牲的。彭老总是人民的儿子，要负一定责任的，不能去责怪他。当时，我得到岸英在朝鲜战场不幸牺牲的消息后，我的内心是很难过的，因为我很喜欢岸英这个孩子。岸英牺牲以后，当时有人提议要把他的尸体运回国来安葬，我没有同意。我说岸英是响应党中央的号召，为抗美援朝，为保家卫国而牺牲的，就把他的尸体安葬在朝鲜的国土上，让它显示中朝人民的友谊，让中朝人民的友谊万古长青，不必把他的尸体运回国来安葬。当然你说他如果我不派他到朝鲜战场上，他就不会牺牲，这是可能的，也是不错的。但是，我是党中央的主席，在那种比较困难的情况下，我是极力主张发动抗美援朝、保家卫国运动的，后来得到党中央的赞成，作出了抗美援朝、保家卫国的决定。这个决定得到了中国人民、朝鲜人民、全世界一切爱好和平人民的支持和拥护，很快就在全国范围内掀起了一个抗美援朝、保家卫国的伟大运动。我作为党中央主席，作为一个领导人，自己有儿子不派他去抗美援朝、保家卫国，又派谁的儿子去？人人都像我一样，自己有儿子不派他去上战场，光派别人的儿子去上前线打仗，这还算个什么领导人呢？这是一方面。另一方面岸英是个青年人，他从苏联留学回国后，到农村进行过劳动锻炼，但他没有正式上过战场。青年人就是要到艰苦的环境中去锻炼，要在战斗中成长。基于这些原因，我才派他到朝鲜去的。"参看周彦瑜、吴美潮《毛泽东和周世钊谈抗美援朝战争》，载《百年潮》2009年第9期，第19页。

度上讲，极有可能是出于向兄长报告原本其次子、当年已过继给自己的长子诸葛乔随军参与北伐军的锻炼近况，[8]以解其骨肉分离之苦和对诸葛乔能否适应军旅生活及吃苦耐劳的担忧，因而在北魏郦道元著《水经注》卷二十七《沔水》这样涉及汉水支流褒水的介绍时，居然也转载过两封诸葛亮致诸葛瑾信函，话及北伐征途必经之路栈道水文情况，其一云："前赵子龙退军，烧坏赤崖以北阁道，缘谷百余里，其阁梁一头入山腹，其一头立柱于水中。今水大而急，不得安柱，以其穷极，不可强也。"其二云："顷大水暴出，赤崖以南，桥阁悉坏，时赵子龙与邓伯苗，一戍赤崖屯田，一戍赤崖口，但得缘崖，与伯苗相闻而已。"

诸葛亮之所以事无巨细地向诸葛瑾转告、解释仿佛跟北伐作战毫无关系的栈道架构、褒河季节性水文变化等细枝末节，他给我们一个微妙、敏感而又关键的提示可能是，当年诸葛乔正在赵云或者邓芝的部队当中；而这跟上述诸葛亮向诸葛瑾转告诸葛乔"与诸子弟传于谷中"的记载也相吻合，因为所谓"谷中"，显然正是赵云、邓芝为疑兵的箕谷。而"传于谷中"的"传"字，咀嚼词意语境，不难体会当年在西路指挥北伐祁山的诸葛亮，对于在东路随军锻炼的诸葛乔的行踪实况委实不甚了解，仅仅听说他们到了箕谷当中，至于具体位置并不清楚。正是基于对诸葛乔在军中培训情况极不明朗，甚至还可能听说他已经战死疆场，英勇牺牲了，然而具体细节又无从掌握，因为赵云跟邓芝两支部队由于当初赵云烧毁栈道以拒强敌追击，接着又连续遭致水毁栈道等人为和自然因素的叠加破坏缘故被分隔在了赤崖山谷的

---

[8]　《三国志》卷三十五《蜀书·诸葛亮传》第五载："瞻字思远，建兴十二年，亮出武功，与兄瑾书曰：'瞻今已八岁，聪慧可爱，嫌其早成，恐不为重器耳。'"（中华书局二十四史版，第932页）据此可知诸葛亮亲生子诸葛瞻当生于建兴四年。应当说这也符合诸葛亮当初健康、生理状况和为蜀汉政权劳心劳力的实际时代背景。因为据本传载："三年春，亮率众南征，其秋悉平。军资所出，国以富饶，乃治戎讲武，以俟大举。五年，率诸军北驻汉中……"可见建兴三年他尚在"五月渡泸，深入不毛"的南征孟获时期，分身乏术，殚精竭虑，自然无时间与精力生育；只有到了次年因"南方已定，兵甲已足"而国富民安，他才得以短暂修身养性，恢复体力，调养身心。众所周知，诸葛亮深谙老庄道家阴阳学说，懂得优生优育之道自不在话下，所以，诸葛瞻诞生于建兴四年时、诸葛亮的生年问题也相符。解决了诸葛乔过继给诸葛亮的时间可推知当在建兴四年以前，而且可能是在刘备死后蜀汉跟东吴重新恢复邦交，缔结战略协作伙伴关系之后。否则，诸葛亮向身在东吴的兄长诸葛瑾提出不情之请，想必诸葛瑾深感为难，不会主动征询吴主孙权意见，因为孙权未必允许东吴人才流失到蜀汉阵营中去。只有到两国冷战对抗关系解冻而重结联盟，孙权才念念于诸葛氏族亲情，同意派遣作为东吴智囊团精英培养对象的诸葛乔自东吴外流、支援蜀汉政权，同时也满足诸葛亮的继承人问题。这样，诸葛瑾的次子诸葛乔才逆水行舟，远赴成都，成为正式过继给诸葛亮的蜀丞相长子。到了建兴六年，年龄约廿五六岁的诸葛亮嗣子诸葛乔战死沙场，其时诸葛亮的亲生子诸葛瞻才两三岁光景，而诸葛乔应当也已有了后代即诸葛攀。又据诸葛亮本传载，"亮自有胄裔，故攀还复为瑾后。"估计这是诸葛乔死后诸葛亮念及胞兄诸葛瑾丧子之痛，加之自己已有亲生子诸葛瞻，遂将诸葛乔的后代诸葛攀还给诸葛瑾，让他恢复为诸葛瑾的嫡孙。只可惜攀"官至行护军翊武将军，亦早卒"。以上就是诸葛亮跟胞兄诸葛瑾相关而分别在蜀汉与东吴阵营中任职的复杂子嗣关系网络。

南北两段，暂时失去了联系，无法探听彼此详情。所以，诸葛亮才会强忍悲痛，如此煞费苦心地反复将上述《水经注》中看似琐碎而无关征讨紧要的栈道通塞情况，通报给迫切希望了解事件真相而身为诸葛乔生父的诸葛瑾。

　　因为对于诸葛乔而言，虽然诸葛瑾为其生父，但自己的养父诸葛亮对他视同己出，就其死讯亦焦急万分而急切希望了解事件真相可知；不过，无奈受制于蜀军先主动烧绝栈道以拒曹魏强敌追兵，而后又遭遇水毁栈道而无法恢复联络的交通、通讯闭塞条件所限，只有等待赵、邓两军恢复信息联系沟通，才有可能完整掌握诸葛乔确切死因等本末。而此前诸葛亮曾致函诸葛瑾，谈到牵制西路曹魏军队东行以减轻对赵云、邓芝所在箕谷蜀军压力，所谓："有绥阳小谷（宝鸡西南）[9]，虽山崖绝险，溪水纵横，难用行军。昔逻候往来，要道通入。今使前军斫治此道，以向陈仓，足以扳连贼势，使不得分兵东行者也。"[10]由此证实了《三国志》卷三十六《蜀书·赵云传》第六"亮出军，扬声由斜谷道，曹真遣大众当之。亮令云与邓芝往拒，而身攻祁山。云、芝兵弱敌强，失利于箕谷，然敛众固守，不至大败。军退，贬为镇军将军"的记载不虚。即当年诸葛亮因袭西汉韩信"明修栈道（褒斜栈道）、暗渡陈仓"军事战术故事[11]，率领主力部队声东击西偷袭散关、陈仓围攻祁山之敌，而由赵云、邓芝率领一小股非精锐部队在褒斜谷中迷惑曹魏军事决策者。魏将曹真误将这部分蜀军视为北伐主力，遂集中优势兵力大军压境。在这样并非势均力敌的严酷军事力量失衡态势下，蜀军伤亡败北自然不可避免，因为像没有作战经验的诸葛乔竟然也督五六百兵参与实战，这些士兵自然是作战能力不强的老弱士兵居多，不敌退却自可想而知。而赵云事

[9] 张连科、管淑珍校注《诸葛亮集校注》谓："绥阳：县名。在贵州遵义市东北部、乌江支流芙蓉江上游。写作年代不详。"天津古籍出版社，2008年1月，第105页。按，绥阳小谷非绥阳之小谷，与贵州遵义无关，当为陕西宝鸡境内秦岭南麓山谷。据此考察诸葛亮此函写作时间可知同在首次北伐的建兴六年。

[10] （北魏）郦道元撰《水经注》卷十七渭水，载诸葛亮《与兄瑾言治绥阳谷书》，岳麓书社，1998年3月第4次印刷，第267页。

[11] 诸葛亮汉中北伐时期魏弱而魏强，故欲克敌制胜，势必须以最小军事代价智取为上。而由汉中出师北伐一举占据关中并非前无古人先例，西汉韩信"明修栈道，暗渡陈仓"计策就是一次成功偷袭范例。建兴"五年（227）春，丞相亮出屯汉中，营沔北阳平石马。"（《三国志·蜀书·后主传》第三）即有意识地将出师基地置于汉中盆地中心的西缘，似乎预示着他有意从汉中西部发兵北伐。次年春冬诸葛亮两次出兵，就果然明显带有因袭韩信故事而声东击西的痕迹，取径路线走向自然跟韩信暗渡一致或稍殊同归；唯碍于曹魏兼顾东线兵力同时在陈仓、长安一线部署重兵防备，他屡次用兵无法突破推进。在此战局背景下，他才又拟定回绕道攻克祁山策略，但限于远征勤劳补给保障不继同样以长驱直入而主动退兵。用兵审慎甚至以魏延拟带兵万人"与亮异道会于潼关，如韩信故事"为悬危遂"制而不许"（《三国志》卷四十魏延）的他，直到生命最后调集优势兵力出斜谷边屯田边出击而拟与曹魏一决雌雄，临终也不忘嘱咐魏延退兵以保全有生力量，不逞一时之勇而莽撞硬战，作无谓牺牲，将自己逼上无回旋余地全军覆没绝路。

后被贬，除了"箕谷不戒之失"而敌进我退是一个重要原因，[12]恐怕诸葛乔的死也与此有关。据此我们推断当年诸葛乔正是在赵云部队中参与军训演习并投入后续作战，旁证是同样退兵的邓芝没有受到牵连被处分，估计诸葛乔应当不在邓芝军中。

如果这一分析不谬的话，那么，上述《水经注》中原本不详系年的诸葛亮致诸葛瑾涉及褒斜栈道工程架构、季节水文情况的两封书信，似乎因此足以给出比较明确的时间表了，即应系于赵云去世前一年的建兴六年东路北伐时期："时赵子龙与邓伯苗一戍赤崖屯田，一戍赤崖口。"[13]信函起草、撰述当年赵云尚未谢世。只可惜诸葛乔死于同年，确切死因不明，估计还是冲锋陷阵，身先士卒，战死疆场的可能性居多。

搞清了建兴六年魏蜀战争的相关军事背景，似乎可以判断《远涉帖》是诸葛亮较之《水经注》著录致其兄长诸葛瑾汇报北伐军事地理两信更早的一封事关蜀军赵云、邓芝第一次经褒斜栈道北伐，特别是过继给自己的长子、原本自己兄长诸葛瑾次子的诸葛乔，也初度涉足褒斜栈道平安无恙的平安信，而未必像以往众多望文生义分析的结论那样，是诸葛亮建兴十二年亲自出征时向诸葛瑾甚至成都蜀汉政府汇报自己平安无事的平安信。如果诚如晚清李葆恂著录传世墨迹纸本那样，《远涉帖》真迹的确是作"道路闻艰""幸闻无恙"的话，这种"听说"而非亲自涉足褒斜栈道的意味显然更为凸显，也自然就更加增强了支持《远涉帖》写于建兴六年的可能性。

三、《远涉帖》系出王羲之向诸葛亮后裔商借临写本的溯源考察

另外，很值得一提的是，李葆恂《海王村所见书画录》著录《远涉帖》硬黄纸本书帖卷的宋徽宗瘦金书体题签作"晋王羲之临诸葛亮帖"；元丰二年（1079）四月七日北宋文豪苏轼中表兄弟程正辅[14]题跋曰："武侯忠义，古今传颂，其文章见《出师表》，感切人心；其笔迹世所罕见。近苏长公……偶出一纸，意极精致，笔皆有神，乃王右军所临者；虽非武侯亲笔，而其妙实出人意表，三复之不能释手，长公其珍重之哉！其珍重之哉！"由

---

[12]　《三国志》卷三十五《蜀书·诸葛亮传》第五。

[13]　张连科、管淑珍校注《诸葛亮集校注》亦将两书系于本年，第103页。

[14]　程正辅为苏轼中表兄弟说见李葆恂《海王村所见书画录》著录《远涉帖》卷后题跋按语。

此似乎证明此相传诸葛亮《远涉帖》的真实面目其实是东晋书法家王羲之临写后的唐人双钩填廓本。

又，据传世唐摹王羲之《十七帖》之《成都城池帖》著录为："往在都，见诸葛显，曾具问蜀中事。云：'成都城池、门屋、楼观，皆是秦时司马错所修，令人远想慨然，为尔不信，具示，为欲广异闻。'"此中诸葛显者，即《三国志·蜀书·诸葛亮传》第五道及与诸葛亮嫡亲子诸葛瞻次子诸葛京俱于"咸熙元年（264）内移河东"的诸葛攀之子，也就是诸葛瑾的重孙诸葛显。

清包世臣《艺舟双楫》之《〈十七帖〉疏证》[15]考证曰："'显'字，依草法定是'显'。检《蜀志》，显父攀，攀父乔。乔，瑾次子也。瞻未生前，瑾命乔入蜀为亮后。恪既族，攀仍后瑾。至显，乃与瞻孙京同移河东。《华阳国志》云：平蜀之明年，移蜀大臣宗预、廖化、诸葛显等于东。[16]按，中宗即位建康，右军年已十五，时诸葛诞孙恢为会稽太守，显或南依恢，故右军得在都见之也。上距东移盖五十二年。'令人'六字，本旁注，唐人临入正文，从之。"

既然上述《远涉帖》文本内容系诸葛亮致送胞兄诸葛瑾的函件，而王羲之又与诸葛瑾曾孙诸葛显有过从；那么，他向诸葛显借观祖传原帖真迹而予以临写亦未可知。兼以王氏与诸葛氏俱原籍琅邪郡，算起来还是山东老乡；所以，王羲之仰慕诸葛亮的亮节高风而临写诸葛亮书法亦属于情理中事。要之，则《远涉帖》当属"书圣"习"智圣"法书；而此巨擘剧迹若再现当世，自是字出天惊而价值连城矣。

四、结论

综上所述，关于《远涉帖》的系年，不同的研究视角切入或不同的解答路径深入，自有不同的结论和答案。根据其纸本墨迹和刻帖等不同版本所呈现的不同语境，和相关史实背景考察其时代归属，目前暂且可三说并存，即建兴六年、十一年和十二年。如将背景置于诸葛亮致诸葛瑾告知诸葛乔随军

---

[15]　（清）包世臣撰、李星点校《包世臣全集》卷六，黄山书社，1993年5月，第411页；黄君《王羲之〈十七帖研究〉》，文物出版社，2009年8月，第21页。

[16]　（东晋）常璩撰、任乃强校注《华阳国志校补图注》卷八《大同志》二，注解2，上海古籍出版社，1987年10月，第435、437页。

出征时期诸多信函之一，则按时间先后排定次序大抵为：裴注《三国志》援引《诸葛亮集》有关"今使乔督五六百兵，与诸子弟传于谷中"为第一函，《远涉帖》则为第二函，《水经注》卷十七《渭水》载诸葛亮《与兄瑾言治绥阳谷书》为第三函，《水经注》卷二十七《沔水》载诸葛亮《与兄瑾言赵云烧赤崖阁道书》和《与兄瑾言大水赤崖桥阁悉坏书》为第四或第五函。至于诸葛亮作《远涉帖》的具体时间，笔者今倾向于建兴六年春夏之交诸葛亮与赵云、邓芝分头北伐时期。

清《小清秘阁帖》变迁本末：兼谈集刻《远涉帖》

一、清中后期上海松江沈氏汇刻诸古法帖

清代中后期上海松江"古倪园"和"啸园"主人沈氏一脉经商营田之余，雅好鉴藏字画碑版，尤其儒商沈虞扬次子沈恕、三子沈慈庋藏宏富，刊刻古籍而外专事刻帖。[1]据《松江文物志》和《上海文物博物馆志》记载：城内啸园廊壁间曾砌有包括明董其昌《戏鸿堂法帖》在内的大量碑刻。清咸丰年间太平军进军上海时，忠王李秀成设行辕于毗邻一墙之隔的邱家湾天主堂；清军攻陷松江，"洋枪队"华尔据此为公馆，遂殃及啸园。因洋枪队盘踞园林多有破坏，[2]尤其李鸿章淮军为抵抗太平军反击而成拉锯战，曾就近取啸园碑石垒筑工事。战后，李鸿章将《戏鸿堂法帖》帖石运往合肥，部分帖石由于帆船荷载不敷，倾覆长江而湮没。

新中国成立之初，啸园遗址尚残存湖池及部分明式建筑；后园址为松江县教师进修学校所用，逐渐面目全非。1975年有关部门曾于旧址拆墙时，偶然发现董其昌临唐"书圣"怀素《自叙帖》刻石的后五块，将其移置方塔公园长廊旁壁间陈列。[3]（图1）1986年《自叙帖》前五块刻石又于亦属啸园范围内的松江二中教师宿舍被发现，1989年元月入藏松江县博物馆。[4]（图2）

另外，沈氏家族还曾参与清乾隆年间松江景家堰籍人物肖像画家徐璋绘制松江《邦彦画像》原创本收藏，光绪年间《邦彦画像》石刻本文字校勘整理工作也假手于沈氏后裔。相传徐璋完成画像后的嘉庆时期，徐本原作即为有藏书家身份的沈虞扬奔藏于啸园[5]，沈子恕、慈与松江著名人物画家改琦常于啸园雅集，改氏因得观赏徐本而有临本，最为接近原作，世称"改本"。咸丰二年（1852）沈氏家道式微，家藏字画星散，松江府娄县知县何士祁购得改本。十年（1860），松江因受太平天国战争波及，改本不知去向。道光末年徐本归松江"澄华堂"朱大韶，后朱氏亦渐败落，遂将徐本典与松江名

---

[1] 朱大千《清乾隆、嘉庆间松江沈氏家族探微》，载《上海文博》2013年第4期，第84—86页。
[2] 一说啸园原存有假山与小厅，假山嶙峋多姿，"文化大革命"中被拆除。见《上海文物博物馆志》第一编《文物古迹》，上海社会科学院出版社，1997年6月，第212页。
[3] 一说方塔园者系后翻刻本。
[4] 林晓明主编《松江文物志》第一章《文物古迹》，上海人民美术出版社，2001年11月，第158—159页。
[5] 沈虞扬事迹，参看时任华亭教谕王芑孙《惕甫未定稿》卷九《古心翁小传》。

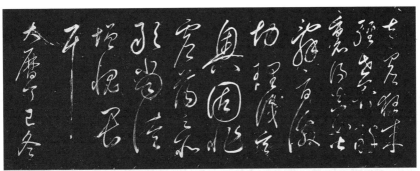

图1　上海松江方塔公园明董其昌临唐怀素《自叙帖》后五石

图2　上海松江博物馆藏明董其昌临唐怀素《自叙帖》前五石

图3　上海松江醉白池公园《邦彦画像》帖石何士祁隶书引首

族韩禄卿。

　　光绪元年韩氏去世；十六年（1890）邑人顾莲、陈士翘等鉴于《邦彦画像》荟萃松江历代风流人物画像，人文艺术价值极高，为重要乡邦文献，宜于勒石以垂永久，遂借得韩氏藏本八十余像，又得改本残册数像，请啸园主人沈恕曾孙沈寿康校补、闵怡生记略、张叔木勾字、吴梅心监刻，历时年余完成刻石卅方，嵌于府学明伦堂一壁。这就是后来迁移保存于今松江醉白池公园壁间，起始处勒有咸丰初年知县何士祁隶书题字"邦彦画像"的石刻本。（图3）以上大抵就是跟沈氏家族有关的松江传世刻帖石刻线索的大致脉络。

二、集刻《远涉帖》的清道光年间岭南《耕霞溪馆法帖》及其不同评价

　　有意思的是，近年笔者于刻帖资料检索披览时，偶然又获悉并目耕到一部曾经沈氏收藏的刻帖拓本，现提出来跟大家共同分享这一意外收获。

　　在笔者的刻帖整理爬梳过程中，岭南儒商叶氏摹刻的《耕霞溪馆法帖》是一部颇为令人瞩目和耐人寻味的丛帖。现代帖学宗师沈尹默先生青少年时期，即以此为书法临习范本，他在《学书丛话·自习的回忆》中追忆十五岁以前书法取径时道："我对叶蔗田所刻的《耕霞馆帖》，最为欣赏，因为这部帖中所收的自钟、王以至唐宋元明清诸名家都有一点，已经够我取法，写字的兴趣也就浓厚起来。这是我入门第一阶段。"近代帖学家张伯英《张伯英碑帖论稿》也论及该帖优点曰：

　　《耕霞溪馆法帖》四卷，清叶应旸辑。应旸字蔗田，道光时选取墨拓及

真迹之精美者，自晋迄明得数十百种，无卷数，凡装本皆四册，帖首亦无题名，惟书中多有耕霞溪馆印耳。其重摹《绛本》与《筠清馆》刻多同，而益加精湛。《破邪论》则越州石氏，《曹娥》则群玉堂，《孟法师》则世间孤本。苏书取之成都西楼，惟衰朽无状二札非真；千尺灵山不独苍大书一诗，无款，虽石庵定为坡书，然与子由"月夜"一诗，皆宋人书之失名者。其山谷、海岳二家，莫不精绝。松雪《赵府君阡表》，摹勒远胜《戏鸿》，余亦未有赝迹。赵书真伪相杂，最不易辨也。倪云林诗稿，楷法颇工，然与倪氏他书不同，当是他人代缮。衡山小书五种，莫不精绝。香光临张有道知汝殊愁帖，奇逸奔放，为董书仅见之作。摹帖重在选择，庸流无识，爱憎任其拙目而妄事刻帖，灾及贞珉，展卷使人厌恶。蔗田之刻虽未能尽美善，然不轻采取，纵有小疵，不掩大醇。粤帖甚多，《筠清馆》外，当推此种。覃溪题跋多蝇头细楷，摹勒尤精，允学书者之津筏矣。[6]

并且在这部集帖中收录有笔者着力考证东晋"书圣"王羲之临仿与之同为山东琅邪人氏的三国"智圣"诸葛亮行草书札——《远涉帖》。[7]

三、嘉庆年间江南《小清秘阁帖》入藏松江因缘及其变迁易名梳理

《耕霞溪馆法帖》确切刊刻于道光二十七年（1847），而笔者偶尔检阅《中国法帖全集》，于王靖宪先生编著的《中国历代法帖叙录》间，见嘉庆十七年（1812）无锡刻帖名家钱泳[8]辑勒上石《小清秘阁帖》卷一图版（图4），竟有题为"晋王羲之临诸葛亮帖"字样赫然在目，《远涉帖》亦黑底白字在焉，两者前后时差达卅五年之久。很明显，《小清秘阁帖》入选《远涉帖》时间早于《耕霞溪馆法帖》。旋得上海图书馆仲威兄助，有幸寓目观摩该馆藏本，迟到的学术答案终于水落石出，至少就《小清秘阁帖》跟松江沈氏关系议题足以廓清厘正。

[6] 《张伯英碑帖论稿》叁·释文卷·附录·法帖提要·《耕霞溪馆法帖》四卷南海叶氏本，河北教育出版社，2006年2月，第215—216页。

[7] 陶喻之《刻帖所及诸葛亮法书新论》，载《全国首届碑帖学术研讨会论文集》，文物出版社，2005年6月，第131—148页；陶喻之《诸葛亮〈远涉帖〉本事考》，载《隆中山下论孔明——全国第十七届诸葛亮研讨会论文集》，中国炎黄文化出版社，2010年3月，第315—330页；陶喻之《诸葛亮〈远涉帖〉本事新解》，载上海书画出版社《书法》2011年第1期，第101—105页。

[8] 钱泳（1759—1844），江苏无锡人，号梅溪。尝客游湖广总督毕沅幕，与翁方纲、包世臣、黄易、王昶等乾嘉时期学人均所交游。工篆、隶书法，诗画兼擅，精镌碑帖，学识渊博，著述丰富。

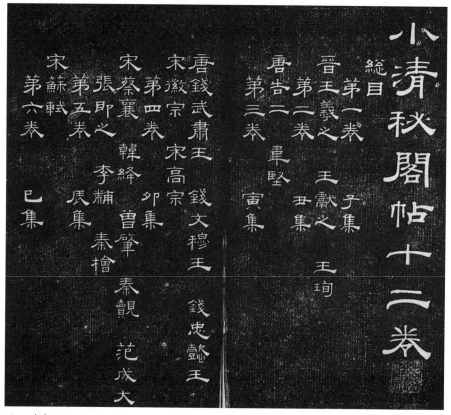

图4　清嘉庆十七年（1812）无锡钱泳摹刻《小清秘阁帖》目

　　《小清秘阁帖》跟松江及松江沈氏结缘，与当初刻帖名家钱泳嘉庆十七年秋季松江之行有密切关系。且看上海图书馆藏《吴兴家塾藏帖》卷一册封纸间隶书题署作："光绪丁酉（二十三年，1897）装订，厚甫氏珍藏。以子丑寅卯辰巳午未申酉戌亥分序十二本。《吴兴家塾藏帖》子部。"（图5）第二页起依次为新增刻帖拓纸，其一隶书"柴场张氏藏帖"（钤朱文方印"黄应昌印"）（图6）。第三页松江仇炳台（字竹屏，同治元年进士）行楷书题识作：

　　吾郡沈氏啸园藏帖，以《戏鸿堂》为最，乱后散失，今藏合肥相国家。是帖，乃钱先生梅溪刻石；沈氏得之，名《吴兴家塾藏帖》。张子云门雅好临摹，介吴咏裳孝廉，以重价购得，易今名。咏裳，余门下士也，今其殇又数年矣。因云门之请，并识之。师。光绪十有四年（1888）五月，笏东仇炳台。钤"炳台长寿"（白文方印）、"笏东草堂"（朱文方印）。（图7）

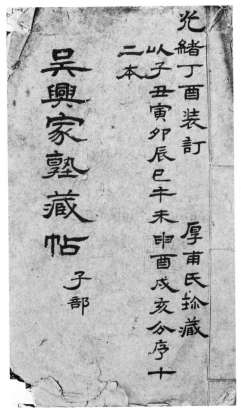

图5 上海图书馆藏《吴兴家塾藏帖》光绪二十三年（1897）重装本卷一封面书影

图6 《吴兴家塾藏帖》更名为《柴场张氏藏帖》册封书影

紧接其后"《吴兴家塾藏帖》总目；第一卷，子集：晋王羲之、王献之……"直到第十二卷亥集日本国、朝鲜国和琉球国，不赘引录。末页为沈恕弟沈慈嘉庆二十年（1815）题跋：

金匮钱君梅溪，博雅嗜古，每见唐、宋、元人真迹，辄双钩模勒，积久成帧，事未竟也。嘉庆壬申（十七年，1812）秋日，钱君来泖上，偶携此帖，示余与仲兄屺云，共赏之。因起而请曰：帖可藏于吾家乎？钱君一诺而去，遂将帖板见遗。后二年，仲兄病剧，嘱余当终其事，庶不负钱君雅意也。今帖告成，而兄不及见，可慨也夫！因赘数言，以志伤感云。乙亥（嘉庆二十年，1815）三月，十峰沈慈书。（图8）

另据钱泳《写经楼金石目》卷十三载：

余奔走衣食者，先后凡三十年，所见法书、名画甚多，既无力以致之，其尤著者，往往形诸梦寐，醒而思之，自觉无谓。然古人耳目所至，心思所

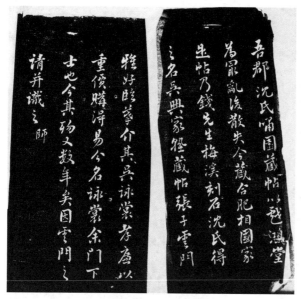

图7　上海图书馆藏《吴兴家塾藏帖》光绪十四年（1888）五月仇炳台就《柴场张氏藏帖》题识

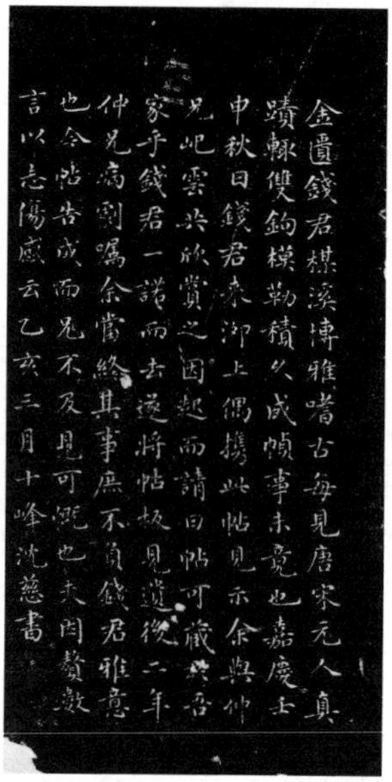

图8　上海图书馆藏《吴兴家塾藏帖》嘉庆廿年（1815）沈慈《吴兴家塾藏帖》跋

及，虽视吉光片羽，似亦有默相感通者焉。此帖（《小清秘阁帖》）所收，或墨迹，或旧拓本，选其佳者，辄为摹刻，凡分十二卷。云间沈绮云司马，好古士也，见而爱之，遂以为赠。绮云殁后，板藏其弟十峰家，十峰又改名曰：《吴兴书塾藏帖》，传遍海内，至琉球、日本、朝鲜诸国，咸来求购云。

又，钱泳《履园丛话》卷九《碑帖·家刻》载：

余平生无所嗜好，最喜阅古法帖，而又喜看古人墨迹；见有佳札，辄为双钩入石，以存古人面目，亦如戴安道（东晋美术家戴逵）总角刻碑，似有来因也。……（嘉庆）十六年辛未（1811），自取唐、宋、元三代墨迹，或旧拓本，择其尤者，辄为模刻，命曰《小清秘阁帖》十二卷，十七年壬申（1812）七月成。十八年癸酉（1813），为云间沈绮云司马刻《小楷集珍帖》八卷。[9]

综上记录，钱泳《小清秘阁帖》辗转留存松江的本末原委渐渐清晰起来。首先，以上钱泳提及云间"沈绮云司马"，即沈虞扬次子沈恕，字正如，一字屺云，号绮云。

[9]　参看《中国法帖全集》第十七册王靖宪《中国历代法帖叙录·小清秘阁帖》，湖北美术出版社，2002年3月，第285页。

其次，可确认钱泳嘉庆十六年始，以本人鉴赏认可包括王羲之临书诸葛亮《远涉帖》在内古代书迹或拓本双钩摹刻为《小清秘阁帖》，次年七月完成，冬十二月全部摹勒上石。同年秋日或携帖目并部分拓本南下松江。似乎正是在与沈恕商议其请刻《小楷集珍帖》而以此出示刻工技艺的啸园席间，沈氏兄弟竟对《小清秘阁帖》爱不舍手，执意央留。遂征得钱泳应允慷慨割爱，大抵嘉庆十八年间，帖石被运抵松江正式交割赠予沈恕。事隔不到一年后十九年五月八日，沈恕因病去世，[10]帖石又被从古倪园转移至其弟沈慈（号十峰）啸园保存，帖名因此易为《吴兴家塾藏帖》，[11]遂有次年三月上述沈慈之记。至此，《吴兴家塾藏帖》应当正式上墙列于啸园壁间。此后，淮军反扑太平军战斗殃及松江，沈氏家族日渐败落，由《小清秘阁帖》易名的《吴兴家塾藏帖》帖石，亦处于零落残破甚至被闲置遗弃状态。就在此时，有柴场张云门（疑表字厚甫）者，因雅好古之名家书法，[12]通过松江乡绅、同治进士仇炳台门生吴咏裳介绍，花重金购得该帖刻石，并将《吴兴家塾藏帖》再次易名为《柴场张氏藏帖》。

以上就是上海图书馆藏钱泳辑刻《小清秘阁帖》两度易手，演变为松江沈氏《吴兴家塾藏帖》，直到《柴场张氏藏帖》的流变经过。柴场于今上海浦东南汇、川沙和奉贤三地均有此地名，柴场张云门其人不详归属，帖石更下落不明或已湮没无闻。不过，不管如何，幸亏传拓该帖的拓本一如吉光片羽，尚留存世间流传，足以令人睹物而发思古之幽情，遥想清代中后期发生在江南无锡和上海松江地区一段帖学接力传承的雅事。

---

[10]　（清）王芑孙《惕甫未定稿》卷十二《候选同知君墓志铭》。

[11]　鉴于由《小清秘阁帖》易名《吴兴家塾藏帖》时间非常短，估计世间并无以《小清秘阁帖》名义出现的刻帖拓本。目前所能见到的本子，多为冠以《吴兴家塾藏帖》面目出现者，《柴场张氏藏帖》亦因少见而鲜为人知。但三者名异实同，系由《小清秘阁帖》衍变而来的同一部刻帖。

[12]　安徽辛亥革命中坚常恒芳先生幼年（光绪八年，1882）曾随长兄尔俭在其合肥亲戚张厚甫家伴读。另据《浦东史志·祝桥镇志》第十九章《教育》第一节《私塾》记载，清光绪年间曾有塾师张厚甫设塾于今祝桥镇众济街后长达四十年。又据清嘉定黄宗起（1831—1897）《知止庵笔记》卷三记录江南乡先哲逸闻轶事有曰："望仙桥张厚甫承柏，晚号庵九，性情疏爽，生气远出，生平耽诗如寝食之不可已。翁先世为歙产，咸丰初，归而遇贼，丧其孥，乃复夭身来，娶妻生子，年四十九矣，名其子日非。同治壬申、癸酉间，馆城南潘姓，乃日与汝南昆仲、乐圃及余四人晨夕唱和。甲戌，又馆于沪上秦达甫家，以脚气攻心骤卒。"因上述三位张厚甫生平、活动时间、地点，与本文涉及上海图书馆藏《吴兴家塾藏帖》封面提及"厚甫"者时地相近，姑录备考。

四、《小清秘阁帖》录刻《远涉帖》始末
及肇始者钱泳《履园丛话》记载松江园林刻帖

　　诸葛亮《远涉帖》由书帖化身为刻帖，大致亦于钱泳《小清秘阁帖》肇始在先，应当较之道光二十七年（1847）岭南叶应旸撰集《耕霞溪馆法帖》至少早卅五年；而以《小清秘阁帖》内容为主体，仅改头换面变易帖名的《吴兴家塾藏帖》，其间出现诸葛亮《远涉帖》（图9）的时间自然也早于《耕霞溪馆法帖》。

　　据《履园丛话》卷九《碑帖·唐郎官石记序》载："嘉庆乙丑岁（十年，1805），余在京师，南海叶云谷农部以此见示，后有王济之、元美、敬美诸跋。余为双钩一本藏之。"由此反映钱泳跟雅好金石学、刊刻《友石斋帖》《风满楼帖》的南海叶梦龙是为金石同道。值得注意的是，主持《耕霞溪馆法帖》的叶应旸正是叶梦龙之子；故而后者刊刻《耕霞溪馆法帖·远涉帖》的原始帖学资料来源耐人寻味，也许它系早年钱泳赠送其父叶梦龙也未可知。又按，上述为《柴场张氏藏帖》题识者松江仇炳台，于今松江醉白池公园壁间徐璋松江《邦彦画像》石刻本后，亦有其光绪十七年（1891）二月跋文刻石。因考涉仇，姑识于此。

　　另据钱泳《履园丛话》卷八《谭诗》自述二下松江的时间道："余于癸酉秋日以事往云间，道出昆山，风阻泊舟。"可知他第二次赴松江确切时间在1813年秋。也许是为沈恕在松江刻《小楷集珍帖》缘故盘桓日久，因而其史料笔记《履园丛话》中有不少关于当年松江的遗闻逸事。譬如涉及明清松江府范围新刻金石碑帖："（计有卷九《碑帖·明刻》的）天（启）、崇（祯）间，华亭董思翁刻《戏鸿堂帖》……崇祯庚辰（十三年，1640），陆起龙又刻《片玉词翰》十二册，皆陆深书。莫方伯如忠及其子云卿刻《崇兰馆帖》。云间顾从义曾翻刻《淳化阁帖》十卷，上海潘氏亦曾翻刻《淳化阁帖》十卷。明潘允端又刻《兰亭松雪十八跋》，后周东山又翻刻之。"《碑帖·本朝帖》则载："华亭沈氏有《落纸云烟帖》。"[13]

　　卷十《收藏》又有沈恕委托他刻《小楷集珍帖》的详尽记载道：

　　有唐一代，墨迹、告身而外，惟佛经尚有一二，大半皆出于衲子、道

---

[13]　此华亭沈氏《落纸云烟帖》跟沈恕、沈慈兄弟藏、刻帖无关，参看《松江文物志》第一章《文物古迹》第六节《碑刻》，上海人民美术出版社，2001年11月，第159—160页。

流，昔人谓之经生书。其书有瘦劲者近欧、褚，有丰腴者近颜、徐，笔笔端严，笔笔敷畅，自头至尾，无一懈笔，此宋、元人所断断不能跋及者。唐代至今千余年，虽是经生书，亦足宝贵。往时云间沈屺云司马托余集刻晋、唐小楷，为其聚唐经七八种，一曰《心经》，即屺云所藏。一曰《郁单越经》，歙鲍席芬家所藏。一曰《转轮王经》，繁昌鲍东方所藏。一曰《金刚经》，

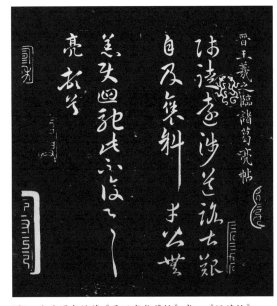

图9　上海图书馆藏《吴兴家塾藏帖》卷一《远涉帖》

吴门陆谨庭所藏。一曰《长寿王品迦绨那经》，宁波孙晓江所藏。一曰《大般若经》，吴门黄荛圃所藏。一曰《莲华经》，扬州徐芝亭所藏。一曰汉阳塔中残经，张芑堂所藏。他如《兜沙经》，吴门叶氏所刻；《律藏经》，王梦楼所藏……之类，生平所见者，不一而足，乃悟《灵飞经》之非钟绍京书，不辨而自明矣。

此外，《履园丛话》卷二十《园林》还记录有包括松江沈氏啸园、古倪园和塔射园，以及上海老城厢内豫园、日涉园、吾园和城外法华镇从溪园、青浦朱家角三泖渔庄在内的清中期上海地区著名园林名胜情况。鉴于这些园林多为钱泳在松江期间身临其境，一一到访，因而其《履园丛话》保留的史料价值真实性确凿可信，现照录于下以备存考。《园林·啸园》载："啸园在娄县（即松江）治东，明太仆卿范惟一所筑，内有振文堂、天游阁诸胜。乾隆间沈氏虞扬得之，再为修造，清池峭石，窈若深山，不知在城市间也。"《园林·古倪园》载："古倪园在松江府北门外，沈绮云司马恕所居，今谓之北仓，即姚平山构倪氏旧园而重葺者也。相传元末倪云林避乱尝寓于此，恐亦附会。园中湖石甚多，清水一泓，丛桂百本，当为云间园林第一。"

《远涉帖》伪作说辨难

一、议题缘起

古今中外闻名的中国古代智慧的化身——诸葛亮，曾分别有见诸宋、元、清《远涉帖》书帖[1]与刻帖传世[2]，相关研究已详见笔者多篇学术论文详尽论证，答案当属确凿可信集中诸葛亮与王羲之两位圣贤智术与艺术翰墨无疑。[3]

然而新近网络上出现题为《诸葛亮〈远涉帖〉乃伪作考》的署名文章，开门见山、指名道姓，欲与笔者进行一场学术论战。[4]笔者闻讯，深感理应对挑战者与观战者以起码的礼貌性的回应，想必这也是学术探讨应有的姿态——正常学术辩论有百益而无一害嘛。特此撰写以下辩难答客文字权作交代，并就教于历史、书法和其他学术界有识之士。

二、就宋元明清文献记载诸葛亮《远涉帖》名目与书帖相关论辩

（一）关于清人语焉不详北宋初期《太平御览》录选《远涉帖》名目文本等辩

就《远涉帖》曾见诸北宋《太平御览》议案，系出自清乾嘉学派代表者之一——张澍编纂《诸葛忠武侯文集》卷二。《山东省志·诸子名家志·诸葛亮》第二篇第一章《著录与辑录》载："张澍在前人基础上纂《诸葛忠武侯文集》四卷。……所辑诸葛亮文较为完备且错误较少，故中华书局于1960

---

[1] 参看（清）高士奇《江村书画目》："送字号""晋王羲之临诸葛武侯尺牍一卷，进上。二两。"辽宁教育出版社，2000年1月，第183页。李葆恂《海王村所见书画录》，孙殿起《琉璃厂小志》，上海书店出版社，2011年12月，第344—345页。

[2] 清嘉庆十六年（1811）无锡钱泳刊刻《小清秘阁帖》和清道光二十七年（1847）广东叶应旸辑刻《耕霞溪馆法帖》。

[3] 陶喻之《诸葛亮碑帖汇考》，《书法研究》2003年第1期，第82—109页；《刻帖所见诸葛亮法书新论》，《全国首届碑帖学术研讨会论文集》，文物出版社，2005年6月，第131—148页；《诸葛亮〈远涉帖〉本事考》，《隆中山下论孔明——全国第十七届诸葛亮研讨会论文集》，中国炎黄文化出版社，2010年3月，第315—330页；《诸葛亮〈远涉帖〉本事新解》，《书法》2011年第1期，第101—105页；《三国文化研究》第二辑，西北大学出版社，2018年1月，第237—244页；《〈远涉帖〉本事暨刻帖源流新见》，《全国第三届碑帖学术研讨会论文集》，文物出版社，2014年9月，第109—117页；《清代松江沈氏佚帖钩沉》，《云间文博丛书》第十卷第一期，上海古籍出版社，2016年6月，第53—59页；《关于〈小清秘阁帖〉本事诸葛亮〈远涉帖〉发微》，《第23届全国诸葛亮学术研讨会论文集》，团结出版社，2018年9月，第73—81页。

[4] 参看网址链接：https://zhuanlan.zhihu.com/p/67013138。

年8月整理校点出版，名为《诸葛亮集》，1974年7月再版。"[5]检1974年7月第3次印刷《诸葛亮集》果然。[6]中华书局编辑部在"出版说明"中申明："我们这次重印了原曾于1960年8月出版的《诸葛亮集》。这个本子是根据清张澍编的《诸葛忠武侯文集》整理校点的。……在明清人所编的十几种诸葛亮集子中，张澍的这种编排体例是较为可取的。"另外，贵州人民出版社1997年10月推出"中国历代名著全译丛书"，其中方家常译注张澍辑《诸葛亮文集全译·文集》卷二也收录了《师徒远涉帖》，题解说明最后作"本文张澍注辑自《太平御览》，待查"。[7]又，2008年1月张连科、管淑珍校注《诸葛亮集校注》卷二收录《师徒远涉帖》同。[8]

　　笔者援引张澍辑《远涉帖》出处记述，自核查通行本《太平御览》，确未找见相关依据。可出于尊重古代长于文献研究的前辈的法眼，相信其具备较之今人更为独到的学术视野与认知维度，因而依旧沿袭其说，并持保留态度。但持《远涉帖》伪作论者不深究相关背景，贸然断言"张澍伪造了一个出处"未免过于轻率。尤其认定北宋《淳化阁帖》未收入《远涉帖》，《太平御览》亦然，此见分明失之偏颇。

　　其实，被刻入《淳化阁帖》绝非入选《太平御览》的门槛，更非唯一标准；见于《淳化阁帖》诸多刻帖并不见于《太平御览》。抵今除西晋陆机《平复帖》被公认传世古代名人原作真迹，《淳化阁帖》中大部分刻帖今俱无相应书帖可资查证；纵然存世唐摹本如王羲之《上虞帖》和王献之《鸭头丸帖》等也屈指可数，大多数诸家古法帖后经鉴别多为伪帖还饱受诟病。若按上述错误逻辑划分，岂不要以找不到母鸡作优质品种基因保证，把所有的蛋全一棍子打入"坏蛋"另册不成？诸葛亮等传世手翰史上之所以被人竭力追踪发掘，体现出古往今来人们向善崇贤的心理。因而哪怕只是只字片言也奉若至宝，将其刻入法帖，以祈传之后世，受顶礼膜拜。北宋后期《汝帖》摹刻诸葛亮隶书《玄莫帖》即然，参看笔者相关考证[9]，此不赘述。

　　而与清张澍同时代，长于金石文字与史料考订的梁章钜在其所著《〈三国

[5]　山东省地方史志编纂委员会《山东省志·诸子名家志·诸葛亮》第二篇著作第一章著录与辑录第二节辑录，山东人民出版社，2001年8月，第99—100页。
[6]　《诸葛亮集》文集卷二《师徒远涉帖》，援引出处作《太平御览》，中华书局，1960年8月第1版，1974年7月，第44—45页。
[7]　（清）张澍辑、方家常译注《诸葛亮文集全译》，贵州人民出版社，1997年10月，第166页。
[8]　张连科、管淑珍校注《诸葛亮集校注》，天津古籍出版社，2008年1月，第155—156页。
[9]　陶喻之《〈汝帖〉主持者王寀征选诸葛亮隶书〈玄莫帖〉得失谈》。

志〉旁证》中，就《远涉帖》也未表达疑义。该著卷二十二道及诸葛亮存世著述，基本赞同和因袭上述学者张澍的编辑思路曰："（我朝）近人惟武威张澍有《诸葛忠武侯文集》四卷……网罗极博，足掩前修……今备详其目如左，与好古者共稽焉。"其中两及《师徒远涉帖》未见反对意见。梁章钜《〈三国志〉旁证》道："在《三国志》研究中，是一部较严谨而有学术价值之专著，自问世以来，颇受学人之重视。光绪初，周寿昌对《旁证》汇集各家之说，极为赞赏，誉之为'网无脱鳞，仓无遗粒'（见周寿昌《三国志注证遗序》）。"[10]

　　事实上，古籍文献收录《远涉帖》并不限于清中后期，安徽省图书馆藏明崇祯十一年（1641）吴天挺刻本、明王士骐辑、薛寀评《诸葛忠武侯全书》共二十卷之卷十四《篇翰》已收有《远涉帖》。[11]又，北京大学图书馆藏清康熙三十七年（1698）万卷堂刻本、清朱璘辑《诸葛丞相集》四卷，其中卷之一《帖》也录有《远涉帖》。[12]这些版本的诸葛亮文集，显然都比张澍编纂早约一百年。它反映了不但清朝，其实明朝学人编纂诸葛亮文集时，已然关注到有文本文献甚至书帖文物传于当世的《远涉帖》编纂议题，因此尽量加以整理入列。更值得一提的是，《山东省志·诸子名家志·诸葛亮》卷第二篇第二章《真伪未定与伪托文》章节，均未将《远涉帖》视为"真伪未定"或干脆视同伪作对待。第三章《存文》明确认从清张澍著录，毫无保留地将《师徒远涉帖》（234）归属于诸葛亮存文之一。[13]

　　然而持《远涉帖》伪帖论者不但对张澍编选《远涉帖》，并提及此帖曾见诸《太平御览》表示可疑，甚至就梁章钜等后世学人对《远涉帖》无疑议者，也统统藐视为是缺乏学术主见的陈词拙见，如此孟浪造次，大有充斥傲慢偏见之嫌。

　　（二）溯源宋《宣和书谱》、元王恽题跋笔记和王旭题咏释文言之凿凿《远涉帖》书帖

　　诸葛亮以擅长草书而名列古代书家行列，其行草墨迹《远涉帖》被打

---

[10]　杨耀坤校订《〈三国志〉旁证》前言，清梁章钜《〈三国志〉旁证》，福建人民出版社，2000年6月。

[11]　《四库全书存目丛书》史部八四明崇祯十一年（1641）版《诸葛忠武侯全书》卷十四《篇翰·远涉帖》，齐鲁书社，1996年8月，第326页。

[12]　《四库全书存目丛书》集部三清康熙三十七年（1698）版《诸葛丞相集》卷之一《帖·远涉帖》，齐鲁书社，1997年7月，第28页。

[13]　笔者按，山东省地方史志编纂委员会《山东省志·诸子名家志·诸葛亮》第二篇《著作》第三章《存文·师徒远涉帖》（234）出处作"《水经注》卷二十七《沔水注》"有误，系年考曰："建兴十二年（234），亮'悉大众由斜谷出，据武功五丈原'；而建兴六年（228）仅赵云、邓芝为疑军由斜谷道取郿，诸葛亮则攻祁山，故系于是年。"第151页。

捞出水，首先见于北宋末年宫廷内府佚名编纂《宣和书谱》卷十三《草书绪论》和《草书一　章草附　蜀》披露皇室珍藏，引文不赘。它显然系涉及诸葛亮有翰墨手书《远涉帖》传世最权威的记录，应当无可置疑。它向人们传达出这样明确的信息：大约北宋末年，当时被确认为诸葛亮存世书法真迹行草书札《远涉帖》，业已被纳入皇家收藏体系当中。

随着北宋末年"靖康之变"（1126）徽、钦二帝被金人俘获，包括《宣和书谱》著录在列的《远涉帖》等所有宫廷奉藏，理应同样作为战利品悉数被驱掳北去，南宋末年则相继被蒙古政权接盘占有。元初政治家、诗人和文物鉴赏家王恽（1227—1304）初次观摩和题跋《远涉帖》书帖，就正值宋元易代之际。其《秋涧先生大全文集》卷第七十三《跋诸葛公〈远涉帖〉》和艺文收藏典故类随笔集《玉堂嘉话》卷三，曾分别就毕生三度观摩《远涉帖》认知思维变化，阐发得相当深刻透彻；即便最初起疑也实属正常能被理解。设想一下，在没做任何深入细致调研前，谁胆敢冒失深信千古名相法帖会轻而易举传之后世，又突然降临眼前呢？可一旦了解了北宋《宣和书谱》有言在先，王恽原先疑惑不定的态度顿时冰释，笃信不疑，遂于晚年有两段题跋笔录为念。

对证后来清代中期碑帖鉴定方家翁方纲乾隆五十六年（1791）第二次跋《远涉帖》书帖时，也指出"此帖仅见于元人破临安所得宋故宫书画目"，似乎意味着著录于《宣和书谱》的《远涉帖》，并未随宋徽宗被掳而遭金人没收，而是悄然于宋室南渡时藏之于南宋内府，这有书帖间南宋高宗"绍兴"御印佐证。最后，书帖才于南宋政权倒台，并被元朝政府查抄前夕流散出宫回流到北方民间，开始成为宋元之交河北、山东地界书画鉴定目光如炬的收藏家们竞相珍藏的至宝。至于书帖何以重新被收归集贤院并赐予官属而再度流散出宫，原因不明。

不过，有意思附带考察的是，王恽题跋的旁证资料，是前跋所及同行观摩《远涉帖》的"鲜于纯叔"史上确有其人。《秋涧先生大全文集》卷第六十六《鲜于纯叔写真赞》云："遥遥华胄，世霭令闻。沇水之集，其源斋沧。老成虽远，而典刑今见于斯人。髯疏而秀，心吉而仁。藤白而冠，纱乌其巾。岂见夫身外之身，予但知仁者之必寿。其风姿落落，百岁犹画中之真也。"而王恽题跋牵涉南宋末年《远涉帖》递藏者"彦瞻"[14]，疑似正

---

[14]　昌彼得、王德毅等编《宋人传记资料索引》第四册谓：杨伯嵒字彦思号泳斋。著有《六帖补》二十卷，宋代遗文逸事，亦颇借以考见。台湾鼎文书局，1980年5月增订再版，第3170页。

是祖籍山东济南，落籍浙北吴兴，南宋末年文物字画鉴赏名家周密（1232—1298）的岳父杨伯嵒。[15]

　　周密《齐东野语》卷十六《省状元同郡》《蘋洲鱼笛谱疏证》卷二有文本详陈其岳丈掌故。《绝妙好辞词笺》卷三《杨伯嵒》权威发布生平事迹道："伯嵒字彦瞻号泳斋，杨和王诸孙，居临安。淳祐间（1241—1252），除工部郎，出守衢州。钱唐薛尚功之外孙、弁阳周公谨（即周密）之外舅也。有《六帖补》二十卷，《九经补韵》一卷行世。《踏莎行·雪中疏寮借〈阁帖〉更以薇露送之》遂云：梅观初花，蕙庭残叶，当时惯听山阴雪，东风吹梦到清都，今年雪比年别。重酿宫醪，双钩官帖，伴翁一笑成三绝，夜深何用对青藜，窗前一片蓬莱月。"由上王恽题跋透露，《远涉帖》曾为杨伯嵒珍藏，具体情况不明。不过，从《踏莎行》词目和词句揭示他商借《淳化阁帖》予以双钩描绘考析，《远涉帖》在当初正是经其之手而衍生出双胞乃至多胞摹本也未可知。

　　至于笔者认可王恽书画鉴赏水平高明绝非空穴来风，而是基于其《秋涧先生大全文集》卷七十一到七十三共三卷题跋内容，有寓目鉴赏或珍藏包括《远涉帖》在内，共计一百五十余件历代字画的眼力、精力与阅历为证。并且《元史》本传说他"有才干，操履端方，好学善属文"，与同时礼部尚书王博文（1223—1288）、渤海王旭以文名并称"三王"。[16]另外，包括描述《远涉帖》在内王恽另一部著作《玉堂嘉话》，也是见证其鉴赏水平很高的艺文品评类笔记。其中即有他经历宋末元初见闻遗事，且有不少今已失传湮没字画文物典故，堪称研究宋元之际社会历史文化的重要资料，具有很高的史料价值。当代中国艺术史学者和古书画鉴定家傅申先生，20世纪80年代撰写的有关宋元皇家收藏史专著《元代皇室书画收藏史略》，就多有引用和参考王恽《秋涧先生大全文集》和《玉堂嘉话》的权威记载。[17]特别是他指出，王恽于元初跟随为负责查没南宋和金朝所获书画设置的秘书监监事张易（字仲一）等人竟日披阅饱览，简直目不暇接而如入宝山之境。[18]平心而论，如此文物书画品鉴级别、层次与经验丰富的元朝文人雅士，难道在指控

---

[15]　（宋）邓牧《洞霄图志》卷六《栖真洞神光记》："绍定辛卯（四年，1231）孟夏，郎官杨公彦瞻游九锁山，幽岩邃谷，无所不历。……公名伯嵒，彦瞻其字。"
[16]　《元史》卷一百六十七《列传》第五十四《王恽传》，中华书局，1976年点校本，第3933页。
[17]　王恽记其所见法书147幅，名画81幅，细目见其《秋涧先生大全文集》卷九十五《玉堂嘉话》，或黄宾虹、邓实辑《美术丛书》《四集》第六辑元王恽撰《书画目录》一卷。
[18]　参看傅申《元代皇室书画收藏史略》，上海书画出版社，2018年5月，第12—14页、第139—140页。

《远涉帖》为伪帖者眼里还够不上鉴赏品位等第吗？因王恽所见苏轼题跋不见今《东坡全集》，便断言该跋必然出自伪造，非但唐突冒犯，更凸显武断无理了吧。

　　古代最早载录《远涉帖》书帖文本完整内容信息的，是元朝另一位山东东平籍诗人王旭（约1264年前后在世）著《兰轩集》卷一《题诸葛武侯帖》。按其活动时间评估，疑似正是与王恽并称文坛"三王"之一的渤海王旭，他曾与元朝著名书法家鲜于枢（1246—1302）过从甚密。《兰轩集》卷一《诸葛武侯帖》后就有《送鲜于伯机之官浙西》诗，卷九还有诗题作《鲜于伯机出示其祖母太夫人遗墨敬书三绝其后》。此外，《兰轩集》中尚有《观李思训〈幸蜀图〉》《徽宗〈六鹤图〉》《题〈明妃图〉》《黄华先生墨竹》等涉及字画题材诗歌。坦率地讲，其《题诸葛武侯帖》诗的"气势逸且豪，龙鸾骞以举。奇宝神所贪，堤防六丁取"等句，明眼人一望而知此乃充分认证《远涉帖》为诸葛亮真迹的肯定证言。然而在起诉《远涉帖》伪帖的论者眼中，此诗与王恽两跋居然成了寓意嘲弄《远涉帖》系伪帖的讽喻诗文。总之，将首度曝光《远涉帖》出现苏轼跋文，并就书帖文本作全篇释录两位元代王姓学者鉴赏水准和学术贡献加以低估、漠视乃至全盘抹杀，这番曲解妄断前贤学术观点的做法，实在既缺乏理性更极不足取。

三、就清代早、晚期文献提要中诸葛亮《远涉帖》书帖相关考验

　　（一）就清初高士奇《江村书画目》著录东晋王羲之临诸葛亮帖案底追究

　　在清宫鉴藏家高士奇（1645—1703）拟进献清康熙帝欣赏文玩字画当中，有《王羲之临诸葛亮帖》，记载见诸其《江村书画目》"送字号"。晚近碑帖鉴藏家李葆恂（1859—1915）在光绪十五年底作《海王村所见书画录》中追述他在京琉璃厂"寄观阁"古玩铺寓目《远涉帖》书帖上，宋徽宗瘦金书绫签冠以"晋王羲之临诸葛亮帖"，由此推论，高士奇这件很可能是其康熙年间所见前述《远涉帖》书帖复本或高仿本。[19]且高士奇首次发表并认同王羲之临仿诸葛亮帖见解，或许正是鉴于有徽宗瘦金书为凭。但持伪作论者却以高士奇未辨识真伪、不明确"亮帖"正是《远涉帖》而不赞同"高

---

[19]　清高士奇将他所得并鉴定的王羲之临诸葛亮《远涉帖》估价颇低，或许他所见系一高仿本而非原迹。

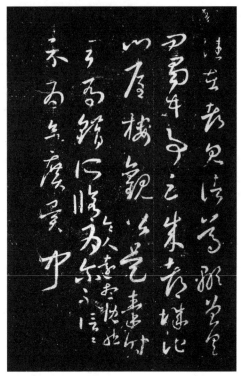

图1　东晋王羲之《十七帖》之一《成都城池帖》

见"，甚至以高进呈多系赝品、该帖价值微薄为辞，不以为真。

事实上，笔者有关王羲之向诸葛瑾后裔诸葛显，索取其珍藏诸葛亮致胞兄诸葛瑾函，通报过继给诸葛亮的诸葛乔（本诸葛瑾子，乔子攀、攀子显）随军出征近况[20]行草书《远涉帖》临摹学习等背景本事考证，并非无的放矢的自圆其说推演而来，实则完全有史可稽，有案考核。王羲之重要书札的刻帖《十七帖》之一《成都城池帖》（图1），早已表明诸葛亮曾孙诸葛显与王羲之有交集。而诸葛显分明是通过曾在蜀汉都城成都生活的祖父诸葛乔向诸葛攀描绘才了解成都规模气象的。也可能出于诸葛攀的叙述，进而在晚年随晋室南渡，约永和四年（348）到建康任职，跟同样正在建康出任护军将军职务的王羲之结交时，因王仰慕同郡"智圣"诸葛亮，遂向诸葛显了解其祖辈故事，诸葛显才向王羲之吐露的。

而王羲之闻听之下，对成都壮观都市格局充满遐想而感慨系之，遂于《成都城池帖》间跟好友、益州刺史周抚（？—365）通信以求证实，同时表达了对蜀汉锦官城心向神往的好感，叹为"闻止"之余，拟今后能有机缘身临其境。似乎正是在王羲之与诸葛显交谊交往过程中，诸葛显还于不经意间向王羲之透露了自家传家宝中有诸葛亮传世墨宝《远涉帖》的秘密。王羲之闻之大喜，遂向诸葛显索观并予以临摹，这恐怕就是北宋徽宗鉴赏《远涉帖》后以瘦金书题签"晋王羲之临诸葛亮帖"而一言九鼎本事由来，应当

[20]　（清）梁章钜《〈三国志〉旁证》卷二十二载："乔字伯松，亮兄瑾之第二子也，随亮至汉中，年二十五，建兴元年（223）卒。"此说卒年有误，笔者考证诸葛乔战死于建兴六年（228），参看《诸葛亮〈远涉帖〉本事新解》相关考证。

说也是经得起精准研判、推敲、考验的。因为此议非但有"书圣"一缄流传刻帖为证，绝非旁人能杜撰虚构，且清代自拟"右军第一人"的知名书法家包世臣（1775—1855）著《〈十七帖〉疏证》[21]，就此也早有详尽考述，可谓持之有据，言之成理，令人信服。又，当代金石学家朱复戡先生（1900—1989）作《跋馆本〈十七帖〉》之《跋〈成都帖〉》同样指出：

> 诸葛显父攀、祖乔，乔为瑾次子。《华阳国志》云："平蜀之明年移蜀，大臣宗预、廖化、诸葛显等于东。"按建康即位，羲年十五，时诸葛恢为会稽太守，显时依恢，故羲得见之于都也。[22]

然而持《远涉帖》伪作论者就此则闭目塞听，犯起选择性遗忘症，顾左右言他，却不列举包世臣见解了，岂非有眼而不识泰山了吗？！

（二）就清末李葆恂《海王村所见书画录》著录在案《远涉帖》书帖回顾与查证

1.计赚复失，留待侦察

清末李葆恂著录其搜藏《远涉帖》书帖，是距今最近一次全方位系统过录该帖本身及其所有题跋、印鉴信息的资料汇总，学术研究价值不容忽视，相关文本见于近代版本目录学家孙殿起（1894—1958）编著的《琉璃厂小志》附录《海王村所见书画录》。《海王村所见书画录残稿目》首件作品便是《晋王右军临诸葛君〈远涉帖〉》，恕不赘引。

令人深感遗憾的是，该《远涉帖》硬黄纸书帖，随着李葆恂民国四年（1915）去世而从此杳无音讯，踪影全无，未留下任何可资跟踪追"迹"的相关线索；[23]哪怕可资观摩的珂罗版黑白图像竟也未见有报道，从而给如今严格复核审查与深入验证造成极大障碍与困惑。[24]不过，就李葆恂著录文献资料，我们应尊重其见而信以为真，原因如下。

[21]　（清）包世臣《〈十七帖〉疏证》卷六《论书》二。

[22]　朱复戡《跋馆本〈十七帖〉》之《跋〈成都帖〉》，《朱复戡诗文选集》，上海书画出版社，2019年4月，第227页。

[23]　记得2005年7月，笔者出席全国首届碑帖学术研讨会，作诸葛亮《远涉帖》相关学术报告时，与会时任文物出版社社长，后任中国书法家协会主席的苏士澍先生，就当场询问笔者该帖可能流失流散动向，表现出极大关注和追索兴趣。

[24]　1934年天津《河北第一博物院画报》第五十七期《古董录》第五十六页，发表晚清甲骨学家、金石学家王懿荣之子王汉章报道短讯曰："义州李文石丈（即李葆恂号），又有《远涉帖》，题：'亮顿首'。历来著录家，均定为武乡遗墨。然又安知其为诸葛亮耶？纸墨字形，则确为汉晋间物，即谓之庾亮（289—340，东晋书家。《淳化阁帖》之"历代名臣法帖第三"有其《书箱帖》），亦无不可。似应存疑耳。"确认"纸墨字形"为"汉晋间物"，但就是否诸葛亮遗墨存疑。很显然，身为王懿荣之子的王汉章，应该是李葆恂藏《远涉帖》书帖本的重要目击鉴定证人之一。考察《远涉帖》本事，尤其诸葛亮、诸葛瑾家族子嗣谱系，至少从文本层面足以认证《远涉帖》出自诸葛亮无疑。

图2　清光绪二十七年（1901）在武昌湖北巡抚官邸与端方（端坐太师椅者）品评秦权的李葆恂（执罗扇者）等合影

2.鉴定有素，入学者像

首先，李葆恂是一位有相当文化素养而鉴定有素的出色的"玩家"。他字宝卿，号文石，别号红螺山人，为清河南巡抚李鹤年子，系晚近知名的金石书画鉴藏家，曾应聘入晚清金石碑帖鉴赏（藏）家、两江总督端方（1861—1911）幕府，代为掌眼鉴定和切磋品评金石碑帖优劣等第。（图2）晚近著名学者陈三立（1853—1937）为其作《义州李君墓表》，备陈其鉴赏水平了得而绝非等闲之辈。

忠敏（端方）通雅好士，收置彝器瑰物绢素旧迹甲天下，君前后为题跋凡三百余篇，忠敏叹曰："钱竹汀（清代"乾嘉学派"代表人物钱大昕）后一人也。"盖君之学宏综而慎取，治经专《尚书》，治诸史殚精班氏。为文承姚氏惜抱、梅氏伯言之传，简雅有法。诗效玉溪、涪翁，下逮元遗山。书则贯输古今之能者，自成其体。旁及天象、舆地、梵典、绘画、骑射、南北曲、弹阮之属，靡所不究。至金石摹刻、法书名画，别其真赝，等差其优劣，独具神解，匪徒引据语侈、论列精确而已。当是时，绩学嗜古，负鉴赏名海内者，凡数辈，君几掩其上。而娴歌吟，擅文章，窥见古作者蕴奥所在，契合于冥漠，益非诸家所能及也。[25]

至今但凡李葆恂跋藏传世书画碑帖，多属博物馆馆藏等级珍品善本或拍卖市场待价而沽的抢手精品。正因为如此，李葆恂个人形象与清初文物鉴赏（藏）家高士奇一起，荣列岭南学人与鉴藏家叶衍兰（1823—1899）、叶恭绰（1881—1968）祖孙俩先后主持汇编的《清代学者像传》第一、二集中，[26]显现出学术界对高、李两位艺术与文物鉴赏水平、成就的高度肯定与致敬。相反，像端方、罗振玉、郑孝胥等同属一代鉴定名家，却反都因名节不保而名落孙山，并未入列学者像传，足见当年该评价体系评骘臧否标准严格审慎。而就此学养深厚、德高望重的文化学者，想必绝不致做出欺世盗名之举来。虽李葆恂就己于琉璃厂计赚《远涉帖》书帖暗自窃喜，作《海王村所见书画录》更喜形于色，溢于言表，[27]令人恍若事发眼前而确认叙事属实无假。奈持《远涉帖》伪作论者显然不曾领略李葆恂藏《远涉帖》原迹、题跋，竟就此横挑鼻子竖挑眼，或臆测北宋程正辅题跋必出于造假，或自说自话谓南宋朱友仁题跋不值一提。[28]正可谓欲加之罪，何患无辞！譬如，无端怀疑清朝金石学界"一代龙门"翁方纲的题签、题跋俱出于伪造，就属于论断草率的"睁眼瞎"。

（三）就李葆恂著录追溯核验翁方纲替汪度涵[29]、李符清递藏《远涉帖》题诗题跋始末

以李葆恂《海王村所见书画录》进一步探究清代金石学泰斗翁方纲《复初斋外集》诗卷第七《观汪龙冈所藏右军临诸葛武侯墨迹卷》，翁方纲几言

---

[25]　陈三立《义州李君墓表》，《散原精舍文集》卷十一，上海古籍出版社，2003年6月，第965—966页。缪荃孙《壬寅消夏录》序云："义州李文石观察淹雅闳通，尤以赏鉴书画得名……陶斋丙午（1906）督两江，命荃孙编《消夏录》，得以尽窥美富，而文石加跋独多。"罗振玉《南宋衣钵跋尾》则曰："亡友李文石观察……于国初王、恽诸家画迹颇能鉴别，而于宋元遗迹则得失相半。予虽未见，未敢信彼为真龙也。"

[26]　《清代学者像传》上、下，上海书店出版社，2001年5月。高士奇，上，第111—112页；李葆恂，下，第562页。

[27]　"右跋各另纸书。程为坡公中表兄弟；朱未详，似是元人，玩其跋语，不直目为右军书，盖亦鉴及是唐人双钩本矣。按此卷，余值奇计，以廉直得于厂肆寄观阁。倪（小舫）光禄见之，诒曰：吾日游厂肆，购书画三十年，不意颔下之珠为君夺得。倪君精鉴别，市侩畏服之，谓为厂魔也；自此厂中，喧传余得瑰宝云。己丑（光绪十五年，1889）腊月八日，红螺山人识于青萝馆。"参看李葆恂《海王村所见书画录》之《晋王右军临诸葛君〈远涉帖〉》，孙殿起《琉璃厂小志》，上海书店出版，2011年12月，第344—345页。

[28]　关于《远涉帖》书帖题跋者朱友仁，据明董其昌《容台集》别集卷三载："赵吴兴（赵孟頫）曾得洛神十三行于陈集贤瀿，自题此学时麻笺，思陵（指葬于会稽思陵的宋高宗）极力搜访，仅获九行百七十六字，故朱友仁跋作九行。宋末贾似道复得四行七十四字，乃续于后；则于九行之跋不相属，遂以四行别装于后，以悦生印及长字印款之。今此本不知犹在人间否？余所摹秀州项子京藏，是宣和谱中所收，吴兴云：更有唐人临本，后有柳公权跋，亦神物也。视世传十三行，宋拓何啻霄壤耶？"清孙诒让《温州经籍志》卷七经部《六书通释》一卷注解曰："又莫（晚清贵州独山金石学家、版本目录学家莫友芝）本卷尾附朱友仁鉴定跋称：篆法，《说文》六纸。"足见朱友仁并非无足轻重、鉴定水平一般的等闲之辈，而是一位公认有相当强鉴定认知能力的鉴赏名家。

[29]　汪度涵，籍贯河南息县，表字万川，别号龙冈。康熙四十四年（1705）前后生人，雍正十三年（1735）举人。

之凿凿，复述《远涉帖》释文为："师徒远涉，道路甚艰。自及褒斜，幸皆无恙。使回，驰此，不复云云。亮顿首。"自注："凡二十七字，有宣和、绍兴二玺。程正辅、周密二跋。"

翁方纲所见之本或许就是之前高士奇寓目的《远涉帖》书帖。并且《海王村所见书画录》中记录翁方纲于乾隆五十六年（1791）跋及的"此卷中州汪君以赠仲节（李符清），持来京师重观，去余前在粤东借观题句时二十有一年矣"本事，恰好跟《观汪龙冈所藏右军临诸葛武侯墨迹卷》诗题和诗文内容相吻合。由此证实李葆恂著录翁方纲跋涉及的"中州汪君"，正是籍贯中州腹地信阳息县、表字万川、别号龙冈的汪度涵。另外，由翁方纲跋与诗前后关系，我们还得以进一步厘清其首度索观汪赠李《远涉帖》并予以题诗确切时地，是由乾隆五十六年上溯二十一年的乾隆三十五年（1770）羊城广东学政任上[30]。

《复初斋外集》诗卷第七该诗云：

世间晋迹盖无有，此语吾闻诸退叟。丙舍力命模元常，借发天机得之偶。尚出唐钩字廓填，钟绍京与薛稷手。东都阁帖源南唐，北李制墨熏浓香。二王语易河南目，池州纸用澄心堂。黄麻茧楮那易辨，锦贉褾轴屡改装。曹宋纷纷去题识，片纸源委愈渺茫。况溯东京到西蜀，其时行草初继章。融瞻俱入王愔录，琅邪家集惟存目。半路濡毫胜负知，千秋筹笔神鬼哭。可怜僧虔尚偏枯，押指徒学倚柱书（王僧虔学诸葛亮倚柱书，见张怀瓘《玉堂禁经》）。誓墓一篇自深意，彼为怀祖真区区。草笺驰议北伐初，安西之谋非壮图。清谈不作王夷甫，佳儿岂是管葛徒。长江千里劳士卒，括粮许洛方西输。驰驱关陇并巴蜀，护军安得前哲俱。请郡宁谋会稽筑，怀古真到隆中庐。后先此心非此字，波碟谁能辨同异。褒斜数语报平安，中有仓皇君国泪。重摹响拓何足言，但取忠良向往意。尺素过眼皆云烟，烟熏屋漏久更坚。弇阳老人亦未会，徒执小玺宣和年。

另检《传统中国研究集刊》2017年第17辑许隽超作《乾嘉循吏诗人李符清年表》，乾嘉时循吏、合浦人李符清（1751—1808），确因受知于合浦令汪度涵而渐入仕途。乾隆三十年底，汪度涵任廉州府合浦县令，次年上半年就任伊始，李符清举县试第一，由此受知于汪度涵。李符清著《海门文钞》

---

[30]　沈津编著《翁方纲年谱》乾隆三十五年庚寅（1770）三十八岁载："秋，观汪度涵所藏王羲之临《诸葛武侯墨迹卷》。"（《集外诗》7/15B）"台湾久忠实业有限公司，2002年8月，第51页。

之《冯母陈太孺人墓志》载："予髫年试童子第一……俱出邑侯新息汪龙冈先生之门，相得甚欢。"《新息宗母张太夫人六十寿序》又曰"乾隆丙戌，新息汪龙冈师宰合浦，识拔余于童子试，余甫十四龄"，对汪度涵感恩戴德之情表露无遗。乾隆三十三年（1767），广东学政翁方纲南下岭南就任，六月试廉州，李符清为合浦县试案首，例得入学。很显然，汪度涵不仅十分器重学生李符清，似乎还在他入县试成功不久，以己珍藏《远涉帖》书帖相赠以资鼓励勖勉，并于三年后即乾隆三十五年（1770）由李携往广州，恭请身为广东学政、海内金石碑帖学界翘楚的翁方纲法眼过目审定题跋，遂有以上题诗本事。其后，李符清一路官运亨通，乾隆五十五年升任天津知县。据上活动年表，次年（1791）中秋，他果然在京师公干，故有翁方纲相隔廿一年后二度题跋之幸。[31]同为岭南晚辈的诗人张维屏（1780—1859）《松轩随笔》有评价曰：

> 载园（即李符清）性豪迈，喜交游，爱书画。所藏有杜少陵《赠卫八处士》诗墨迹，因署所居为'宝杜斋'。杜文贞书罕传于世，观者无从证其真赝也。[32]

以上，清代先后学识渊博的文学、金石学大咖著述俱在备验，不知持《远涉帖》伪帖论者就此，凭什么，又该作何奇谈怪论而强词夺理？

四、来自当今北京琉璃厂古玩业界老前辈追忆关于《远涉帖》书帖的辩护证词

考据《远涉帖》书帖疑似真迹另一证据链重要环节，是李葆恂当年计赚捡漏从"寄观阁"斩获得益，[33]既见诸其本人洋洋得意陈述披露，并因系古玩商走眼出局一大奇闻而播于人口。"寄观阁"当事人、掌柜计彬[34]知耻近乎勇，事后并不讳莫如深或视为自我禁忌话题而怕颜面丢尽，反而每每对新

---

[31] 沈津编著《翁方纲年谱》乾隆五十六年辛亥（1791）五十九岁载："八月二十五日，跋《王羲之临诸葛武侯〈远涉帖〉》。（影9/2559、《琉璃厂小志》406）"第289页。

[32] （清）张维屏《国朝诗人征略》卷四十八《李符清》。

[33] 一说《远涉帖》是被光绪二年（1876）浙江湖州籍探花，光绪十四年（1888）兼署国子监司业、左春坊左中允、翰林院撰文、会典馆协修，工书法、笔意风流倜傥的冯文蔚（1814—1896）设计赚取，参看《龙门阵》2013年第1期《冯翰林捡漏得神品》。

[34] 孙殿起《琉璃厂小志》第四章《贩书传薪记》附"古玩字画业"：寄观阁计彬，字文卿，□□人，于光绪□年开设，至二十年后，马铜柱，字瑞亭，山西□□县人，接作此业。徒刘崞（华西，宛平县人）、康□□（竹亭，涿县人）、赵福龄（鹤舫，大兴县人）、杨福旺（润芝，宛平县人）"上海世纪出版集团，上海书店出版社，2011年12月，第182页。

来徒弟、伙计言传身教这一惨痛经验教训与奇耻大辱。故该业内掌故，抵今被北京古玩业界前辈陈重远先生撰著《鉴赏述往事》《收藏讲史话》《文物话春秋》等多种事关琉璃厂秘闻内幕图书记录在案，[35]恕不一一援引。

作为北京琉璃厂古玩行业老前辈，著述"古玩三部曲"的陈重远先生，甚至对从琉璃厂流散而转手由李葆恂递藏流失的这件"书圣"临仿"智圣"《远涉帖》书帖还心存一丝侥幸，或许它并未丧乱遗失殆尽，抵今尚悄然隐身世间某一角落，仍抱有可能"再发现"的惊喜，他为此在自己著述最后临笔怅记感概道：

> 至于计文卿漏掉的晋《王羲之临诸葛亮帖》，由红螺山人（李葆恂别号）巧妙得到手后，至今（1994）已有一百〇五年矣！在这一百〇五年中，流落在谁的手中？转传到何处？何人知晓这件国宝的下落？有待有志者查寻，知之者补充。[36]

然而就此有众多著述口述，物证人证齐全的重要书帖，居然遭遇持伪作论者轻描淡写，视同一出现实版"古玩局中局"而一笔勾销了。如此罔顾事实，轻举妄动，不啻鲁莽无知，更形同暴殄天物。想来学术界未必同意其简单粗暴的做派，料想京城古玩业界也不赞同这般荒唐结论的吧！因为持伪帖论者观点很大程度上仅出于挑战本能反应，而非基于科学导向与风险评估；掩盖了行业诉求，豁免了自我失察讹误。因无缘见识核验宋元乃至清初书帖，就一股脑儿否认其存在的真实性，既取证不严谨缜密，论证更不严肃精准，存在严重失误与不足，料连上述失策漏货计文卿也不如，几已毋庸讳言的吧？

五、清金石学复兴时期由书帖过渡到丛帖而令人窥斑知豹《远涉帖》刻帖

（一）就清中期岭南叶氏《耕霞溪馆法帖》及其录选《远涉帖》不同评点勘察

前已论及，李葆恂得手选经宋元名家递藏题签、题跋王羲之临书的《远涉帖》，因其去世而飘零散失，至今去向不明。因此目前学术界足以考察的只局限于围绕文献层面开展搜索审核，并就据书帖摹刻清代刻帖加以举证溯

---

[35] 参看陈重远《文物话春秋》，北京出版社，1996年10月，第284—288页；《鉴赏述往事》，北京出版社，1999年9月，第369—370页；《收藏讲史话》，北京出版社，2000年8月，第311—312页。

[36] 陈重远《文物话春秋》，北京出版社，1996年10月，第287—288页。

图3 《全国首届碑帖学术研讨会论文集》书影　　图4 《全国第三届碑帖学术研讨会论文集》书影

源。为此，笔者曾先后稽查到道光二十七年（1847）粤商叶应旸辑刻《耕霞溪馆法帖》，和嘉庆十六年（1811）无锡碑帖行家钱泳（1759—1844）刊刻《小清秘阁帖》，分别有摹刻《远涉帖》案例现象，并曾先后几度于全国碑帖和诸葛亮研究学术讨论会上发布。[37]（图3、图4）

已知就《小清秘阁帖》选刻《远涉帖》，目前尚未见有歧议论争；而就后者，现代广东文物、帖学家容庚先生（1894—1983）编纂《丛帖目》确曾有所腹诽。他认为：叶氏身份不如吴荣光（1773—1843）、张维屏这些以书法名重岭南的学者，就其《耕霞溪馆法帖》将《远涉帖》定为王右军临诸葛亮书，似属好事者为而有哗众取宠之嫌。持《远涉帖》伪帖论者遂执此作为指责《耕霞溪馆法帖》摹刻必假无疑的论据。

可实际上，就《耕霞溪馆法帖》选帖高明与否，历来见仁见智，并非众口一词，只有一种声音，晚近书法、帖学家张伯英（1871—1949）《法帖辨

[37] 陶喻之《刻帖所见诸葛亮法书新论》，《全国首届碑帖学术研讨会论文集》，文物出版社，2005年6月，第131—148页；《〈远涉帖〉本事暨刻帖源流新见》，《全国第三届碑帖学术研讨会论文集》，文物出版社，2014年9月，第109—117页；《清代松江沈氏佚帖钩沉》，《云间文博丛书》第十卷第一期，上海古籍出版社，2016年6月，第53—59页；《关于〈小清秘阁帖〉本诸葛亮〈远涉帖〉发微》，《第23届全国诸葛亮学术研讨会论文集》，团结出版社，2018年9月，第73—81页。

伪》对其刻拓就赞赏有加。[38]此外,现代著名书法家和书法理论家沈尹默先生(1883—1971)对后者也有很高评价,主张其书法指导意义不应被轻视忘却,其《学书丛话·自习的回忆》提及十五岁前他少年时期的书法自学就曾取法该帖。[39]直到后来沈老才意识到:"石刻不可学。但自书使人刻,成已非己书;故必须真迹观之,乃得趣。颜真卿每使家童刻字,故会主人意,修改致大失真。"[40]

但此见并不意味着沈老排斥碑帖临摹,他一度还乐此不疲。抗战时在重庆,沈老就以传习唐碑为日课,曾以褚遂良《孟法师碑》和虞世南《孔子庙堂碑》临本,赠予幼子沈令昕作诱掖教导唐楷的范本。而在上海近现代杰出文物鉴藏家吴湖帆先生旧藏碑帖上,更有1937年沈老应邀楷书题签"宋拓唐卫景武公李靖碑,明项氏天籁阁旧物"等。直到1962年,身为帖学法泰斗的他,还执笔写下过平素罕见汉隶《石门颂》横幅。足见真正书法大家在书法技能取法上博大精深,并不局限于某一书体便到此为止而故步自封,止步不前了;他们往往不拘一格,博采众长而融会贯通,既能碑学书法,也擅帖学书法。

(二)足可称道的清嘉、道年间保留《远涉帖》书帖面貌的两部集帖贡献

1.再说清道光二十七年(1847)岭南《耕霞溪馆法帖》中《远涉帖》

值得赞许的是道光二十七年貌似好事者岭南叶氏,在了解已故李符清藏《远涉帖》书帖后闻风而动,率先将其征选摹刻入《耕霞溪馆法帖》。也正是仰仗于其投资开发这一刻帖再造工艺,才使得一代"智圣"诸葛亮手翰墨宝,经由一代"书圣"妙笔天成,恭敬悉心临写再创作,成为成功再现诸葛亮政治、军事、外交才干、廉政风范以及艺术才能的书法载体而得以化身无数。叶应旸这一保护、传播传统文化艺术的自觉行为,相当难能可贵!因李符清病死于嘉庆十三年(1808),叶应旸于其死后将近四十年摹刻其旧藏《远涉帖》书帖,可能借重官场宦游的父亲叶梦龙(1775—1832)的社交关系。更大的可能是他跟在道光六年(1826)题跋提及,曾在李符清书斋鉴赏该帖,或许还予以摹写留底,但道光二十七年已去世差不多四年的湖广总督、金石书法家吴荣光生前,以同一雅好乡谊关系才到手追摹刻帖的。因该

[38]　张伯英《张伯英碑帖论稿》释文卷,附录:《法帖提要》《耕霞溪馆法帖四卷》,河北教育出版社,2007年1月,第215—216页。

[39]　沈尹默《沈尹默论书丛稿》杂说《学书丛话》,生活·读书·新知三联书店香港分店,1981年香港第一版第一次印刷,第147页。

[40]　参看傅申《"南沈北于"的民初帖学书家沈尹默》沈尹默书法相关图版,上海市书法家协会编《沈尹默论坛论文集》,上海书画出版社,2012年11月,第106页。

帖多次转写上石，跟书帖原迹比较略显失真走样。就此，想必也情有可原，不该说三道四而罔顾具体操作难度与不确定因素，光追求原汁原味的吧？

2.关于清嘉庆十七年（1812）江南《小清秘阁帖》间《远涉帖》

相比较而言，《小清秘阁帖》的制作直截了当得多。据清中后期当事者、无锡刻帖名家钱泳《履园丛话》卷十《收藏》追忆：

颜鲁公《竹山书堂联句诗》真迹，书于绢素，雄古浑厚，用墨如漆，迥非后人所能模仿。国初藏真定梁相国（梁清标）家，刻入《秋碧堂帖》者是也。乾隆辛亥岁（五十六年，1791），为毕秋帆先生（毕沅）所得。先生殁后，图籍星散，又为扬州吴杜村（吴绍浣，乾隆四十三年进士）观察所有。嘉庆丁卯岁（十二年，1807），粤东李载园太守（即李符清）来吴门，携有杜少陵《赠卫八处士》诗墨迹卷，其书皆狂草，如张长史笔意。而杜村观察适至，颜册亦在箧中。余因邀二君各持墨迹，同观于虎丘怀杜阁下。余笑曰："杜生于同时，而未及一面。今千百年后使两公真迹聚于一堂，实吾三人作介绍也。"

由此可见李符清去世前一年曾携平生珍藏南下姑苏，荷蒙碑帖镌刻行家钱泳款待。许就是这次因缘际会，令钱泳观摩到李符清藏传"诗圣"杜甫草书《赠卫八处士》诗迹和诸葛亮《远涉帖》书帖。也正是通过这次观摩并摹写留底，才有了次年（1808）李符清去世后三年的嘉庆十六年（1811），钱泳集刻《小清秘阁帖》时有将《远涉帖》选列之举，次年（十七年，1812）告成。因钱系刻帖写刻名家，其《小清秘阁帖》摹刻《远涉帖》自比其后卅五年的道光二十七年叶应旸刻《耕霞溪馆法帖》来的气息灵动而更显书法笔触韵味。同时也证实钱、叶两家分别摹刻《远涉帖》，确系同一源头（李符清藏本）而分流出两条支线传承脉络，所以该两幅《远涉帖》呈现视觉感观迥异其趣而不尽严丝合缝。

六、无可比性而言汉隶石刻书法与魏晋尺牍行草书风刻帖

（一）谢稚柳先生论述《上虞帖》唐摹本跟宋刻宋拓善本《淳化阁帖》差异启示录

必须辩论的是，持伪作论者非议《远涉帖》刻帖，以为相关文字"师""路"等草法，既不同三国东吴书家皇象章草《急就章》，也不像东晋王羲之行草《日五帖》《七十帖》，随后列举"褒斜"两字有违汉隶书法，特

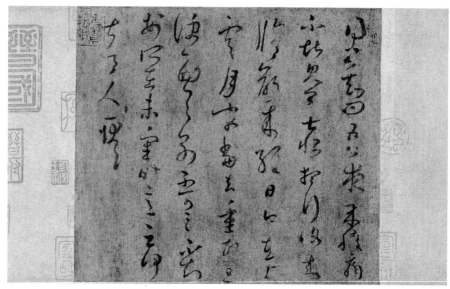

图5　上海博物馆藏王羲之《上虞帖》唐摹本

别与《远涉帖》事发地汉中汉魏摩崖涉及"褒斜"二字笔法大相径庭而相去甚远说辞，委实易使涉史不深的读者、观众不明就里误入云诡波谲歧途。

如所周知，从书帖到刻帖需经历至少摹、写、刻、拓四道工序，尤其摹写刻手若不谙各体书法运笔，容易令书帖在向刻帖过渡上石时拷贝走样失真而面目全非，上文所述沈尹默先生对"石刻本"告诫道理就在于此。不仅如此，当代知名书画家和古书画鉴定家谢稚柳先生，针对上海博物馆藏王羲之《上虞帖》唐摹本（图5）与宋刻宋拓善本《淳化阁帖》（图6）分别呈现不同书法笔意差异，也曾有如下评判道：

晋王羲之《上虞帖》，现藏上海博物馆，此帖刻于《淳化阁帖》等诸帖中。……

《上虞帖》为唐摹本，北宋内府旧藏，至今尚保存原装。前隔水近帖的上端，有月白绢签，宋徽宗金书"晋王羲之上虞帖"七字。在绢签下角和隔水及帖本身跨押朱文双龙圆印骑缝印，隔水前押"御书"葫芦骑缝印，帖之前下角与后上下角与前后隔水相接处，均押"政和""宣和"骑缝印，后隔水与拖尾相接处，押"政和"骑缝印，拖尾中间押"内府图书之印"朱文大印。……北宋徽宗时内府所藏的法书，其装潢是统一的格式，如晋陆机《平复帖》、晋王羲之《行穰帖》等，与《上虞帖》均为同一格式。……

《宣和书谱》所载王羲之法书有"《得书帖》三"而不载《上虞帖》。《淳化阁帖》中连续刻有《得书》三帖，《上虞帖》正是《淳化阁帖》的《得书》第三帖。看来宋徽宗为避免帖名的类同，因而题为《上虞帖》的。……《上虞帖》与《淳化阁帖》中的《得书》第三帖，在字体方面有着明显的相异之处。而《上虞帖》既久没于尘埃之中，阒焉无闻于世，其突然出现，

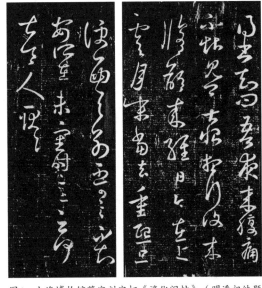

图6　上海博物馆藏宋刻宋拓《淳化阁帖》（明潘祖纯题跋本）卷七《上虞帖》

就引起了生疏的感觉，反不似习闻于世的《淳化阁帖》使人感到亲密了。两者既有相异之处，而《淳化阁帖》所据以摹刻的原本与这本唐摹《上虞帖》究竟有无关系？……

如果抹杀了《上虞帖》的一切流传证据，而必须服从《淳化阁帖》，因而认为是出于伪造，那么，据以伪造的又是何物？它必然要以某一本《淳化阁帖》为依据……刻帖要经过四道手续，而摹本只须经过一道摹，因此，摹本对真迹比刻帖要亲切而逼真，这是显而易见的。所以从来对摹本之佳者，称为"下真迹一等。"

王羲之的《上虞帖》墨迹，看来早已绝迹，否则《上虞帖》的摹本决不会受到南唐的如此珍视，这是可以想见的。如果淳化刻帖时，王羲之的墨迹尚在宋内府，那么宋徽宗所珍视的应该是墨迹，而决不会对这一唐摹本如此重视而加以如此的装潢和题签，这也是可以想见的。北宋苏东坡曾说："今官本十卷法帖（《淳化阁帖》）中，真伪相杂甚多，逸少部中，有《出宿饯行》一帖，乃张说文，又有不具释智永白者，亦在逸少部中，此最疏谬。余尝于秘阁观墨迹，皆唐人硬黄上临本。"由此可见，北宋内府所藏的就是这本《上虞帖》。也由此可见，《上虞帖》正是《淳化阁帖》所据以摹刻的祖本。……

　　"峄山之碑野火焚，枣木传刻肥失真"[41]，《淳化阁帖》的失真又岂止在肥瘦之间而已，我们欣幸地见到了《淳化阁帖》所刻《得书》第三帖的祖本，并将凭此来发现《淳化阁帖》的种种不忠实之处，而决不可能反以《淳化阁帖》来怀疑《上虞帖》。以《淳化阁帖》来怀疑流传有据的《上虞帖》，是以据以翻刻的拓本来否定它的祖本，这样的论证，根本颠倒了。[42]

　　援引谢稚柳先生就《上虞帖》唐摹本，与宋刻宋拓《淳化阁帖》间《得书帖》刻帖比对经验之谈，对全面认知辨析和类比宋元与清早晚文献记载中王羲之临仿诸葛亮《远涉帖》书帖本，和清中期两种《远涉帖》刻帖本异同，具有十分重要的指导意义。换言之，倘以今《远涉帖》书帖本遗散，便不承认文献史料中记录《远涉帖》书帖曾真实存在，而仅以清两种刻帖为据，进而认为《远涉帖》书帖势必出于伪造，那么，同样请问其又当以何为伪造取法依据呢？总之，绝不能以清刻帖中《远涉帖》书法差异，来怀疑已佚疑似唐摹本《远涉帖》的真实性。以后者献疑前者，即以翻刻本否认其据以刻帖的祖本，如此求证同属本末倒置，幼稚荒唐可笑！

　　当然，同时必须再次指出的是，尽管鉴于《远涉帖》书帖散失现实性而以刻帖本缘木求鱼，自如刻舟求剑、问道于盲，而画饼充饥，徒劳无益，难得要领。不过，鉴于《耕霞溪馆法帖》摹刻水平，恰有张伯英、沈尹默两位书坛巨擘和书法理论家首肯担保，从而使得包括《远涉帖》在内的刻帖书法已然获取名家法眼谛审核准而通过验收。因而在当前《远涉帖》书帖暂未重见天日，也许永难再见天日而无法乐观估计的局势下，认可《耕霞溪馆法帖》和《小清秘阁帖》中以《远涉帖》书帖为蓝本摹刻的刻帖本而不吹毛求疵，实在是无奈但唯一的选择。尽管谢老告诫我们"刻帖要经过四道手续，而摹本只须经过一道摹，因此摹本对真迹比刻帖要亲切而逼真，这是显而易见的，所以从来对摹本之佳者，称为'下真迹一等'"，至于《远涉帖》书帖本究竟属于王羲之临写诸葛亮书作原迹，还是在此基础上形成的唐摹本，因书帖实物无存已无法核实，当然只有信从李葆恂目鉴考察的意见，同意是"硬黄纸，疑是唐人双钩廓填本"而别无其他选择了。

---

[41]　（唐）杜甫《李潮八分小篆歌》诗。

[42]　谢稚柳《晋王羲之〈上虞帖〉》，《鉴余杂稿》，上海人民美术出版社，1989年5月第2版第2次印刷，第53—58页。

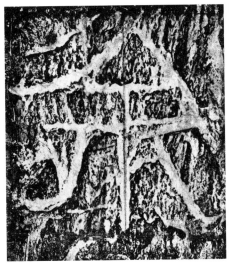

图7　东汉永平六年（63）《大开通》摩崖所见"褒斜"两字汉隶书法，"斜"作"余"

（二）专用名词及碑刻摩崖与书札尺牍书法变迁甄别取舍

另外，书法运笔变化多姿，正宛若人手指纹千变万化无一雷同。纵然同一时代人手书笔性也各有千秋，千篇一律反显得不正常自然。诸葛亮固不以书名于世，但其书法不同于皇象或王羲之恰恰属于正常现象。如三者书法面貌惊人相似，才奇怪离谱，要顿生疑窦、警惕起来。况且《远涉帖》传乃王羲之临本，这样又兼具两人笔性的时代共性与个性差别。更何况皇象《急就章》为章草书，跟《远涉帖》尺牍书札行草书根本就没可比性可言。

同理可证还有"褒斜""斜谷"两字书法，在汉中东汉甚至西晋石刻隶书中，举凡牵涉该两专用名词，都曾以"褒余""余谷"为之而概莫能外，东汉永平六年（63）《大开通》（图7）、建和二年（148）《石门颂》（图8），乃至摩崖今毁而有拓本存世汉中留坝县柘梨园岩壁间西晋太康元年（280）修褒斜故道石刻（图9）皆然。[43]北宋欧阳修《集古录》卷三《后汉司隶杨君碑》曰："其辞大略如此，其刻画尚完可读。大抵述厥修复斜谷路尔，但其用字简省，复多舛缪，惟以'巛'为'坤'，以'余'为'斜'，汉人皆尔。"南宋洪适《隶释》卷二十三《司隶校尉杨君颂》释曰："所谓'余谷'者，盖'斜谷'也，汉人用字，多从省文如此耳。"

---

[43]　参看陶喻之《褒斜石门两种摩崖石刻考辩》，《上海博物馆集刊》第六期，上海古籍出版社，1992年10月，第100—104页。

图8　东汉建和二年（148）《石门颂》摩崖所见"诏书开斜，凿通石门"的"斜"作"余"字

图9　西晋太康元年（280）修褒斜故道摩崖（今佚）拓本所见"治斜谷阁道"，书作"余谷阁道"

　　需要强调的是，上述题刻文字均出自带有强烈官方色彩纪实、记事、纪功性质，自需有与此文体相匹配的庄重样式书体呈现才相得益彰；而四平八稳的汉隶书法，无疑属于符合官方石刻告示文本标配，又能够体现时代书风。而草诸纸素间《远涉帖》题材，跟以上刻石类文字载体、体裁均不一致，记事体石刻文本及其相应书体，与诸葛亮戎马倥偬之际处理紧急军务的军事形势存在剧烈时空反差。当时也许信使就候于帐外，随时准备携其信笔草拟私人书信以加急特快专递形式跃马出发，快马加鞭，连夜接续传送投递；因而由不得慢条斯理，咬文嚼字，从容酝酿以一笔一画规矩汉隶书写，显然只有行草书才最能体现书帖书写急切的思维动态。这是由拟文急事急办特殊环境氛围所决定，哪怕潦草乃至涂改均不为过，却不能以书法家水准、思维定式和意志为转移。

　　再以诸葛亮本身传世书法为例，北宋《汝帖》辑录当时存世所见诸葛亮替西汉著名日者司马季主位于成都墓地书刻的墓碑仅剩十四字，就是以汉代流行书风——《熹平石经》体汉隶为之，而绝不可能会以行草书为之而显得不够谦恭崇敬。所以书法和书体选择，很大程度取决和服务于不同文章体裁需要而决定。此间以诸葛亮传世唯一两幅不同文体和书体——《玄莫帖》与《远涉帖》做比较说明，恰恰是再理想不过的现成教材。

至于《远涉帖》中行草书"斜"字，恰恰较之汉隶"余"字多出右半部偏旁"斗"字；譬如书法史上已见成熟楷书端倪北魏永平二年（509）汉中《石门铭》摩崖中"褒斜"二字（图10），就摇身一变之前"褒余"而改"余"归正为"斜"了。足见欲从书法文字演变而鸡蛋里挑骨头否定《远涉帖》刻帖，实属混淆视听，枉费心机，徒劳无益。

图10　北魏永平二年（509）《石门铭》摩崖所见"褒斜"两字楷书

理性思辨针对《远涉帖》刻帖书法诘难，人们不禁要问：就此质疑话题，难道古来诸多同为书坛或史林大家都有眼无珠、熟视无睹、装聋作哑、鱼目混珠不成？实则不然，他们就此并非置之不理，而是早将此视为司空见惯常识性话题根本忽略不计，不在话下罢了。因此存而不论，几无人就此小题大做、由此及彼而纠缠不清，乃至上升到对《远涉帖》全盘否定危言耸听或哗众取宠的烈度。否则，岂不仿佛挑起《兰亭》论辩事端低级错误般一叶障目，以偏概全？自以为出土东晋墓志书法方正谨严，便信以为必放之四海、只此一体，进而重蹈贸然否决《兰亭》即兴挥洒飘逸书风差异纯属伪帖覆辙而不能自拔，腾笑于人了吗？

七、研判结论

按理，学术研究，特别就史上名家法帖识别，以怀疑目光打量而追根究底并无过错，可疑惑考验务须在尊重古人记载，并将举证验证和辩驳论证防控在合情合理区间内进行。质疑求证绝不该采取历史虚无主义态度，以有罪推定意识在先而目空一切，把有宋元以来有明确记载的历史文献数落得一无是处。尤其不分青红皂白立论依据，仅源自主观臆断而不着边际猜测论调，如"可信度极低""极可能是后人造假""我猜测此语是在……基础上编造而来""完全可以由后人模仿""故我推断此说""可信度非常低""《耕霞溪馆法帖》中……《远涉帖》拓本则必然是后世伪作"……皆然。凡此"神机妙算"超乎料事如神诸葛亮般居高临下的口吻，给人以不实事求是、无知者无畏的感觉；剩下的唯刚愎自用、唯我独尊大胆假设，却丝毫无严谨审慎小心求证；高谈阔论、推翻前人结论，其真实诉求动机耐人寻味，发人深省。

想当初，诸葛亮南征"七擒孟获"典故形成前的西汉时期，蜀籍学者司马相如针对蜀中父老诘难汉武帝开疆拓土，交好西南夷深谋远略，曾作《难蜀父老》晓之利害并予辩驳。今亦有人对见诸宋元和清朝、近代文献记录在案诸葛亮传世墨宝及其刻帖嗤之以鼻，嫌弃为无稽之谈。或许他是认真的并勇气可嘉，但笔者提醒对方务必端正学风，摆事实、讲道理，尤其在未审视书帖庐山真面目而不具备发言权和判决权的前提下，最好稍安勿躁，搁置争议，回归文献史实原点，切勿仓促论断评判，遽然妄加指认定论。特此，笔者效法当年作《难蜀父老》的司马相如，作此针对《远涉帖》否定之否定辨难答客诮论，相信读者自能据上考论《远涉帖》自书帖到刻帖流变的来龙去脉、是非曲折作出独立甄别。

附记：传东晋王羲之临仿蜀汉诸葛亮《远涉帖》墨迹纸本书帖，自晚近书画碑帖鉴藏家李葆恂（1859—1915）约光绪十四年（1888）设计"捡漏"得于北京琉璃厂"寄观阁"古玩店，并著录于其《海王村所见书画录》后长期踪迹全无，去向不明。笔者及北京琉璃厂古玩业前辈如陈重远先生系列著述，均密切关注该书帖流传递藏动态，始终杳无音讯，莫知所踪。2024年8月，一缄自台湾致上海博物馆拟联络笔者公函，打破了该帖自李葆恂去世近百又十年的失踪沉寂局面。据来函署名孙瑀先生自述，他是清末光绪帝师孙家鼐（1827—1909）后裔，该帖目前为其家族珍藏于美国私邸，因从网络间搜索了解到笔者曾对诸葛亮《远涉帖》刻帖与本事多所探讨，故拟邀约就其藏墨迹纸本书帖予以研究。

笔者在对《远涉帖》信息梳理过程中，曾就清代嘉庆、道光年间两部收录《远涉帖》的刻帖——《小清秘阁帖》与《耕霞溪馆法帖》水落石出，业已感觉石破天惊，甚为难得，今闻讯其依据刻帖的墨迹纸本书帖母本（底本）尚存于世间，更仿佛是空谷足音，为之欢欣不已！唯限于笔者研究水平能力，如此传世法帖剧迹重宝，势必需召集海内外相关帖学研究专家对该书帖展开开放式、地毯式深入细致地甄别辨认考察，方可达成比较一致的鉴定意见。换言之，这显非笔者个人单枪匹马所能结案的，当借重诸多学界重量级学者合力攻关，才能实现最终研究完成式。何况尽管荷蒙孙瑺先生慷慨提供《远涉帖》墨迹纸本书帖高清图版，但笔者尚不具备与书帖本身零距离寓目谛审机缘。而这同样有待众家集体轮番过目，真切感受，目鉴原迹字里行间原始气息，并结合文献、图像资料，严格字斟句酌，论证研判，一丝不苟，精益求精，方得始终。故笔者于此，仅借拙著付梓前夕，提前预告此讯，俾有兴趣研究学人共享共襄，通力合作。相信《远涉帖》墨迹纸本书帖的庐山真面目显山露水那一天会很快到来，请读者诸君假以时日，耐心静观静候是荷。

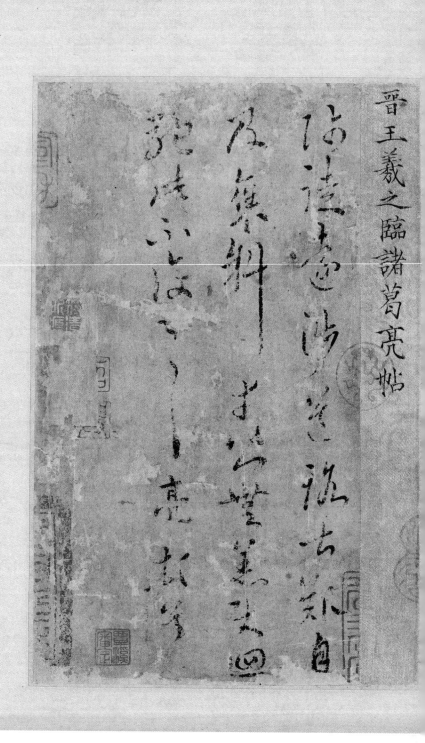

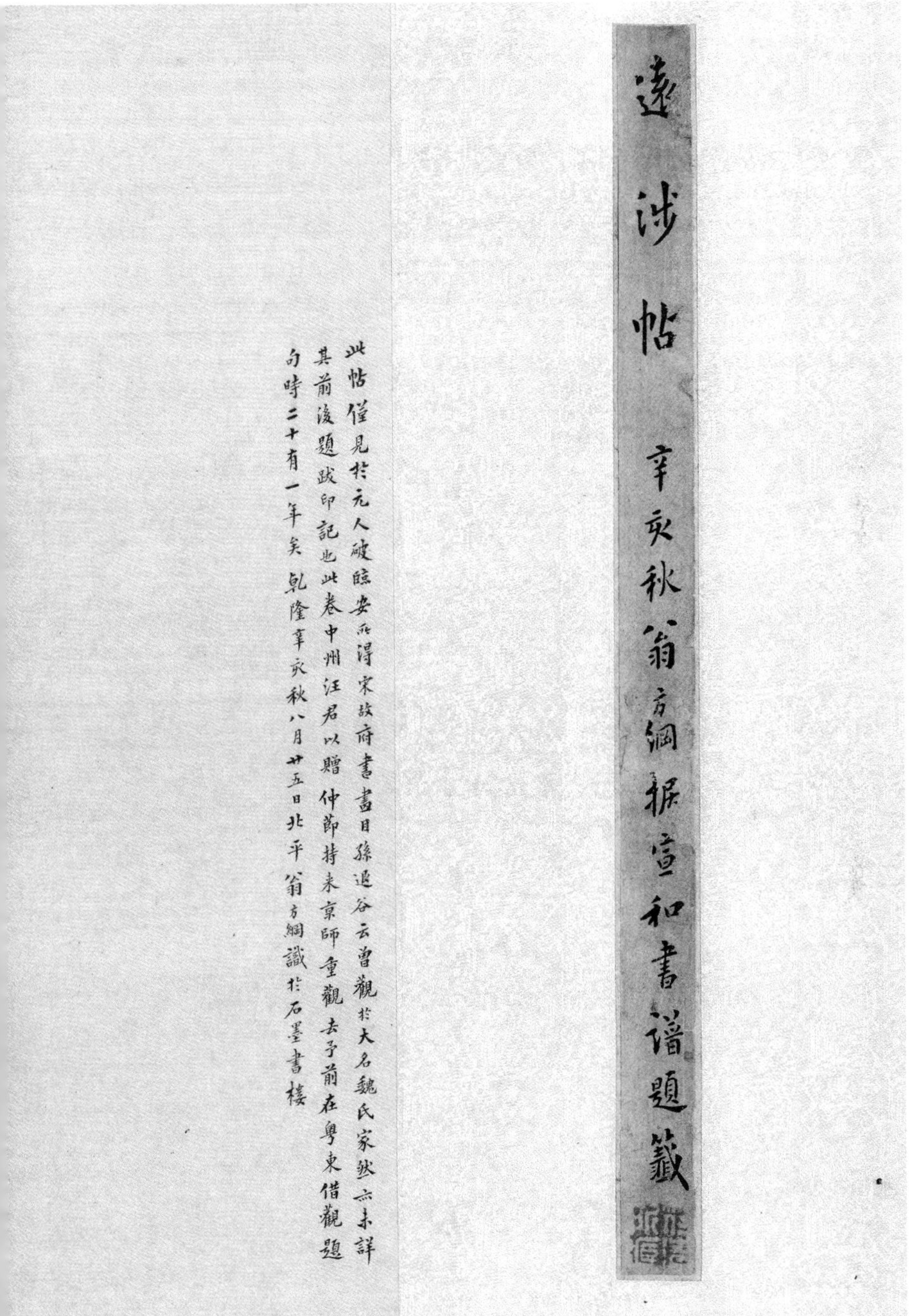

远涉帖 辛亥秋翁方纲据宣和书谱题籤

此帖僅見於元人硯臨安正潜宋故府書畫目孫退谷云曾觀於大名魏氏家然六未詳
其前後題跋印記也此卷中州汪君以贈仲節持來京師重觀去予前在粵東借觀題
句時二十有一年矣乾隆辛亥秋八月廿五日北平翁方綱識於石墨書樓

附图一 《远涉帖》墨迹纸本书帖及其前列清金石学家翁方纲乾隆五十六年（一七九一）八月廿五日题签与题跋

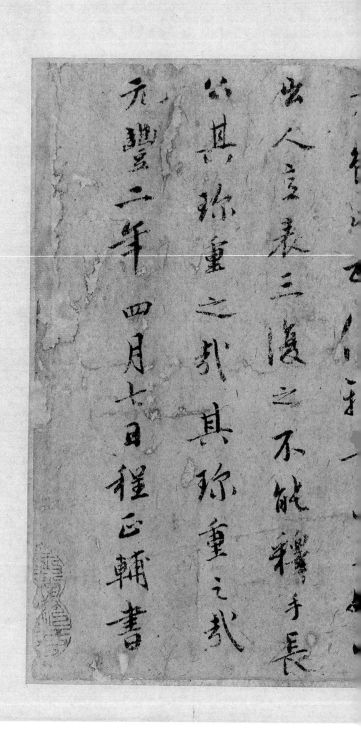

出人言表三复之不能释手长

公其珍重之我其珍重之我

元丰二年四月七日程正辅书

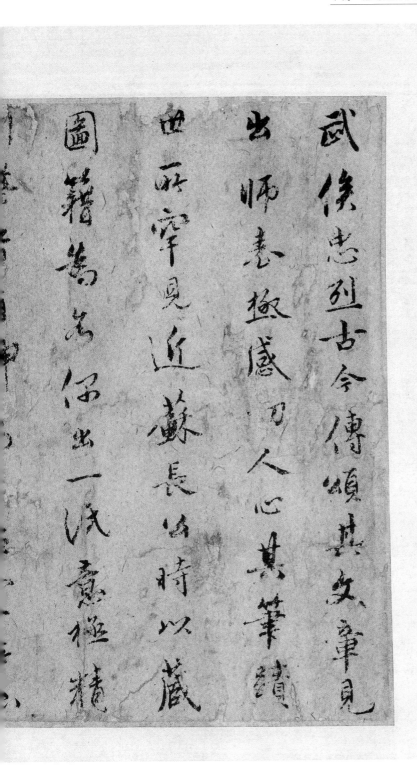

附图二 《远涉帖》墨迹纸本书帖后北宋元丰二年（一〇七九）四月七日程正辅题跋

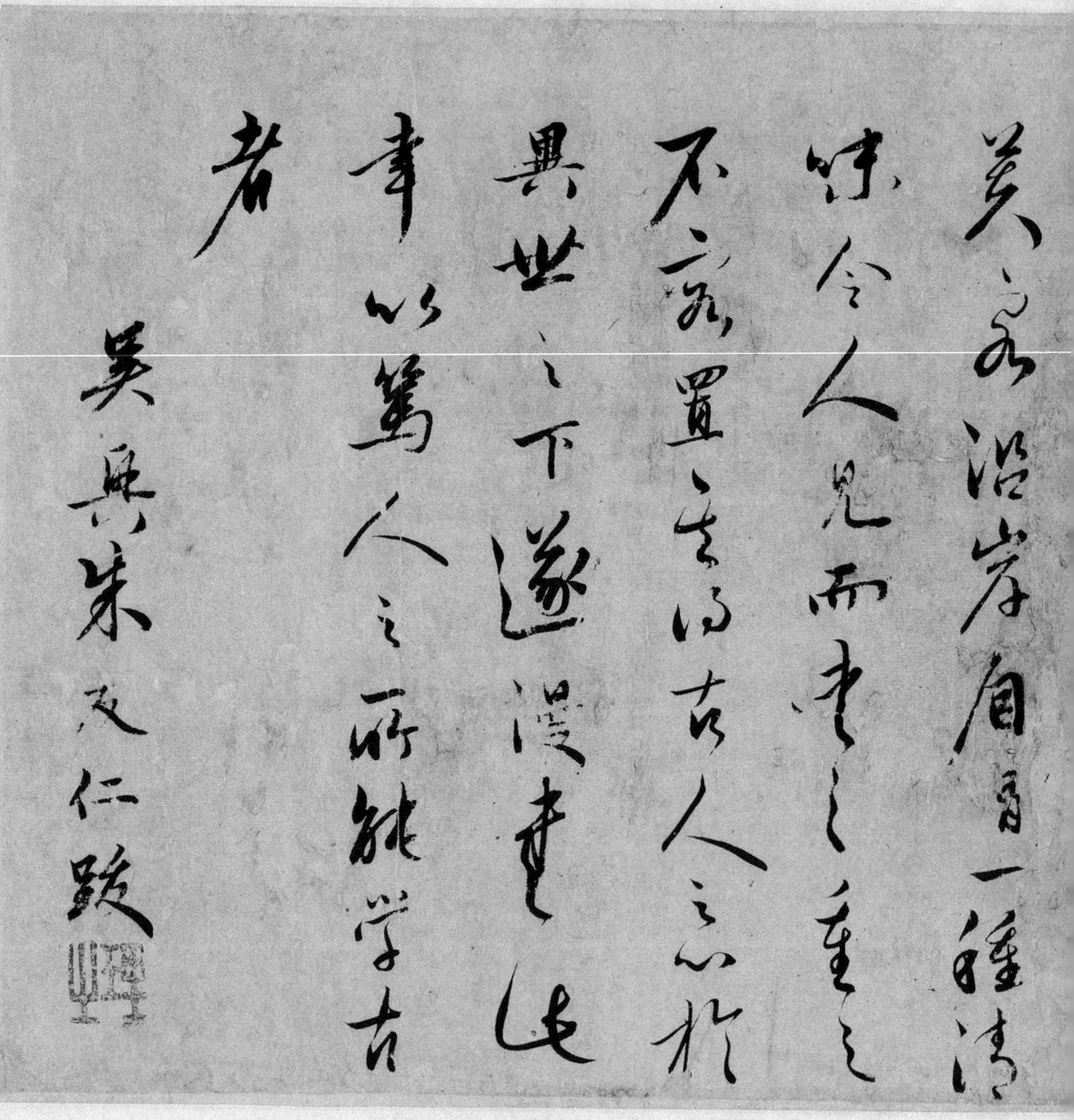

美之而沿岸自有一种清
味令人见而生之重之
不宣置之而古人之所作
异世之下遂漫之此
尃以篤人之所雜学古
者
　　吴興朱又仁跋

附图三　《远涉帖》墨迹纸本书帖后传为宋元之间吴兴朱友仁题跋

夫字有古今人无古今古

人字相类妙出于此非由人

手相应为之善然尔

批书力不及今人不见古

之妙乃谓人作者后

手样写夫岂知古人者

我予观此化晋庵人学

诸葛亮碑刻及集帖中以其口吻伪帖识别

一、纪念诸葛亮唐碑和贬损诸葛亮曹魏《曹真残碑》

三国蜀汉丞相诸葛亮作为家喻户晓的"智慧化身"而后世多所纪念，其祖居地、躬耕地、转战地及后裔聚居地均有武侯祠及相关纪念类碑刻，如成都武侯祠唐元和四年（809）"三绝碑"（图1）、汉中勉县武侯祠唐贞元十一年（795）现存最早唐碑，皆然，不一而足。但上述碑刻内容仅关乎后世为诸葛亮歌功颂德及祠庙建置始末，与三国历史及诸葛亮本身史实无关。碑刻涉及诸葛亮为之奋斗北伐事业及直接指名道姓历史类石刻最早者，当数曹魏太和五年（即蜀汉建兴九年，231）《曹真残碑》。

是碑因残，年月损沥，上述年份乃据曹真卒年推定。清道光二十三年（1843）出土于西安城郊，光绪年间归两江总督端方，后归建德周进（季木），今藏于故宫博物院。碑阳存中段二十行，行十至十七字不等，有方界格，碑阴存题名两列，列各三十行，字较碑阳小。隶书，字体劲整，其与蜀汉及诸葛亮相关碑文略曰：

图1 成都武侯祠藏唐元和四年（809）裴度撰文、柳公绰书丹、鲁建镌刻《蜀丞相诸葛武侯祠堂碑》

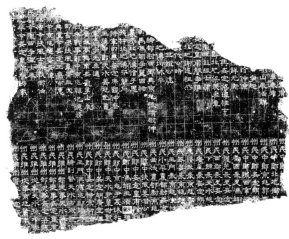

"……蜀贼诸葛亮称兵上邽，公拜大将军，授□（下阙）□援于贼。公斩其造意，显有忠义，原其胁（下阙）约立化柔嘉，百姓恃戴，若仰阳春，（殊）（下阙）□冬霜于陆议，奋雷霆于朱然，屠蜀贼于（下阙）绩……"（图2）

此残碑出土之初，乡人见碑间八行有"蜀贼诸葛亮"云云，遂激于义愤，即将"贼"字凿去，故初拓本"蜀贼"之"贼"字即泐而"诸葛亮"三字尚存。以后碑间举凡污蔑蜀汉及诸葛亮文字如五行"妖道，公"三字[1]、八行"蜀贼诸葛亮称兵

图2　清道光二十三年（1843）传西安出土曹魏《曹真残碑》碑阳、碑阴拓本

上邽，公拜"十一字、九行"贼"字、十一行"然"字下半与"屠蜀贼"三字悉数被凿，由此可见尊刘抑曹，爱戴诸葛亮朴素观念深入民间之一斑。

更为重要的是，这块残碑不仅是最早出现诸葛亮名字的三国碑刻，而且它还是一块道及曹魏跟蜀汉、东吴三方面军事活动的碑刻。譬如"奋雷霆于朱然"即指东吴黄武二年（曹魏黄初四年，223）曹真与夏侯尚、张郃合攻东吴江陵，守将征北将军、永安侯朱然守城达六月之久，曹真久攻不下而退走，朱然名震一时，改封当阳侯。结合紧随其后碑文"屠蜀贼于

---

[1]　此"妖道""公"实与诸葛亮无关，疑指张掖、张进，因残碑曰："张掖、张进□（下阙）羌胡诳之妖道，公张罗设陷之坑网（下阙）"。故"妖道"似指张掖或张进，而"公"实指曹真。

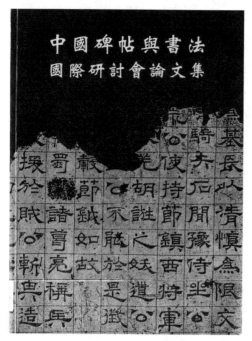

图3　2001年香港中文大学文物馆《中国碑帖与书法国际研讨会论文集》封面书影

（下阙）"，则"奋雷霆于朱然"，当语含曹真以雷霆万钧之势袭击朱然之意，而实则曹真此番战机未逞。至于所谓"屠蜀贼于"云云赞语，虽亦纯属曹魏夸饰曹真穷兵黩武之举，倒与史实相合。曹真本传曰："诸葛亮围祁山，南安、天水、安定三郡反应亮。帝遣真督诸军军郿，遣张郃击亮将马谡，大破之。纪云：太和二年正月，'蜀大将诸葛亮寇边，天水、南安、安定三郡吏民叛应亮，遣大将军曹真都督关右，并进兵，右将军张郃击亮于街亭，大破之。'此即碑所述'称兵上邽'之事。传云：'安定民杨条等略吏民保月支城，真进军围之。条谓其众曰：大将军自来，吾愿早降耳。遂自缚出。三郡皆平。'碑所谓'斩其造意'，'原其胁（下阙）'者，盖即指此。"[2]

《曹真残碑》出于曹魏士民颂扬曹真赫赫武略、所向披靡用意路人皆知，但因该碑间涉及当年诸葛亮北伐及曹魏跟东吴朱然战事，而1984年夏安徽马鞍山朱然墓已发掘[3]，故《曹真残碑》恰可与这段历史前后呼应而具有重要研究参考价值。同时，由于该残碑隶书书法艺术甚高，因而，2001年春在香港中文大学举行的"中国碑帖与书法国际研讨会"上，国学大师饶宗颐先生就其隶书风格多所好评，碑阳拓本则被作为会标刊诸论文集封面。（图3）

[2]　（清）陆增祥《八琼室金石补正》卷八。
[3]　安徽省文物考古研究所、马鞍山市文化局《安徽马鞍山东吴朱然墓发掘简报》，杨泓《三国考古的新发现——读朱然墓简报札记》，《文物》1986年第3期。

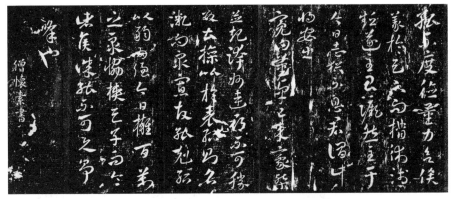

图4　北宋《淳化阁帖》"诸家古法帖第五"《孤不度德》《亮白》二帖

二、北宋《淳化阁帖》中诸葛亮口吻诸刻帖真伪辨

鉴于宋元以前名家书帖，真迹传世稀罕，故抵今所见者往往属于借重于北宋以来汇集书帖加以摹刻传习的历代丛帖，一代"智圣"诸葛亮传世墨迹刻帖即然。北宋淳化三年（992）宋太宗下旨摹刻"法帖之祖"——《淳化阁帖》中"诸家古法帖第五"的《孤不度德》《亮白》二帖（图4），因而也曾被指认为是诸葛亮章草书帖，而其内容实来自晋陈寿《三国志》卷三十五《蜀书五·诸葛亮传》："'孤不度德量力，欲信大义于天下，而智术短浅，遂用猖獗，至于今日。然志犹未已，君谓计将安出？'亮答曰：'自董卓以来，豪杰并起，跨州连郡者，不可胜数。曹操比于袁绍，则名微而众寡，然操遂能克绍，以弱为强者，非惟天时，抑亦人谋也。今操已拥百万之众，挟天子而令诸侯，此诚不可与争锋。'"北宋书家米芾元祐三年（1088）《跋秘阁法帖》第五就曾上当云"《孤不度德》《亮白》二并诸葛书"。

不过，鉴于同为《淳化阁帖》"法帖第十　晋王献之二"的《孙权帖》（图5），分明为紧接上述两帖（即《孤不度德》《亮白》）的诸葛亮《隆中对》内容，并且有章草曰："孙权据有江东，以历三世，国险而民附，贤能为用，斯可以为援而不可图也。益州，天府之地，高祖因之以成帝业。荆州北据汉沔，利尽南海，西连巴蜀，东通吴会，此用武之国，而其不能治，天所以资将军。将军既是帝室之胄，信义著于四海，成之大国，诚难至也。"此前，竟然有"七月二日献之白"前缀，足见其绝非诸葛亮笔迹。为此，北宋帖学家黄伯思（1079—1118）大观二年（1108）所著《东观余论》之《法帖刊

图5 北宋《淳化阁帖》"法帖第十 晋王献之二"《孙权帖》

误》"并序"颇多指谬道："有误著其主名者，若以晋人章草诸葛亮传中语，遂以为亮书之类是也。其余舛误尚多。""第五杂帖"进一步指出："'孤不度德量力'与'亮白董卓以来'二帖，皆诸葛传中与昭烈问答语。有一段'自孙权据有江东'以下与此文相接，误置第十卷王大令（王献之）部中。皆章草书，虽字画大小微异而笔势若一，大是全写亮传首语。此文出亮言，亦史家润色之。又中云亮曰，亦史家所记，米遂谓亮书，差千里矣。仆谓此帖当是逸少（王羲之）书，盖与此公章草《豹奴帖》笔法同。""第十王大令书下"又云："'七月二日献之白'七字，人伪作也，下章草云：'孙权据有江东，以历三世。'亦蜀志中语，与第五卷章草'不可争锋也'语相接，字虽大小异，乃一人书。语已见本章。此段'世'字缺中画，盖唐人临摹时去之以避讳，犹今集法帖时'殷''敬'二字多省其波也。但'东连吴会'与'用武之国''连''武'二字章草体差相乱，摹者谬互置之。"

前已论及，《隆中对》刻帖最初书家王著将其拆分成三帖，并列为"诸家古法帖"和晋王献之书，后世转相增续删节而成别帖者大多沿袭《淳化阁帖》体例，将前二帖归于"古法帖"而把《孙权帖》归于"王献之书"，如北宋皇祐、嘉祐年间（1049—1063）刊刻《绛帖》，大观三年（1109）刊刻《大观帖》等皆然；[4]而黄伯思则认为三帖尽属王羲之书。清王澍《淳化秘阁法帖考正》辨析言之有理："长睿（黄伯思）以蜀志三帖为右军书。自魏晋来，古法未漓，能为章草者多矣。右军父子、索靖、萧子云，皆得伯英（东汉张芝）不传之妙。此必魏晋名手所书，既不得主名，不须强为排突。目为'古法帖'，正当耳。"

　　至此，《淳化阁帖》间所谓诸葛亮墨迹刻帖真伪大抵廓清，《孤不度德帖》《亮白帖》《孙权帖》并非如米芾判断乃诸葛亮手笔，疑来自魏晋时人以章草书《三国志·蜀书·诸葛亮传》中著名《隆中对》语之唐摹本。就此，明顾从义《法帖释文考异》、清王澍《淳化秘阁法帖考正》多从黄伯思说。而米南宫就所谓诸葛亮书之失鉴，倒似乎印证了古语所谓"善书不鉴"之说。

表一　《三国志·蜀书·诸葛亮传》与《淳化阁帖》之《隆中对》异同比较表

《三国志·蜀书·诸葛亮传》之《隆中对》	《淳化阁帖》之唐摹魏晋章草书《隆中对》三帖
孤不度德量力欲信大义于天下而智术短浅遂用猖蹶至于今日然志犹未已君谓计将安出（刘备问）	孤不度德量力欲俟义于天下而措术浅短遂至昌蹶然至于今日志犹不息君谓计将安出（诸家古法帖第五《度德帖》，一作《孤不度德帖》）
亮答曰自董卓已来豪杰并起跨州连郡者不可胜数曹操比于袁绍则名微而众寡然操遂能克绍以弱为强者非惟天时抑亦人谋也今操已拥百万之众挟天子而令诸侯此诚不可与争锋（亮答语）	亮曰董卓已来豪杰并起跨州连郡不可胜数曹操比于袁绍则名微而众寡故能克绍以弱为强今日拥百万之众协挟天子而令诸侯诚能不可与争峰（诸家古法帖第五《亮白帖》或作《亮曰帖》，一作《孤不度德帖》）
孙权据有江东已历三世国险而民附贤能为之用此可以为援而不可图也荆州北据汉沔利尽南海东连吴会西通巴蜀此用武之国而其主不能守此殆天所以资将军将军岂有意乎益州险塞沃野千里天府之土高祖因之以成帝业刘璋闇弱张鲁在北民殷国富而不知存恤智能之士思得明君将军既帝室之胄信义著于四海（亮答语）	七月二日献之白孙权据有江东以历三世国险而民附贤能为用斯可与为援而不可图也益州天府之地高祖因之以成帝业荆州北据汉沔利尽南海西连巴蜀东通吴会此用武之国而其不能治天所以资将军将军既是帝室之胄信义著于四海来之大国诚难至也（法帖第十晋王献之二《孙权帖》）

[4]　（明）顾从义《法帖释文考异》和（清）王澍《淳化秘阁法帖考正》，均谓宋黄伯思云《大观帖》将《亮白帖》间"今日拥百万之众协挟天子而令诸侯诚能不可与争锋也"另作一帖标为"唐张旭书"。今检故宫博物院清李宗瀚藏宋拓本《大观帖》之《历代诸家古法帖第五》"古法帖"间《亮白帖》完整，唐张旭书缺失；而此前《孤不度德帖》缺接裱"孤不度德量力欲俟义于"十字。又，自《淳化阁帖》卷五《隆中对》三帖中"不可与争锋"的"锋"字误作"峰"字，后世《阁帖》，包括其他以此为据翻刻本均从误为"峰"字。

三、清康熙《懋勤殿法帖》"后汉诸葛亮书"《亮白帖》真伪考

无独有偶，清康熙二十九年（1690）奉旨摹勒上石的《懋勤殿法帖》第五册间"后汉诸葛亮书"的《亮白帖》亦然。《懋勤殿法帖》共廿四册，因系清宫官刻帖，传本绝少。因《淳化阁帖》间《孤不度德》《亮白帖》的"白"字，以其运笔呈现的不同释读，曾有作帖目为《亮曰帖》者。因此，对于见诸容庚先生主编《丛帖目》著录的《懋勤殿法帖》"第五　诸葛亮《亮白帖》"和"第十"《孙权帖》，以及紧接其后的《孤不度德亮白（曰）帖》三帖同时并存，笔者在未得见此"第五　诸葛亮《亮白帖》"庐山真面目之前，一度以为它和《孤不度德亮白（曰）帖》同处《懋勤殿法帖》，必然同属此前笔

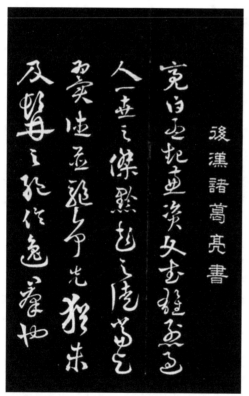

图6　清康熙二十九年（1690）奉旨摹勒上石《懋勤殿法帖》第五册间"后汉诸葛亮书"《亮白帖》

者曾研究过的《淳化阁帖》间《敬祖帖》《鄱阳帖》《疾不退帖》《谢生帖》《安西帖》《思恋帖》和《冠军帖》七帖的先后"一帖两刻"现象一样。[5]讵料在荷蒙故宫博物院慷慨提供图版后发现，《懋勤殿法帖》间的《亮白帖》，虽然其书家分明确认标作为"后汉诸葛亮书"（图6），然而相关书法文字内容，则完全不同于始见于《淳化阁帖》有关《隆中对》对话的《孤不度德亮白（曰）帖》。释读之下，这居然是《三国志·蜀书·关羽传》中，诸葛亮致关羽论述马超为人而安抚关羽的一缄章草书尺牍刻帖。这就使得《亮白帖》成为继《远涉帖》和《玄莫帖》之后，第三件有可能出自

---

[5]　参看陶喻之《由"一帖两刻"论〈阁帖〉稿本说》，见《秘阁皇风——〈淳化阁帖〉刊刻1010年纪念论文集》，香港中文大学文物馆专刊之十一，2003年10月，第140—160页。

诸葛亮手翰的刻帖法书了，而其真伪议案同时被提上鉴定探讨日程。

表二　清康熙二十九年（1690）《懋勤殿法帖》传诸葛亮《亮白帖》信息一览表

帖目	《亮白帖》
写帖时间	刘备定益州拜关羽董督荆州之际，约建安十九年（214）。
写帖地点及性质	诸葛亮任军师将军、署左将军府事驻成都时尺牍。
写帖发送对象	书答关羽。《三国志》卷三十六《蜀书·关羽传》载："先主西定益州，拜羽董督荆州事。羽闻马超来降，旧非故人，羽书与诸葛亮，问超人才可谁比类。亮知羽护前，乃答之曰：'孟起兼资文武，雄烈过人，一世之杰，黥、彭之徒，当与益德并驱争先，犹未及髯之绝伦逸群也。'羽美须髯，故亮谓之髯。羽省书〈即本诸葛亮尺牍书帖〉大悦，以示宾客。"
书、刻帖内容	亮白孟起兼资文武雄烈过人/一世之杰黥彭之徒当与/益德并驱争先犹未/及髯之绝伦逸群也
书体	章草
写帖文本出处及刻帖著录	语出《三国志》卷三十六《蜀书·关羽传》；清康熙二十九年（1690）《懋勤殿法帖》卷五"后汉诸葛亮书"刻帖。
备注	《亮白帖》帖文与《三国志·蜀书·关羽传》记载诸葛亮书答关羽基本吻合。唯书帖不知所出，见本文以下考证。

不过，追根溯源，笔者就《亮白帖》的书帖源流暂无更多地发现，仅知道刻帖内容跟《三国志·蜀书·关羽传》记载完全一致，而刻帖所依据的摹刻书帖蓝本不知从何而来。当然，根据这一研究现状，将《亮白帖》打入另册或许失之武断，为时尚早，因为《懋勤殿法帖》系奉康熙圣旨摹刻，书帖不可能凭空而来，诚如康熙御制序言所曰："朕念古帖岁久渐湮，近时转相摹刻者多失其真，因取内府所藏旧拓与名人墨迹，远自上古，以迄本朝，编次模刻，题曰《懋勤殿法帖》，凡二十有四卷。"帖名及书人名均隶书，卷尾题"康熙二十九年庚午夏四月十六日奉旨模勒上石"，几言之凿凿，它向世人表明《懋勤殿法帖》所有刻帖都取之有据，所以，我们自然不应当完全排除当时曾有摹刻依据的底本甚至善本法帖。

何况遵循《亮白帖》跟《淳化阁帖》间《孤不度德亮白（曰）帖》《孙权帖》共同的章草书法特征为线索，也有理由将其合并同类，作等量齐观，尽管《懋勤殿法帖·亮白帖》跟《淳化阁帖》间《隆中对》三帖章草书法不尽一致。但亦仿佛前人所考，《亮白帖》的底本很可能跟《亮曰帖》等《隆中对》三帖底本一样，同属清宫罗致魏晋或唐代无名氏以章草急就《三国

图7　清乾隆五十年（1785）姚学经仿宋薛氏模刻《因宜堂法帖》

志》题材书帖的唐摹本。悬想在《亮白帖》刻帖的确切原始依据水落石出以前，这大抵是再合理不过的推测与解释了，舍此几别无选择。而如若这一推论成立，则可知《亮白帖》似乎跟《孤不度德亮白（曰）帖》和《孙权帖》一样，并非诸葛亮亲笔手书刻帖。

此外，以上北宋晚期书法理论家黄伯思辩证《淳化阁帖》间《隆中对》三帖（《孤不度德亮白（曰）帖》和《孙权帖》）逻辑推理，也给我们认识《亮白帖》真伪以很大启示。按照黄伯思所著《东观余论》之《法帖刊误》卷上"第五杂帖"，辩驳北宋书法大家米芾（1051—1107）《跋秘阁法帖》误以为《淳化阁帖》间《隆中对》三帖"并诸葛书"观点是："《孤不度德量力》与《亮曰董卓以来》二帖，皆诸葛传中与昭烈问答语。有一段'自孙权据有江东'以下，与此文相接，误置第十卷王大令部中，皆章草书。虽字画大小微异，而笔势若一。大是全写亮传首语。此文虽出亮言，亦史家润色之。又，中云'亮曰'，亦史家所记。米遂谓亮书。差千里矣。仆谓此帖，当是逸少（王羲之）书。盖与此公章草《豹奴帖》笔法同。"

检《三国志·蜀书·关羽传》与《亮白帖》文字相关联前后内容为："先主西定益州，拜羽董督荆州事。羽闻马超来降，旧非故人，羽书与诸葛亮，问超人才可谁比类。亮知羽护前，乃答之曰：'孟起兼资文武，雄烈过人，一世之杰，黥（英布，？—前195）、彭（彭越，？—前196）之徒，当与益德并驱争先，犹未及髯之绝伦逸群也。'羽美须髯，故亮谓之髯。羽省书大悦，以示宾客。"《亮白帖》跟《三国志》亮答语记载无一字不合。如果说笔者就此乃史家之言本尚在疑信参半之间，则《亮白帖》起首以史家口吻"亮白"两字前缀相标榜，其非诸葛亮手迹似乎恰恰由此而端倪可察了。

因为汉晋尺牍书仪虽有或前或前后俱署名款"某某白"的惯例，却绝无《亮白帖》般于名款后单刀直入径奔主题的行文习惯，而是稍作寒暄用词铺垫方才导入正题。譬如《淳化阁帖》卷二东汉张芝《秋凉帖》的"八月九日芝白府君足下深为秋凉……"，同卷曹魏钟繇《还示表帖》的"繇白昨疏还示知忧虞复深……"，东晋王导《改朔帖》的"导白改朔情增伤感……"，卷九《思恋帖》的"献之白思恋转不可言……"，同卷《节过岁终帖》的

图8 清乾隆五十年（1785）姚学经仿宋薛氏模刻《因宜堂法帖》卷二"蜀汉诸葛亮书"将《亮白帖》归为"蜀汉诸葛武侯书"并伪刻明末天启三年（1623）安世凤题跋

"献之白节过岁终众感缠心……"，王羲之《七月帖》的"七月一日羲之白忽然秋月……"，《何如帖》的"羲之白不审尊体比复何如……"，等等皆然，不一而足。而《亮白帖》"亮白"两字签款后即直接深入正题，这一行文方式甚为突兀而嫌失礼节，似非汉晋尺牍书札的惯常语气，应属史家言简意赅、简明扼要表述史实的简约提要笔法。因此，刻帖起首显现"亮白"两字一如画蛇添足，反而暴露出其并非真正诸葛亮尺牍书札的蛛丝马迹，一如《隆中对》三帖之一《孙权帖》前冠以"七月二日献之白"般不打自招。

因而清乾隆三十四年（1769）《钦定重刻〈淳化阁帖〉》遂将此三帖置于卷十"唐人及无名氏法帖"中。乾隆御识曰："至章草《蜀志·诸葛亮传》中语，前半已入'古法帖'，而以后半属之大令，且妄增'七月二日献之白'七字，以史传旧文讹为简牍，造作紕缪，一何至是！今悉归于'无名氏书'，列于末卷。""'孤不度德量力'以下三帖，皆《诸葛亮传》中语，章草并同。顾或作古帖，或标献之，尤为失考，今悉订正归一。"考《淳化阁帖》摹勒此三帖系来自唐人临摹魏晋章草，故清《钦定重刻〈淳化阁帖〉》将其归于"唐人及无名氏"下亦不为过，唯其非诸葛亮墨迹几已昭然若揭。

经过以上对《懋勤殿法帖·亮白帖》从书法字体到书札体例双重辨析鉴定初步表明，《亮白帖》的伪帖结论大致已可推定。然而不管怎么样，晋唐书法家早已有以章草书法书写《三国志》中诸葛亮回复关羽求证来降马超为人本领的赞赏语录，恐怕是个不争事实，它于是被清初康熙帝下令刊刻的《懋勤殿法帖》收录。

四、《履园丛话》披露清乾隆年间《因宜堂法帖》伪造诸葛亮法帖

另外需要指出的是，清乾隆五十年（1785），有姚学经者仿宋薛氏摹刻《因宜堂法帖》卷二"蜀汉诸葛亮书"（图7），又将《亮曰帖》归为"蜀

汉诸葛武侯书"，并伪刻明末天启三年（1623）安世凤题跋，不堪一驳。跋曰："武侯手翰，惟此数十字，嗟乎！钟繇、梁鹄之迹布寰区，至老瞒秽滓，犹有余气，而独无表章及此者。余于无信二国诸帖，未尝不薰沐正襟，拜启于前流涕于后也。"（图8）清钱泳《履园丛话》九"碑帖"辨云："吴中既有伪书画，又造伪法帖，谓之'充头货'。……以新纸染色拓之，充作宋刻，凡五部……二曰《星凤楼帖》，三曰《戏鱼堂帖》……嘉庆初，有旌德姚东樵者，目不识丁而开'清华斋'法帖店，辄摘取旧碑帖，假作宋、元、明人题跋，半石半木，汇集而成。其名曰《因宜堂法帖》八卷……皆伪造年月姓名，拆来拆去，充旧法帖，遍行海内，且有行日本、琉球者，尤可嗤鄙。"近代张伯英《法帖辨伪》则曰："《因宜堂法帖》八卷，清姚学经辑。……多收伪迹……以阁帖所载之《隆中对》一段，即命为诸葛武侯之书，此甚可笑。"将诸葛亮语录拿来以刻帖形式冒充其书法墨宝渔利，足见相关花样迭出之离奇了。

后　记

陶喻之

　　《识金石:勘碑校帖研薮》是我历年就唐代石刻、两宋集帖和三国诸葛亮刻帖展开探索性梳理的一些粗浅文字选辑汇总。

　　之所以冠以"识金石"这个标题，并非我好大喜功要以"有识之士"自居标榜。"识"这个字眼，在我的理解中实际上不过是题识、题跋的近义词。换言之，收录在这本集子里的勘碑校帖文章，都是些篇幅长短不一的学术题识、题跋罢了。因此，"识金石"书名其实并不神秘，也非我玩文字游戏别出心裁，只是属于个人对石刻史料和书法文字探讨，自识自话的一孔之见而已。并且由于我是历史系文博专业出身，所以，对石刻、丛帖研究的方向，也比较侧重于史学考察、考证方面。更何况"识金石"还是"试金石"的谐音，这是自期个人谫陋的学术论述、论证，能够经得住学界同道的考验、审核与认可而不被嗤之以鼻，视为不合格废话、废品。以上大抵就是我将拙著冠以"识金石"的寓意心路。而点破了命题背后的设想告白，不知会否博得读者莞尔一哂？

　　近些年，金石碑帖展事风生水起，煞是热闹。但正所谓"外行看热闹，内行窥门道"，事实上这毕竟是一项冷门学问，其研究黄金时代早已过去，我个人并不乐见它会重生、中兴再成为什么高大尚的显学，尽管它曾经两度辉煌，但如今依然"高处不胜寒"啊！也因此，作为从业者，我相当感激上海书画出版社原社长王立翔先生对拙著的出版，还包括他对上海博物馆、上海地区其他馆藏金石碑帖，乃至海内外藏善本碑帖出版和金石研究一如既往的重视与关注。我想金石学界同道乃至上海博物馆等单位，都应该感谢他的高瞻远瞩和高屋建瓴！然而即便如此，经我多次撰文呼吁，王社长积极响应跟进拟出版南宋皇室内部流通《淳化阁帖》南宋"最善本"——"修内司本"（翁万戈旧藏），因种种原因，未能出版。馆藏海内孤本碑帖整理出版尚且难度这么高，由此我想我就更有理由要感谢王社长对我这本显然不可能赚钱，反倒要贴钱做赔本生意的著述问世的鼎力玉成了！而拙著得以入列的"寰宇读碑书系"，也正是他多年前策划的金石碑帖研究著述品牌系列丛书；我的金石学爬梳心得能够荣列其中，叨陪京沪知名碑帖金石学同道之后成一家之说，我深感有与荣焉！

拙著荣幸付梓，还荷蒙包括王社长在内的沪内外诸多金石书画界前辈和同道友好闻讯挥毫题词作画申贺，赐赠墨宝印蜕。如八旬高龄"冷月画派"传人陶为浤先生作《寒月校碑图》，沪上画坛国画翘楚邵琦仁兄画《松麓访碑图》；还有申城金石碑帖书法鉴藏界大咖童衍方先生与其门生唐存才先生、仲威先生，驰名全国书法家兼曾经单位前后桌老同事刘一闻老师、上海市书法家协会主席丁申阳老师、海内外碑帖鉴定大家马成名先生等不吝题词……我均视同对我学术浅见的勖勉鞭策，令我深切感受到高冷金石学背后的丝丝暖意。而这其中，中国书坛鼎鼎大名的陈振濂先生题词"石事求是"，中国书法家协会副主席潘善助老师题书"悟石求真"，不愧有业界领导提纲挈领高度与引领意识。至于上海市第二工业大学瞿志豪先生题写"识石物者"，海上书法印学家吴友琳老师朱文篆刻"识石务者"更言简意赅如画龙点睛。当然，吴老师印石边款的言下之意，我只是付之一笑却万万不敢承受。这就像此次我追溯自己对金石书法感兴趣，始于上海已故著名书法家任政先生早年传授书法技艺并临别赐题，遂将其手翰刊于书端以示纪念一样，这中间还有一则至今令我羞愧难当的轶事。

记得当初自己年幼无知，只晓得学的是文物考古与博物馆学专业，要在专业领域追求个人奋斗。因而虽然有任老这样的名师指点书法，却在书法艺术创作上天分悟性有限以致毫无出息，于是，自以为只有转向周谷老倡导作学问应朝博大精深方面努力的份了，故而居然懵懂无知请任老题写"博物洽闻"四字作为结业寄语。我记得当时任老见我提交请题内容先是一怔，随后慢慢抬起头瞟了我一眼，似乎还追问了是否确定要写这四字。在得到我肯定的回答后，厚道的他最后还是成全了我的无知要求。

直到后来，我了解了"博物洽闻"这四字背后沉甸甸的分量才深感愧悚。而此番我将任老这幅题词找出来刊于书前，断无自我拔高的企图，而是为铭记老先生对我这样一个年轻后生的激励期许，希望个人研究结论能够实现或达标古人要求的"善鉴不书"目标，仅此而已。总之，此举绝无借重题词就本微不足道的文章自满自负的意思。我更愿援引并接受的，倒是之前恭请本馆老馆长，也是金石碑帖研究方家汪庆正先生，为我出席《西狭颂》学术研讨会时写的壮行句子，那才是足以自勉内容的好对子，叫作：凿空狭路，逐鹿学林。

　　另外，我到上海博物馆工作卅八年，经历约七八个业务部门锻炼，最终把金石书画特别是碑帖爬梳作为主攻方向，跟最初我视同兄长的我馆青铜研究部资深造像研究专家、原上海敬华和崇源两家拍卖公司老总，今上海视觉艺术学院教授季崇建先生的说项荐举有很大关系。所以，这次我特意邀请他作为我事业成长的见证人替拙著作序。退出拍卖舞台华丽转身登临高校讲坛的季教授慨然允诺，并于百忙之中如期赐序，依然保持着成人之美的可贵初心，令我着实为之感佩不已！

　　本书由上海书画出版社编辑出版，我除了要感谢王立翔社长的高谊隆情，似乎又冥冥之中与该社多位旧雨新知有缘。我的碑帖研究文章，有的很早就发表于该社品牌期刊《书法研究》。像茅子良、沈培方、江宏、戴小京、胡传海等师友，都曾是我金石碑帖文稿的审阅者；本书第三章节收录的几篇有关诸葛亮《远涉帖》刻帖专论，就最先见诸《书法研究》和《书法》杂志。

　　而说到集帖中的诸葛亮《远涉帖》，自然又令我联想到本书一校伊始，清末光绪帝师孙家鼐后嗣、台湾孙瑀先生奉藏《远涉帖》书帖墨迹本，束之高阁与世睽违百多年后又横空出世，重现人间的空谷足音信息。谬蒙错爱，孙先生来鸿到沪嘱我对书帖加以鉴定。奈因未经寓目原迹并作精深研究前，为审慎起见，我暂不于此急就为文作评议认定论断，免得有强词夺理、先入为主腹诽之嫌。不过，我相当认同当代著名书画鉴定家黄君寔先生反复强调的书画鉴定法则：即今人不应该轻易否定流传有绪的古书画；"对于越古的东西越要"从宽处理，积极调动自我知识储备令之"起死回生"，这才是文物鉴定的最佳境界。（见《霜毫备今古，法鉴入精微——黄君寔访谈》，载《诗书画相伴的人生：黄君寔诗文集》，上海书画出版社2014年7月，第278—293页）故匆此为记，容后跟进。

　　拙著此番得以顺利圆满付梓，还仰赖上海书画出版社王剑副总编、孙晖先生、袁嫒女史、陈家红先生等出力良多，精心细致校雠，反复推敲史实乃至用词得当与否，真正做到了咬文嚼字，严格精微；尤其孙晖兄与我沟通最密，他一丝不苟的工作态度与学术作风，保证了该社出版物始终如一的优良品质，对此我印象深刻。所以，最后我要向上海书画出版社的业务团队由衷地表达我的致敬与感激！

　　一本再小的书问世，背后其实都有无数人士为之默默付出辛劳。由于篇幅所限，这里恕不一一鸣谢，谨请接受我的一并铭感与谢忱！

图书在版编目（CIP）数据

识金石：勘碑校帖研薮 / 陶喻之著. -- 上海：上海书画
出版社，2024.12. --（寰宇读碑书系）.
ISBN 978-7-5479-3487-6

Ⅰ. K877.424

中国国家版本馆CIP数据核字第2025HG5316号

识金石：勘碑校帖研薮

陶喻之 著

责任编辑	孙　晖　袁　媛
特约审读	吴旭民
审　读	陈家红
责任校对	郭晓霞
装帧设计	袁晓洁
技术编辑	顾　杰

出版发行	上海世纪出版集团 ❻ 上海书画出版社
地址	上海市闵行区号景路159弄A座4楼
邮政编码	201101
网址	www.shshuhua.com
E-mail	shuhua@shshuhua.com
制版	上海久段文化发展有限公司
印刷	上海盛通时代印刷有限公司
经销	各地新华书店
开本	1000×720　1/16
印张	15.75
版次	2025年3月第1版　2025年3月第1次印刷
书号	**ISBN 978-7-5479-3487-6**
定价	**88.00元**

若有印刷、装订质量问题，请与承印厂联系